GREG BOGART

Entwicklung der Seele im Horoskop

Therapeutische Astrologie als Lebenshilfe

CHIRON VERLAG

Für meine guten Freunde Jonathan Tenney
und Shelley Jordan Montie
sowie für Diana Syvernd, die so viel Freude
in mein Leben gebracht hat

Die Deutsche Bibliothek - CIP-Einheitsaufnahme

Bogart, Greg:
Die Entwicklung der Seele im Horoskop:
therapeutische Astrologie als Lebenshilfe / Greg Bogart.
[Übers. aus dem amerikan. Engl. von Reinhardt Stiehle und Beate
Metz] – Dt. Erstausgabe. – Mössingen: Chiron-Verl., 1998
(Standardwerke der Astrologie)
Einheitssacht.: Therapeutic astrology <dt.>
ISBN 3-925100-36-9

Deutsche Erstausgabe
© 1996 bei Greg Bogart
© 1998 der deutschen Ausgabe Chiron Verlag
Übersetzung aus dem amerikanischen Englisch
von Reinhardt Stiehle (Teil 1) und Beate Metz (Teil 2 und Teil 3)
Umschlag: Walter Schneider
Druck: Offizin Chr. Scheufele, Stuttgart

Bienvenu Belinda

Zu beziehen über den Buchhandel oder direkt beim
Chiron Verlag, Postfach 1131, D-72109 Mössingen
www. chironverlag.com

Inhalt

Einleitung

In den vergangenen Jahrzehnten wuchs das Interesse an den psychologischen Dimensionen der Astrologie. Diese alte Disziplin, die einst nur mit Wahrsagerei und Orakeln in Verbindung gebracht wurde, wird heutzutage zunehmend als eine mächtige und subtile Sprache anerkannt, welche die innere Dynamik der Psyche und der Evolution des Bewußtseins beschreibt. Dank der erhellenden Arbeit von Autoren wie Dane Rudhyar, Zipporah Dobyns, Noel Tyl, Liz Greene, Donna Cunningham oder Stephen Arroyo sind wir heute in der Lage, die tiefe psychologische Bedeutung der astrologischen Symbole zu verstehen.

Das vorliegende Buch untersucht eine Facette der Schnittstelle zwischen Astrologie und Psychologie: die Anwendung der Planetensymbolik im Bereich der Psychotherapie. Auf den folgenden Seiten halte ich die Ergebnisse meiner eigenen Arbeit fest. Ich integriere die Astrologie – traditionell als eine esoterische Methode betrachtet – und versuche dadurch, leidenden Menschen zu helfen, die in komplexen persönlichen Transformationsprozessen stehen. Mein Ziel ist es zu zeigen, wie sich die Astrologie in die therapeutische Arbeit integrieren läßt, ich möchte aber auch einige der mit diesem Unterfangen verbundenen Schwierigkeiten darstellen.

Das vorliegende Buch besteht aus drei Teilen. Im ersten Teil sind die praktischen Richtlinien für die therapeutische Astrologie enthalten, wir betrachten die Zeichen und Häuser des Geburtshoroskops als eine Schablone zur Identifizierung zentraler

Beratungsthemen. Wir diskutieren sowohl die Potentiale als auch die Gegenindikationen, die sich beim Einsatz von Astrologie in einer therapeutischen Sitzung ergeben können. Ferner soll die breitere Grundlage für ein Nebeneinander von Psychologie und Astrologie und deren gegenseitige Einflüsse untersucht werden. Im zweiten Teil werden dann die Planeten als Symbole für jene Kernaussagen der menschlichen Entwicklung betrachtet, mit denen die meisten Berater und Therapeuten in ihrer Arbeit mit Klienten zu tun haben. Der dritte Teil betrachtet die Frage, wie ein transpersonaler Zugang zur Astrologie dem Individuum helfen kann, die Umwälzungen einer spirituellen Metamorphose zu erfahren. Ferner erfragen wir die Relevanz, die die Astrologie in dem Feld der transpersonalen Psychologie einnehmen kann. Die zahlreichen Fallbeispiele dürften für die Astroberater und Psychotherapeuten von besonderem Interesse sein. Dennoch dürfte ein Großteil des hier präsentierten Materials auch für Menschen geeignet sein, die die Astrologie als eine Form der Selbsttherapie benützen, um zu größerem psychischen und spirituellen Bewußtsein zu gelangen.

Das Buch konzentriert sich auf die grundlegenden Faktoren der Astrologie: die zehn Hauptplaneten, die Tierkreiszeichen, die Häuser, die Aspekte, Transite und Progressionen. Zwar werden kurz die Grundlagen der Astrologie besprochen, dem Anfänger würde ich aber dennoch raten, zusätzlich das eine oder andere Einführungsbuch zu lesen und sich systematisch einzuarbeiten.[1] Darüber hinaus sind keine besonderen Vorkenntnisse zum Verständnis dieses Buches erforderlich.

Ich werde oft gefragt, wie ich dazu kam, sowohl Astrologie als auch Psychotherapie zu praktizieren. Nachdem ich einige Jahre lang Astrologie betrieben und Horoskope gedeutet hatte, erkannte ich, daß ich schrittweise in tiefere emotionale Bereiche und in intensivere psychische Schichten vordrang. Ich stellte fest, daß die Menschen immer mehr Fragen, Probleme und Dilemmas an mich herantrugen, die sie sonst mit dem Psychologen besprochen hätten. Es wurde mir deutlich bewußt, daß mir

8

die Kenntnisse fehlten, um bei einem emotionalen Trauma, bei sexuellem Mißbrauch, post-traumatischen Streßsymptomen, Alkoholismus und Sucht, Ehestreit und ernsten psychischen Störungen wie etwa Depression angemessen helfen zu können. So entschied ich, daß ich für eine vertiefte Arbeit mit Menschen intensivere Kenntnisse brauchte und ließ mich zum Pychotherapeuten ausbilden.

Nach einiger Zeit als praktizierender Psychologe wurde mir jedoch klar, daß ich meine Bemühungen um die Klienten in meiner Rolle als Kliniker nicht von meiner Arbeit als Astrologe trennen konnte. Ich experimentierte damit, die astrologische Information in einem Horoskop zu Hilfe zu nehmen, um die innere Dynamik der Klienten, deren Lebensumstände und den Beratungsprozeß zu verstehen. Das Horoskop liefert so viele Einsichten und kann die angemessenen Resultate so lebendig klarstellen, daß ich merkte, daß es ein Verlust wäre, die Psychotherapie ohne die Astrologie zu praktizieren. Kurzum, ich halte die Astrologie für ein wesentliches Instrument zur Beratung.

Im Laufe der Jahre traf ich mehr und mehr Therapeuten, die daran interessiert waren, die Astrologie in ihre Arbeit zu integrieren. Zwar haben einige Autoren – allen voran Liz Greene und Donna Cunningham – die Verwendung des Horoskops als Bezugspunkt in der Psychotherapie diskutiert, ich kenne jedoch kein Werk, das die praktischen Gesichtspunkte untersucht, mit denen man bei der Vermischung von Astrologie und Psychotherapie konfrontiert wird. Um diese Lücke zu schließen, habe ich dieses Buch geschrieben.

Eine andere mir oft gestellte Frage lautet, ob ich Astrologie bei allen meinen Klienten einsetze oder nur bei ausgewählten und wie ich an deren Geburtsdaten komme. Die Antwort auf den ersten Teil der Frage lautet nein. Aus Gründen, auf die wir später noch zu sprechen kommen, halte ich es in manchen Fällen nicht für angemessen, den Klienten überhaupt mit Astrologie zu konfrontieren. Möglicherweise läßt sich das spezielle Problem besser mit den herkömmlichen Methoden der Beratung und Therapie behandeln. Gleichzeitig kann man die Geburtsdaten dem Aufnahmeformular entnehmen und die Planetenstände ohne weiteres in einer Ephemeride nachschlagen. Dies gibt oft schon nützliche Hinweise. In manchen Fällen deute ich das Horoskop in einer einmaligen Sitzung, um die wichtigsten Lebensthemen herauszuschälen und verwende diesen Anlaß als Ausgangspunkt für den weiteren Beratungsprozeß. Meistens beziehe ich mich im weiteren Verlauf nicht mehr auf diese erste Sitzung, behalte aber die Symbolik während der weiteren Arbeit mit dem Klienten im Hinterkopf. Bei anderen Fällen verwende ich das Horoskop fortwährend als Bezugspunkt im Verlauf der Therapie. Aufgrund dieser Vorgehensweisen habe ich die im Buch beschriebenen Prinzipien erarbeitet.

Ich bin mir bewußt, daß viele meiner Kollegen im Bereich der Psychologie die Astrologie äußerst negativ einschätzen. Im vierten Kapitel werde ich die Hintergründe anführen, warum viele Menschen in unserer an der Wissenschaft orientierten Welt die Astrologen als Scharlatane betrachten, die regressive, deterministische und abergläubische Lehren verbreiten. Ich glaube, daß diese Beschreibung in manchen Einzelfällen zutrifft und daß es auch heute noch Personen gibt, die die Astrologie in dieser Weise einsetzen. Jedoch hat sich unser Verständnis von der Rolle des Astrologen in den letzten Jahrzehnten grundlegend geändert. Traditionell war ein Astrologe ein Seher, der Vorhersagen über das individuelle Schicksal erstellte. Aber seit der große Astrologe Dane Rudhyar eine humanistische, personenzentrierte Herangehensweise etablierte[2], sind mehr und mehr Praktiker dazu übergegangen, das Horoskop nicht nur zur Weissagung zu verwenden, sondern dieses in Bezug zur Person zu setzen – und zwar eines Individuums, welches die Möglichkeit der freien Wahl hat und die Kraft, in das eigene Schicksal einzugreifen. Es gibt einen fundamentalen Unterschied zwischen der traditionellen Astrologie der Prophezeiungen und Wahrsagerei sowie der therapeutischen Astrologie, welche versucht, unsere Fähigkeit, das eigene Leben in die

Hand zu nehmen, zu stärken. Während die alten Astrologen Ängste und ein Gefühl der Hilflosigkeit erweckt haben mögen, liegt das Ziel der therapeutischen Astrologie darin, Gleichmut, Angstfreiheit und einen friedlichen Geist zu entwickeln, basierend auf einem umfassenden Verständnis unseres Platzes im Universum und den gegenwärtigen Herausforderungen unserer Entwicklung. Dieses Buch zeigt, wie diese kosmische Sprache, die in vielen alten Kulturen gepflegt wurde, heutzutage als wertvoller Bezugsrahmen für jene dienen kann, die Heilung und persönliche Transformation suchen.

Es gibt einige Formen der Psychotherapie, die sich in erster Linie darauf konzentrieren, mittels bestimmter Techniken Symptome zu lindern, so zum Beispiel die systematische Desensibilisierung als Behandlung von Phobien. Aber andere Methoden, allgemein als tiefenpsychologische Therapien bekannt, haben die existentielle Gesamtsituation des Klienten zum Ziel, und zwar so, daß es zu einer beständigen Veränderung von Aussehen und Verhalten, einem Anwachsen an Energie und besser definiertem Lebenssinn kommt. Es gibt eine ganze Reihe von Bestandteilen, die zu dieser lebensverändernden Therapie beitragen: die Bereitschaft des Klienten zur Änderung; das Einfühlungsvermögen des Therapeuten, seine Fähigkeit zuzuhören und die Tiefe seines Wissens und seiner Weisheit; eine gute Planung von Diagnose und Behandlung; eine positive Beziehung zwischen Berater und Klient. Alle diese Faktoren ermöglichen (neben anderen) die erfolgreiche therapeutische Arbeit. Meine persönliche Überzeugung ist es, daß der verantwortungsbewußte Einsatz der Astrologie uns bei der Durchführung einer transformativen Psychotherapie behilflich sein kann. Carl Gustav Jung wußte dies; er studierte die Astrologie und untersuchte regelmäßig die Horoskope seiner Patienten.[3]

Tiefenpsychologie ist mehr als die bloße Anwendung klinischer Techniken und das Verteilen von Ratschlägen. Es ist ein Amt, eine Pflege der Seele des Klienten, der Versuch, mit den mysteriösen Kräften in den Tiefen der Seele zu kooperieren.

Die meisten Therapeuten haben ein gewisses Bewußtsein davon, wie das Unbewußte uns zu größerer Integration treibt, uns Reflexe unseres Schattens und unserer noch nicht gelebten Möglichkeiten enthüllt. Therapeuten sind sich auch bewußt, daß jeder Fall anders verläuft und daß kein therapeutisches Ergebnis auf einen anderen Patienten paßt. Jeder Mensch hat einen anderen Pfad zu gehen und eine bestimmte Zusammenstellung an Möglichkeiten zu verwirklichen. Jedoch gibt es viele Therapeuten, die zwar das Vorhandensein dieser Dimension in ihrer Arbeit spüren, denen es allerdings an dem richtigen Bezugsrahmen mangelt, der diese Wahrnehmung entsprechend strukturiert und vertieft.

Die hohe Kunst der Astrologie stellt diesen Rahmen zur Verfügung, indem sie die innere Dynamik und den optimalen Entwicklungsweg der Person offenbart. Sie ist nichts Geringeres als eine Beschreibung der Rhythmen des Universums und eine Karte der dem Individuum innewohnenden Vollkommenheit. Die Betrachtung des Geburtshoroskops zeigt eine innere Blaupause oder eine verborgene Architektur für die Entfaltung eines jeden Menschen. Es ist ferner ein unvergleichbares Mittel für Verständnis der aufrüttelnden spirituellen Erfahrungen, von denen manche unserer Klienten berichten, Erfahrungen, auf die man in der klassischen Ausbildung zum Psychologen selten vorbereitet wird.

Etliche Therapeuten arbeiten bereits mit der Astrologie, dies jedoch heimlich und hinter verschlossenen Türen. Unglücklicherweise meinen wir, unsere Interessen vor den Kollegen verstecken zu müssen. Nur durch die Aufzeichnung von Fallbeispielen, in denen die therapeutische Arbeit ihre Informationen aus der kosmischen Symbolik zog, können wir einer breiten Therapeutenschaft den Wert der planetaren Perspektive darlegen. Darin sehe ich einen Hauptzweck dieses Buches, daß hoffentlich vielen aufgeschlossenen Therapeuten, Psychologen und Theologen der Weg zu den vielen praktischen Einsichten der Astrologie geöffnet wird.

Teil I

Die Praxis der
therapeutischen Astrologie

Das Geburtshoroskop
in der Psychotherapie

Wie kann die Astrologie die Psychotherapie unterstützen? Die Prämisse, von der wir in diesem Buch ausgehen, besagt, daß die Astrologie den Prozeß der Psychotherapie – den populärsten Übergangsritus der westlichen Welt – erhellen kann. In meiner eigenen Praxis habe ich festgestellt, daß das astrologische Geburtsbild eine wertvolle Hilfe darstellt, um die Erstsitzung mit Klienten zu strukturieren, um die sich verändernden Phasen der therapeutischen Beziehung zu verstehen und um den geeigneten Zugang für die Beratung festzustellen.

Dieses Buch beschreibt, wie astrologische Symbole in die Sprache des therapeutischen Prozesses übersetzt werden können. Wir werden den Gebrauch der Astrologie im Kontext der Psychotherapie nicht so sehr als Methode zur Vorhersage von Ereignissen verwenden, sondern vielmehr als einen Weg, um einer Person zu helfen, vergangene oder gegenwärtige Hindernisse in der Entwicklung (Kindheitstrauma, finanzielle Probleme, Ehekrise) zu verstehen, in der Gegenwart wieder zu seiner Mitte zu finden und die notwendigen Änderungen von Einstellungen und Verhalten vorzunehmen. In der Praxis der therapeutischen Astrologie (die ich kurz auch als »Astrotherapie« bezeichne) wenden wir uns dem Horoskop mit einer am Wachstum orientierten Haltung zu, indem wir davon ausgehen, daß jede Planetenstellung einen Zweck erfüllt und positive Möglichkeiten enthält. Es ist nicht unsere Absicht, den Klienten zu schwächen oder ihm Angst einzuflößen, indem wir feststellen, daß bestimmte Konstellationen »schlecht«, »schwach« oder »negativ belastet« sind. Wir vermeiden reduktionistische Horoskopdeutungen, die unsere Klienten herabwürdigen, ihre Hoffnungen mindern, ihre Selbsteinschätzung verletzten, sie mit unrealistischen Erwartungen erfüllen oder ihren Sinn für offenes Wachsen und Verändern herabmindern.

Die Verwendung des Geburtshoroskops im Verlauf einer Psychotherapie kann aus folgenden Gründen wertvoll sein:

- um wichtige Themen und wiederholt hervortretende Lebensbereiche des Klienten zu identifizieren.
- um unbewußte Strukturen des Denkens, Fühlens oder Handelns wahrzunehmen.
- um dem Berater zu helfen, den Klienten ganz zu verstehen und die therapeutische Anteilnahme dadurch zu erhöhen.
- um dem Klienten zu helfen, das Leben aus einer symbolischen und zyklischen Perspektive heraus wahrzunehmen, welche die Grundbedeutung und den Zweck der Ereignisse erklärt, chaotische und schmerzvolle Erfahrungen eingeschlossen.
- um dem Therapeuten die Möglichkeit zu erleichtern, dem Klienten aus seinem Kerndilemma zu helfen und ihn durch schwierige Übergangsperioden zu navigieren.
- um die Erfahrungen zu erforschen, die einen Klienten über einen bestimmten Zeitraum hinweg erwarten werden und die durch Transite oder Progressionen angezeigt werden.
- um dem Klienten zu helfen, die für seinen Entwicklungsgang richtigen Entscheidungen zu treffen.
- um den Rhythmus und die verschiedenen Stufen der Psychotherapie, aber auch Prozesse wie Widerstände, Dekompensation, Übertragung und Gegenübertragung zu verstehen.[4]
- um Klienten bei Krisen oder in Phasen spiritueller Entwicklung beizustehen.

Der letzte Punkt ist besonders wichtig, denn viele Therapeuten wissen nicht, wie sie auf das Verlangen der Klienten nach einer Ausdehnung und Metamorphose des Ichs reagieren sollen. Wie wir noch sehen werden, bietet die Astrologie eine Karte des vollständigen Kurses der menschlichen Entwicklung, einschließlich der transpersonalen Dimension, die in der traditionellen Psychologie oft genug ignoriert wird.

Astrologie lehrt uns, daß das Leben ständig neue Chancen zur Erneuerung anbietet; wir können uns von unserem Standpunkt aus immer vorwärts bewegen. Das Studium der Sterne kann dabei helfen, die nächsten nötigen Schritte zu finden, Schritte zu Verbesserung, Wachstum und Fortschritt. Viele Fallbeispiele belegen das Faktum, daß unsere tiefsten und innersten Leiden sich mildern, wenn wir mit einem bewußteren Lebenssinn handeln. Wenn wir das in Einklang bringen mit den planetaren Mustern unseres Lebens, kommen wir in unserer Evolution schneller voran. Es ist ein sicherer und wirksamer Weg, unsere derzeitigen Bedürfnisse zur Entwicklung zu erkennen oder zu benennen und auf diese Weise die Lektionen zu meistern, die das Leben bereithält. Das Horoskop lehrt uns, den Sinn in den Auseinandersetzungen zu finden und gibt uns den Glauben, daß wir diese bewältigen können, solange wir danach streben, die selbstgesteckten Ziele zu erreichen. Im folgenden Kapitel nähern wir uns der Astrotherapie, indem wir uns mit den fundamentalen Symbolen auseinandersetzen.

Die Grundlagen

Ein Geburtshoroskop bildet die Positionen der Hauptplaneten unseres Sonnensystems zum Zeitpunkt der Geburt ab. Es repräsentiert unsere Potentiale, die wichtigsten Charakterzüge und Interessen, aber auch die Schritte, die wir unternehmen müssen, um diese Fähigkeiten zu verwirklichen und um zu größerer Reife und Bewußtsein heranzuwachsen. Das Geburtsbild enthält vier Hauptkomponenten: Planeten, Zeichen, Häuser und Aspekte. Planeten, Zeichen und Häuser repräsentieren archetypische Wesenszüge, Themen und Situationen, denen wir alle bis zu einem gewissen Grad in unserem Leben begegnen. Jedoch zeigt ihre einzigartige Anordnung im Geburtshoroskop, welche dieser archetypischen Strukturen im Leben des Betreffenden betont sind. Wir erlangen mittels der Transite und Progressionen ebenso Einsicht darin, wie die im Kosmogramm dargestellten Möglichkeiten im Lauf der Zeit Früchte tragen werden. Wir betrachten jetzt kurz die wichtigsten Komponenten des Horoskops und betrachten sie in den weiteren Abschnitten speziell im Zusammenhang mit dem therapeutischen Prozeß.

Die Planeten

Die Planeten repräsentieren zehn Aspekte der Persönlichkeit. Jede dieser Facetten muß erweckt, zum Ausdruck gebracht und verkörpert werden, wollen wir vollkommene Menschen werden. Die Sonne symbolisiert das Ego, unsere bewußte Identität und das Wissen um deren Einmaligkeit; sie ist die Freude, die Zentriertheit und die Ausstrahlung, die nur daraus entsteht, daß wir wissen, wer wir sind. Der Mond repräsentiert unsere unbewußten Gefühle und Reaktionen, die inneren Bedürfnisse und die überwiegende emotionale Verfassung. Merkur entspricht unserer Art zu denken, zu lernen und zu sprechen. Venus bezeichnet unsere Art Beziehungen einzugehen, unseren Sinn für Schönheit und das Verlangen nach Vergnügen. Mars repräsentiert die Art, wie wir uns durchsetzen, die Initiative ergreifen, aber auch wie wir unsere Wünsche und sexuellen Antriebe zum Ausdruck bringen. Jupiter entspricht unseren Zielen und den gesellschaftlichen Bestrebungen sowie dem Wunsch nach einer philosophisch bedeutungsvollen Existenz. Saturn symbolisiert das Verlangen nach Sicherheit und Vollkommenheit, ebenso die Bereiche, in denen harte Arbeit, Verantwortung, Pflichten und disziplinierte Anstrengung vonnöten sind. Saturn verweist auch auf problematische Lebensbereiche, die konzentrierte und ausdauernde Auseinandersetzung erfordern, um größeres Vertrauen und Stärke zu erlangen.

Nachdem wir den Herausforderungen des Reifungsprozesses und der sozialen Anpassung begegnet sind, die Saturn symbolisiert, lenken die äußeren Planeten unsere Aufmerksamkeit auf die weiteren Stufen der Entwicklung, in denen wir mehr als nur sozial angepaßte Individuen sind. Uranus erweckt in uns den Wunsch nach einer Befreiung von den kulturellen Normen und die Erkenntnis, daß wir frei leben und uns auf unkonventionelle und einmalige Art und Weise zum Ausdruck bringen können. Uranus manifestiert sich oft als eine trotzige Haltung, als rastloses Experimentieren und als Wunsch nach sozialen Reformen. Neptun steht für unsere Spiritualität, für unser Verlangen, subtile, metaphysische Dimensionen des Daseins zu erfahren, sei es durch Imagination, Religion, Träume, sensitive Wahrnehmung oder mystische Erfahrungen. Er lenkt die seelischen Zustände der Verwirrung, Unsicherheit, Desorientierung und Gebrechlichkeit, aber auch Drogen, Alkohol und alle Formen der Abhängigkeit. Pluto symbolisiert die Erfahrung von Krisen und Erneuerung und das Aufsteigen von Unterdrücktem in unser Bewußtsein. Pluto lehrt uns ferner den angemessenen Einsatz unserer Kräfte und Fähigkeiten, indem er uns die negativen Auswirkungen von Grausamkeit, Gewalt oder diktatorischer Macht vor Augen führt. Uranus, Neptun und Pluto entsprechen jenen Entwicklungsstufen, die nur von wenigen Psychotherapien berücksichtigt werden.

Die Zeichen des Tierkreises

Aus der geozentrischen Perspektive betrachtet bewegen sich die Planeten um die Erde. Gemessen werden die Positionen der Planeten auf der Ekliptik, dem *scheinbaren* Weg der Sonne um die Erde. Der Kreis der Ekliptik ist in zwölf gleiche Abschnitte eingeteilt, die jeweils 30° des Kreisbogens einnehmen, die man als die Zeichen des Tierkreises bezeichnet. Wenn die Planeten durch diese Zeichen wandern, verändert sich ihr Grundausdruck (z.B. Tatkraft des Mars oder die Gefühle des Mondes) entsprechend. Jedes Tierkreiszeichen repräsentiert bestimmte grundlegende menschliche Angelegenheiten:

- Widder (Herrscher Mars): Energie, Begierde, Aggression, Konkurrenzverhalten, das Bewußtsein, daß man eine unverwechselbare Person ist, selbstzentrierte Einstellungen.
- Stier (Herrscher Venus): Verwurzelung, Bequemlichkeit, materielle Sicherheit, Geld, Besitz, Sinnlichkeit.
- Zwillinge (Herrscher Merkur): geistige Aktivität, Neugierde, Lernen, Denken, Sprechen.
- Krebs (Herrscher Mond): Gefühle, Gedächtnis, Heim und Familie, das Nähren des Selbst und der anderen, emotionale Bindung.
- Löwe (Herrscher Sonne): Selbstausdruck, Spiel, Stolz, Würde, der Ausdruck der Liebe, dramatische Selbstdarstellung.

- Jungfrau (Herrscher Merkur): Weiterbildung, alle Belange von Gesundheit, Ernährung und Arbeit.
- Waage (Herrscher Venus): Beziehungen, Zusammenarbeit, Harmonie, Schönheit, Gleichgewicht, Nachgiebigkeit.
- Skorpion (Herrscher Pluto und Mars): zwischenmenschliche Auseinandersetzungen, Sexualität, das Teilen der Ressourcen, Bewußtsein um die Sterblichkeit.
- Schütze (Herrscher Jupiter): die Suche nach Wahrheit und Sinn, religiöse und moralische Prinzipien, Reisen, Bildung.
- Steinbock (Herrscher Saturn): Karriere, berufliche Ziele und Erfolge, Angelegenheiten von der sozialen Position und des Status.
- Wassermann (Herrscher Uranus): politisches Bewußtsein, Einbindung in Gruppen, Revolution, Reform, Ablehnung der Tradition.
- Fische (Herrscher Neptun): Transzendenz, erweitertes Bewußtsein, Drogen, innere Vision, Leidenschaft, Altruismus.

In jedem Zeichen herrscht ein Planet, das heißt, dieser Planet hat eine besondere Beziehung zu dem jeweiligen Zeichen. Er wird auch *Dispositor* jenes Zeichens genannt und dies ist er ebenso für jeden Planeten, der in diesem steht.

Aspekte

Planeten treten auf ihrem Lauf entlang des Himmels ständig mit anderen Planeten in eine Beziehung, indem sie *Aspekte* bilden, sobald sie sich in gegenseitig wichtigen geometrischen Winkelverhältnissen befinden. Stehen zwei Planeten eng beieinander, so spricht man von einer *Konjunktion*. Liegen sie einander 180° gegenüber, stehen sie in *Opposition*. Bei einem Abstand von 90° handelt es sich um ein *Quadrat*. Ein Winkel von 60° heißt *Sextil*, während bei 120° ein *Trigon* vorliegt. Sind zwei Gestirne 150° voneinander entfernt, handelt es sich um ein *Quinkunx*.

Zwar gibt es noch andere Winkelbeziehungen (45° oder 135°), aber dies sind die wichtigsten, die zugleich auch am stärksten in unser Leben eingreifen. Mit diesen Aspekten arbeite ich in diesem Buch.[5]

Traditionelle astrologische Lehren vertreten die Ansicht, daß bestimmte Aspekte, wie etwa das Sextil oder das Trigon, gut, dynamisch und wohlwollend sind, während Quadrate, Oppositionen oder Quinkunxe schlecht, schwierig und übeltäterisch sind. Diese schwarz/weiß-Unterscheidung wurde in jüngster Vergangenheit neu bewertet, denn es hat sich gezeigt, daß Sextile oder Trigone nicht immer »gut« und Quadrate oder Oppositionen nicht immer zwingend negativ sein müssen. Dennoch herrscht unter Astrologen eine gewisse Übereinstimmung darüber, daß Sextile oder Trigone natürliche Talente, Chancen und eine eher leichte, meistens mühelose Mischung der beteiligten Planetenenergien repräsentieren. Die Konjunktion ist neutral, ihre Auswirkung hängt jeweils von den beiden beteiligten Planeten ab. Die Konjunktion zeigt an, daß die beiden Energien so kombiniert werden müssen, daß sie als eine einzige, integrierte Einheit wirken. Manche Planetenpaare lassen sich leichter integrieren als andere. Eine Venus/Mond-Konjunktion tendiert beispielsweise dazu, eine sehr sanfte, warme Planetenverbindung zu sein, während die Konjunktion von Mars und Uranus äußerst lebhaft sein dürfte.

Andererseits gelten Quadrat, Opposition oder Quinkunx als schwierige, herausfordernde Winkelspannungen, da die beiden Kräfte widersprüchlich zueinander wirken, sie stehen in so einem Verhälnis, daß in dem Horoskopeigner eine gewisse Reibung entsteht. Zum Beispiel erlebte ein Mann mit Jupiter im 7. Haus (Beziehungen) im Quadrat zu Saturn im 4. Haus (Familie) erhebliche Schwierigkeiten, weil seine Eltern weder mit seinen Freunden noch mit der von ihm gewählten Lebenspartnerin übereinstimmten. Eine Frau mit Merkur/Neptun in Quinkunx zu Saturn fühlte sich berufen, Dichterin (Merkur-Neptun) zu werden, sie geriet jedoch unter eine innere Spannung, weil materielle Zwänge und ihr Arbeitspensum (Saturn) keine Zeit zum Schreiben ließen.

Es ist wichtig zu erkennen, daß Aspekte wie das Quadrat, die Opposition oder der Quinkunx nicht an sich schon »schlecht« sind. Ganz im Gegenteil, denn dies sind die planetaren Kräfte, die eine Veränderung stimulieren und aus diesem Grund hauptsächlich für unser Wachstum verantwortlich sind. Beinahe jedes Horoskop weist eine Mischung an »weichen«, harmonischen und »harten«, schwierigen Winkeln auf.

Immer mehr Astrologen gehen dazu über, weniger die spezielle Winkelverbindung zu betrachten als die Charakteristik der beiden beteiligten Planeten. So wird ein Mensch mit irgendeiner Konstellation zwischen Merkur und Neptun, sei es nun Konjunktion, Quadrat oder Trigon, zu imaginativem Denken und Schreiben neigen, während eine Winkelbeziehung zwischen Mars und Pluto eine gewisse körperliche Energie, Stärke und Hartnäckigkeit verleiht. So gesehen entsprechen alle Winkel einer synergetischen Verbindung zwischen den Planeten. Folglich gilt das involvierte Planetenpaar als vorrangig gegenüber der Ausprägung des entsprechenden Winkels.

Die Häuser

Zum Zeitpunkt der Geburt ist jeder Planet in einem der zwölf Häuser des Horoskops plaziert. Die Häuser sind dadurch definiert, daß sie das Himmelsgewölbe zu einem bestimmten Zeitpunkt in je zwölf Segmente teilen. Anhand des exakten Datums, Ortes und Zeitpunktes einer Geburt legt der Astrologe den Punkt senkrecht über uns (MC, Medium Coeli oder Himmelsmitte), die Opposition des MC (IC, Imum Coeli oder Himmelstiefe), den Punkt des Osthorizonts (Aszendent, AC) und den Punkt des Westhorizonts (Deszendent, DC) fest. Der Aszendent, zugleich Spitze des 1. Hauses, markiert das Erscheinungsbild der Person und das unmittelbar sichtbare Verhalten.

Zwar sagt er nichts über den Kern der Persönlichkeit aus, aber er verdeutlicht, wie der Geborene aussieht, handelt und sich selbst wahrnimmt. Der Deszendent, zugleich Spitze des 7. Hauses, liefert erste Hinweise auf die Art der Freundschaften, auf Geliebte und Lebenspartner, die der Geborene anzieht, aber auch auf die grundlegende Art, wie man sich den Herausforderungen der Partnerschaft stellt. Das IC (Spitze 4. Haus) repräsentiert unseren Sinn für die Herkunft und unser Verlangen nach einem stabilen Fundament unseres Lebens durch Heim und Familie oder durch die Verbundenheit mit einem bestimmten Ort oder einer Nation. Das MC (Spitze 10. Haus) repräsentiert die Art wie wir uns vorstellen, in der Welt aufzublühen, die gesellschaftliche Position, die wir einnehmen und die Laufbahn, die wir verfolgen. Diese vier Eckpunkte legen die Quadranten fest, die ihrerseits wiederum in die zwölf astrologischen Häuser eingeteilt werden.

Die Häuser symbolisieren zwölf Situationen, Umstände oder Personenkreise, mit denen jeder von uns von Zeit zu Zeit ringen muß.

- 1. Haus: Selbstbild, Identität, das eigene Verhalten.
- 2. Haus: das Überleben, Besitz, Finanzen, Banken.
- 3. Haus: Denken, Reden, Lesen, Fahren, kleine Reisen, Verwandte und Nachbarn.
- 4. Haus: Familienleben, Eltern, Erinnerungen, Emotionen, das Heim oder Büro.
- 5. Haus: Selbstausdruck, Kreativität, Erholung, Unterhaltung, Spaß, Kinder.
- 6. Haus: Gesundheit, Arbeit, Selbstanalyse und Selbstkritik, Tanten und Onkels, Mitarbeiter und Angestellte.
- 7. Haus: Beziehungen, Freundschaften, Heirat, enge Freunde, Geliebte und offene Feinde.
- 8. Haus: gemeinsame Einkünfte, Erbschaften, Sexualität und Intimität, Kredite, die Finanzen des Partners.
- 9. Haus: persönlicher Glauben, Bildung, Lehrer, Reisen.

- 10. Haus: Beruf, Vorgesetzte, Autoritätspersonen und der dominante Elternteil.
- 11. Haus: soziales Bewußtsein, Teilnahme am politischen Leben, Organisationen und Gruppierungen.
- 12. Haus: Einsamkeit, freiwilliger Rückzug, Introspektion, Altruismus, Meditation, Träume, Phantasie, Gebet.

Jedes Haus wird mit einem Zeichen assoziiert, mit dem es etliche Fragestellungen teilt. So entspricht die Bedeutung des 1. Hauses in gewisser Weise dem ersten Zeichen Widder; das 5. Haus hat vieles mit dem Zeichen Löwe gemeinsam oder das 7. Haus mit der Waage.

Transite und Progressionen

Die Planeten stehen also in unterschiedlichen Häusern des Geburtshoroskops oder manche Häuser können sogar unbesetzt sein. Jedoch erfährt jeder von uns zum einen oder anderen Zeitpunkt alle Themen, die zu allen Häusern gehören, denn nach der Geburt wandern die Planeten am Himmel weiter. Dieses Phänomen nennt man Transite der Planeten. Transite zeigen uns, welche Lebensbereiche zu dem gegebenen Zeitpunkt unsere erhöhte Aufmerksamkeit erfordern. Sie bieten uns Herausforderungen und sie eröffnen uns Möglichkeiten, damit wir wachsen und uns verändern können. Ferner ermöglichen sie die genaue zeitliche Festlegung von Ereignissen.

Der Charakter des Transits wird sowohl von den Positionen der laufenden als auch der kontaktierten Radixplaneten, aber auch den Hausstellungen bestimmt. Wenn jemand eine Beratung oder eine Psychotherapie aufsucht, steht er meist unter den starken Transiten der äußeren Planeten Uranus, Neptun und Pluto, die meist mit größeren Transformationen von Einstellungen und Verhalten korrespondieren. Plutotransite können traumatischen Phasen, dem Aufsteigen unterdrückter Gefühle, latenten Fähigkeiten oder Erfahrungen der Erneuerung und Wiedergeburt entsprechen. Während Neptuntransiten erfahren wir oft die Auflösung von Strukturen und den Verlust der Konzentration oder das Erwachen von Phantasiekräften. Uranustransite bringen einen Drang nach Freiheit, neuen Richtungen und plötzlichen Veränderungen. Saturn wiederum fordert uns auf, größere Reife zu entwickeln, Verantwortung zu übernehmen und unsere Ziele durch konzentrierte Anstrengung zu erreichen. Jupitertransite hingegen sind Perioden für Planung, Expansion und für gute Gelegenheiten; in dieser Zeit erkennen wir neue Horizonte und Möglichkeiten. Marstransite eignen sich für die Tat, die Initiative und die Anwendung der Kräfte. Venus harmonisiert unser Leben, bringt Ereignisse und Beziehungen in einen leichten Fluß, während Merkur die Veränderung unserer Konzentration und unserer bewußten Denkprozesse zeigt. Mondtransite deuten jedoch auf den ständigen Wandel der Stimmungen und Umstände hin.

Eine weitere astrologische Technik zur zeitlichen Einordnung von Ereignissen besteht darin, das Horoskop zu progredieren. Hierbei wird untersucht, wie sich die im Horoskop angelegten Strukturen weiter verändern und mit der Zeit entwickeln werden. Es gibt zahlreiche verschiedene Techniken der Progression, die bekanntesten dürften jedoch die Sekundär- und die Sonnenbogendirektionen sein. Bei den Sekundärdirektionen werden die Veränderungen der Radixpositionen in den ersten Tagen unmittelbar nach der Geburt untersucht. Jeder Tag nach der Geburt wird als eine symbolische Entsprechung für ein Jahr des Lebens angesehen. Somit betrachtet man die Geburtspositionen des dreizehnten Tages nach der Geburt als einen Hinweis auf das dreizehnte Lebensjahr des Geborenen. Bei den Sekundärdirektionen bewegt sich jeder Planet mit der ihm eigenen Bewegungsrate. Da der laufende Mond $11° - 15°$ pro Tag wandert, bewegt sich der progressive Mond $11° - 15°$ pro Jahr; im Gegensatz hierzu läuft die progressive Sonne zwischen 57 und 61 Bogenminuten im Jahr, was ihrer täglichen Bewegung entspricht. Die langsameren äußeren Planeten laufen in der Sekundärprogression nur wenige Bogenminuten im Jahr. Bei den Sonnenbogendirektionen sieht es anders aus, denn hier werden *alle* Planeten um das gleiche Bogenmaß dirigiert, nämlich ungefähr ein Grad pro Jahr. Dieses Maß wird festgelegt anhand des Abstandes zwischen der Geburtssonne und deren Abstand zu deren mittels der Sekundärprogression erlangten Position. Hat sich die Sonne zum Beispiel 20°10' von ihrer ursprünglichen Position wegbewegt, dann werden alle Planeten um diesen Bogen dirigiert. Die wichtigsten Winkelbeziehungen aufgrund Progressionen oder Sonnenbogendirektionen sind ein zuverlässiger Weg, um Projektionen über den Lauf des Lebens, die Herausforderungen und Möglichkeiten in Vergangenheit, Gegenwart und Zukunft zu erstellen.[6]

Transite und Progressionen sind zwei der Methoden, welche die Grundlage für die Vorhersage in der Astrologie bilden. Im vorliegenden Buch spielen diese Techniken jedoch eine untergeordnete Rolle, da wir uns eher auf die Verbindung der kosmischen Symbolik mit dem Beratungsprozeß konzentrieren. Nichtsdestotrotz möchte ich kurz darlegen, wie Transite und Progressionen eingesetzt werden können, um schnell das Timing von wichtigen Ereignissen mit größtem therapeutischen Nutzen zu identifizieren.

So enthält das Geburtshoroskop oft klare Indikatoren auf familiäre Krisen in der frühen Kindheit des Klienten, die einen andauernd starken Einfluß auf ihn ausüben. Eine Frau namens Leslie mit Neptun im 4. Haus (Familie) auf 10°57' Skorpion im Quadrat zu Saturn entstammt einer Großfamilie mit überhandnehmenden Alkoholproblemen (Neptun), so daß beide Elternteile schon körperlich geschwächt waren. Nachdem ich bemerkte, daß ihr IC auf 6°54' Skorpion ganz in der Nähe des Neptun stand, folgerte ich, daß die Sorgen (Neptun) ihrer Familie aller Wahrscheinlichkeit im Alter von vier Jahren besonders schwerwiegend gewesen sein müssen, als der IC in Sonnenbogendirektion die Konjunktion zu Neptun erreichte. Les-

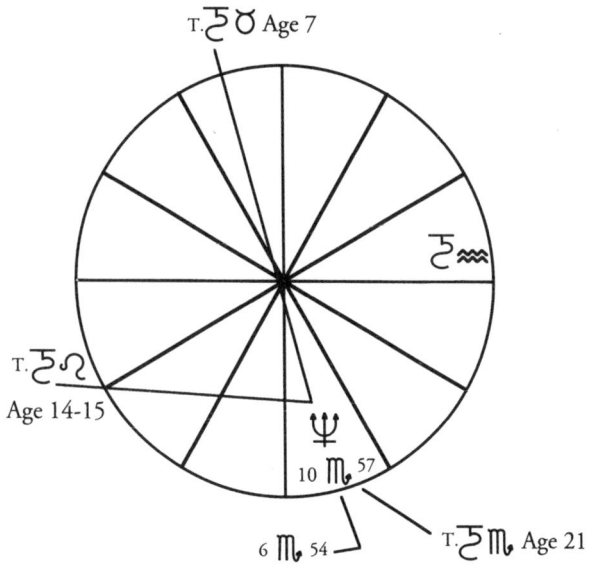

Abb. 1: Leslie

lie war überrascht, daß ich den Zeitpunkt so haargenau festlegen konnte, als ihre Mutter ins Krankenhaus mußte, die finanziellen Nöte überhandnahmen und die familiäre Situation äußerst instabil und chaotisch (Neptun) wurde. Aber neben ihrem Erstaunen über die Präzision der Astrologie, eröffnete diese Beobachtung eine fruchtbare Diskussion über Leslies emotionale Erfahrungen in der frühen Kindheit. Ich konnte noch weitere planetare Kontakte untersuchen, die für ihre Entwicklung relevant sein konnten. In der Tat rankten sich viele der zentralen frühkindlichen Erlebnisse um die Symbolik Neptuns.

Ich stellte ferner fest, daß der laufende Saturn im Alter von sieben Jahren in Opposition zu Neptun stand und erkundigte mich nach weiteren problematischen Entwicklungen des Familienlebens. Leslie berichtete, daß sie ihre eigene Identität unterdrückt hatte, weil sie für andere Familienmitglieder, vor allem für ihre unfähige Mutter, sorgen mußte. Als Saturn mit 14 Jahren im Quadrat zu Neptun stand, wurde ihr Vater von einer lebensgefährlichen Krankheit befallen, ihre Mutter wurde religiös fanatisch und Leslie geriet mit Drogen in Berührung. Ebenfalls in Übereinstimmung mit der Symbolik Neptuns, entwickelte sie von nun an ein Verhaltensmuster, in dem sie ihre Gefühle abstumpfen und erstarren ließ. Für sie war dies ein Ausweg, denn sie konnte ihre inneren Reaktionen auf unkontrollierbare Situationen ausklammern. Dies sollte zu einem wichtigen Punkt ihrer Therapie werden. Im Alter von 21 Jahren, als Saturn in Konjunktion zu Neptun kam, hatte Leslie zunehmend Schwierigkeiten damit, in verfallenen Häusern und in heruntergekommenen Wohnungen zu hausen (Neptun 4. Haus); sie fühlte sich verloren und entfremdete sich von ihrer Familie. Das Herausarbeiten dieser wichtigen Lebensabschnitte der Vergangenheit erbrachte reichhaltiges Material für die Beratung.[7]

Die Untersuchung von Leslies Geburtshoroskop ermöglichte auch einen Blick vorwärts. Anhand der Feststellung, daß der transitierende Jupiter kurz davor war, in das 4. Haus einzutreten und in Konjunktion mit Neptun zu kommen, diskutierten wir ihr Verlangen nach einer ruhigen, sicheren und geräumigen Wohnung, nach bedingungsloser emotionaler Akzeptanz und nach einer Aussöhnung mit ihrer Familie. All dies vollzog sich im Jahr des Transits. Sie fand ein schönes, ruhig gelegenes und besinnliches (Neptun) Häuschen im Wald, sprach nach vielen Jahren wieder mit ihren Eltern, mit denen sie keinen Kontakt gehabt hatte und empfand sich emotional als zufriedener und zentrierter. Dieser Transit korrespondierte mit einer Zeit, in der Leslie den Frieden in der Natur und in ihrer persönlichen Umgebung (4. Haus) erfahren konnte und in der sie ihren Drogenkonsum vollkommen einstellte.

Dieses Beispiel verdeutlicht, wie astrologische Beobachtungen uns dabei unterstützen können, die wesentlichsten Belange unserer Klienten vorwegzunehmen und unsere Intuition über die Person so lenken können, so daß wir das richtige Mittel aus unserem Repertoire als Berater ergreifen. Die bemerkenswert genauen Techniken der Transite oder Progressionen beleuchten die Entfaltung der Person in der Dimension der Zeit. Sie erlauben uns, die Abfolge der Ereignisse und Erlebnisse wahrzunehmen, die zu den zentralen Themen, Erinnerungen und Wendepunkten im Leben wurden. Zahlreiche Beispiele in diesem Buch werden illustrieren, wie die Kenntnis dieser Methoden eingesetzt werden kann, um den Beratungsprozeß zu verdichten, um unsere Eingriffe mitzuteilen und um die positiven Veränderungen zu katalysieren.

Die in diesem Kapitel besprochenen Symbole – die zehn Planeten, ihre Zeichen- und Hausplazierung sowie ihre transitierende und progressive Position – bilden die Grundlagen der Astrologie. Das Verständnis dieser kosmischen Sprache ermöglicht den Therapeuten und Beratern Zugang zu tieferen Einsichten über ihre Klienten. Im folgenden Kapitel werden wir die astrologischen Symbole mit den Ergebnissen der Psychotherapie in Bezug setzen.

Zeichen und Häuser als Symbole für therapeutische Kernfragen

Die Praxis der therapeutischen Astrologie beginnt mit der ersten Untersuchung des Geburtshoroskops der Klienten und der Übersetzung seiner Symbolik in die Sprache des therapeutischen Prozesses. Jedes Geburtsbild hat bestimmte hervorgehobene Bereiche, die uns helfen, den Klienten zu verstehen und auf die sich die Beratung wahrscheinlich konzentriert. Wir notieren die Zeichen- und Hausstellung von Sonne, Mond, Saturn und dem Herrscher des Aszendenten des Grundhoroskops, Planeten in den gleichen Zeichen oder Häusern des Horoskops oder solche Planeten, die an starken Aspekten beteiligt sind. Außerdem gilt unsere besondere Beachtung allen Planeten in der Nähe der Hauptachsen des Geburtsbildes.[8] Alle diese Planeten werden im Leben des Betreffenden von besonderer Bedeutung sein. Ganz besonders untersuchen wir jeden Planeten nach seiner Stellung in Zeichen und Häusern.

Eine ganz ergiebige Anwendung der Astrologie im Beratungsprozeß besteht darin, die zwölf Zeichen und Häuser als Symbole für grundlegende psychologische Bedürfnisse und therapeutische Fragestellungen, aber auch als spezielle Vorgehensweise der Behandlungsweise zu betrachten, die in unserer Arbeit mit einem bestimmten Klienten wahrscheinlich angemessen sein wird. In diesem Kapitel werde ich einige der Behandlungsmethoden, die zu den Zeichen und Häusern gehören zusammenfassen und anhand von kurzen Fallbeispielen erläutern. Untersucht der Astrotherapeut jede Position sorgfältig, so entwickelt er schnell ein Gespür für die Anforderungen, die ein Klient in die Beratung bringt. Ich möchte dringend darauf hinweisen, daß viele der Problemstellungen, die ich hier aufzeichne, zu therapeutischen Schlüsselfragen werden können, wenn wir Aspekte, Transite und Progressionen mit einbeziehen.

Widder / 1. Haus

Widder bezeichnet unser Verlangen nach spontaner Handlung, ohne zuerst nachzudenken oder auf andere Menschen Rücksicht zu nehmen. Eine starke Betonung auf den Planeten im Widder oder im 1. Haus kann darauf hinweisen, daß der Geborene lernen muß, mehr aus dem Instinkt heraus und bestimmter zu handeln, oder daß er Wünsche und Impulse auf angemessene Weise zum Ausdruck bringen muß. Mark, ein 44 Jahre alter Mann mit einer Widder-Sonne im 5. Haus in Opposition zu Neptun findet es beispielsweise schwierig, seine Neigung zu Alkohol, Wetten und wilden Partys zu kontrollieren, trotz des immensen Schadens, den dies auf seinen Beruf und auf seine persönlichen Beziehungen ausübt. Er muß lernen, seine Impulse zu kontrollieren und er muß Wege finden, damit er ohne exzessiven Alkoholgenuß (Neptun) Spaß haben und feiern kann (Sonne im 5. Haus).

Bei Brad steht Mars im Quadrat zu seiner Widder-Sonne und er hatte viele Schwierigkeiten, die seinem scharfen Konkurrenzdenken, seiner Kampfbereitschaft und seiner Selbstsucht entstammen — durchweg Qualitäten, die dem Zeichen Widder und seinem Herrscher Mars entsprechen. Er schlug Löcher in Mauern und prügelte sein Frau. Brads Therapie konzentrierte sich darauf, Einsicht in die Quellen seiner Wut zu gewinnen und zu lernen, seine überschüssige Energie auf konstruktivere Weise einzusetzen.

Hillary ist ein gutes Beispiel für eine Person, die sich selbst behaupten und durchsetzen mußte. Ihr Widder-Mond bildete ein Quinkunx zum Neptun im 1. Haus. Aufgrund dieses Neptun im 1. Haus trug sie eine naive Unschuld zur Schau und hatte jene Aspekte ihrer Persönlichkeit, die Spaß liebten und ganz nach der Laune handelten, beinahe gänzlich unterdrückt. Ihre einfache und bescheidene Wesensart trübte die wahre Tiefe ihrer emotionalen Bedürfnisse (Mond) und persönlichen Wünsche (Widder). Ein Traum, an den sie sich erinnerte, brachte ihre mißliche Lage auf einen Punkt und lockerte wichtige Erinnerungen an die Kindheit (Mond). In dem Traum erlebte Hillary sich als dreijähriges Mädchen, das nach seiner Mutter schrie; diese war jedoch sehr selbstsüchtig und ging mit ihrem Kind vollkommen verantwortungslos um. Da die Mutter das Schreien des Kindes ignorierte, fühlte Hillary sich sowohl völlig schuldig als auch gänzlich unsichtbar. Der Traum brachte ihr die Erkenntnis, daß sie ihr ganzes Leben in eben diesem Zustand des Schuldbewußtseins und der Unsichtbarkeit verbracht hatte, weshalb sie annahm, daß sie kein Recht hatte, nach etwas zu fragen und daß sowieso niemand auf ihre Wünsche eingehen würde. Sie lernte zu schweigen, keinen Ton über ihre Bedürfnisse von sich zu geben und ihr ganzes Leben lang niemals direkt ihre Wünsche zu äußern. Ihre Therapie begann mit dem Lernprozeß, daß sie das Recht hatte, etwas zu wollen, ohne jede Entschuldigung.

Eine Frau mit Sonne, Merkur und Mars im Widder und im 8. Haus berichtete, daß sie sechs Monate nach ihrer Heirat anfing, sich auf Liebesaffären einzulassen. Von da an hatte sie ständig Beziehungen mit einer großen Anzahl von Partnern (Sonne Konjunktion Mars, Betonung 8. Haus). Sie fühlte sich dazu berechtigt, zu tun, was immer sie wollte, wann immer sie den Impuls dazu verspürte und hatte überhaupt kein Einfühlungsvermögen in ihren Ehemann, der sich schließlich von ihr scheiden ließ (das 8. Haus symbolisiert auch Scheidung). Ihr Vertieftsein in die Inanspruchnahme der eigenen Ziele und die Erfüllung aller Begierden stellt beispielhaft die Grundform einer Person mit einer Widderbetonung dar, der es schwerfällt, sich den Belangen der anderen anzupassen. Die Kernfrage bei dem Zeichen Widder lautet oft, ob wir das, was wir wollen, erreichen können, ohne dabei andere zu verletzen.

Das 1. Haus steht in Bezug zum Selbstbewußtsein und der Bildung der Identität. Folglich werden Planeten im 1. Haus, sei es im Geburtsbild oder durch Transite, fast immer auf ausschlaggebende Faktoren hinsichtlich der Klärung des Selbstbildes hindeuten. Dies ist somit ein äußerst wichtiger Bereich im Geburtshoroskop, denn er betrifft die Fähigkeiten des Individuums, die Essenz seiner Identität klar zu definieren und zum Ausdruck zu bringen, anstelle einer kaum eigenständigen sozialen Maske (Persona).

Doris ist 31 Jahre alt und kam inmitten einer turbulenten Identitätskrise in die Beratung. Fünf Planeten stehen in ihrem 1. Haus: eine Venus/Uranus-Konjunktion am Ende von Krebs und eine Sonne/Mars/Jupiter-Konjunktion am Anfang des Zeichens Löwe. Sie steckte in einem tiefen Konflikt bezüglich ihrer sexuellen Identität. Gut zur Unkonventionalität ihrer Venus/Uranus-Konjunktion passend, war sie eine politisch aktive und radikale Feministin, die in den letzten zehn Jahren ausschließlich lesbische Beziehungen pflegte. Aufgrund ihrer Konjunktion von Sonne, Mars und Jupiter im 1. Haus war es für sie von großer Wichtigkeit, körperlich stark zu sein, sie war stolz auf ihren Muskelbau (Mars) und tendierte dazu, in jeder Beziehung die dominantere und aggressivere Partnerin zu sein. Doris war sehr irritiert, denn ihre harten, marsischen und männlichen Züge hatten die eher weiblichen, venusischen Seiten ihrer Persönlichkeit noch nicht völlig verdrängt, die ihr wegen ihrer Schönheit und ihrer Attraktivität für Männer Sorgen bereiteten. Als ich sie zum ersten Mal sah, war sie akut »heterophob«, d.h. sie hatte große Angst heterosexuell zu werden. Schrittweise definierte sie ihre geschlechtliche Identität neu als bisexuell und nicht mehr nur ausschließlich lesbisch.

Planeten im 1. Haus repräsentieren die Art, wie wir uns definieren und uns der Welt präsentieren. Ted (Mars und Uranus im

1. Haus) ist ein Schauspieler und Tänzer, dessen überschwengliche und verrückte (Uranus) Energie das Film- und Fernsehpublikum elektrisiert hat. Er hat hunderte Geliebte und vertritt den Standpunkt, daß sexuelle (Mars) Freiheit (Uranus) den Mittelpunkt seiner Identität bildet.

Ein Mann namens Gordon mit einer Merkur/Neptun-Konjunktion im 1. Haus war ein pathologischer Lügner, der ständig die Wahrheit zerstörte und verdrehte. Als ich diese Eigenschaft mit ihm eingehender untersuchte, stellte ich fest, daß er sich eine ganze Sammlung von Phantasievorstellungen über sich selbst ausgearbeitet hatte, die er bislang noch niemandem mitgeteilt hatte; außerdem log er, weil er nicht wußte, wie er seine Träume tatsächlich verwirklichen sollte. Hinter seiner Neigung, die Wirklichkeit zu erfinden, verbarg sich eine grundlegende Unsicherheit hinsichtlich der eigenen Identität.

Ahmed hat eine Uranus/Pluto-Konjuktion im 1. Haus in der Jungfrau. Er wuchs in einem städtischen Obdachlosenheim auf, umgeben von Jugendbanden, Gewalt und Kriminalität (Pluto). Er entwickelte eine Aura der Selbstbeherrschung und trug eine Kraft (Pluto) in sich, von der er meinte, daß sie ihn beschützte während seiner langen Reise durch die Unterwelt der Menschlichkeit, einschließlich einer Gefängnisstrafe wegen Mordes. Er strahlte eine Widerstandsfähigkeit aus, die sowohl Respekt als auch Angst erregte, er war jedoch so stark gepanzert, daß niemand ihn emotional erreichen konnte. Zeit seines Lebens kämpfte er im Inneren mit Gefühlen der Verfolgung und des Selbsthasses (Pluto im 1. Haus), aber auch mit dem Wunsch, Tumulte zu entfachen und bewaffnete Aufstände in den Straßen anzuführen. Er sah seinen Lebenszweck darin, ein Katalysator für soziale Veränderungen und kulturelle Revolutionen zu werden (Uranus). Die Frage war, wie er dieses Ziel erlangen konnte. Sein MC (Karriere) stand in den Zwillingen und die Radix-Sonne zusammen mit Merkur und Neptun im 3. Haus (Schreiben). Er wollte Drehbücher schreiben, um seine politischen Ideen und seine Wahrnehmungen der menschlichen Natur darzustellen, damit seine Geschichten auf der Leinwand zum Leben erweckt werden konnten. Dieses Ansinnen fügte sich zu seinem Wunsch, am sozialen Wandel beteiligt zu sein. Er schrieb sich zum Studium an der Filmhochschule ein.

Stier / 2. Haus

Stier und das 2. Haus (oder wichtige Transite durch dieses Zeichen oder Haus) weisen vor allem auf die akute Behandlung folgender Problembereiche hin: das Gefühl der grundlegenden Kompetenz, den Wunsch nach materieller Sicherheit, nach körperlichem Wohlbefinden und Freude und nach Geld, einschließlich der Frage nach der Bezahlung der Therapie. Einschlägige Fragestellungen können sich auf Entscheidungen bezüglich »der richtigen Lebensweise« beziehen, den verantwortlichen Umgang mit den Ressourcen und die Anstrengungen, um die materiellen Bedürfnisse zu definieren und zu befriedigen. Stier und das 2. Haus rücken uns näher heran an eine intensivere Einverleibung und eine größere Festigkeit in der physischen Welt. Folglich können Methoden der sensorischen Bewußtmachung, somatische Therapien, aber auch praktische um das Problem zentrierte Beratungen durchweg angemessene Behandlungsformen für die Angelegenheiten von Stier oder dem 2. Haus sein. Darüber hinaus ist die Untersuchung der Finanzlage eines Klienten häufig verflochten mit einer unterschwelligen Besorgnis bezüglich des Selbstwertgefühls, das Aufmerksamkeit verlangt.

Ein 25 Jahre alter Mann namens Robert kam in meine Beratung in einem Zustand höchster Angst hinsichtlich der weiteren Richtung seines Lebens, Spannungen in der Ehe, sexueller Funktionsstörung und finanzieller Probleme. Seine Sonne und sein Mond standen im Stier im 3. Haus in Opposition zum Neptun im Skorpion. Außerdem hatte er Mars in den Fischen im 2. Haus stehen. Als er die Therapie begann, stand der laufende Saturn in Opposition zu Sonne und Mond und lief über Neptun. Er bezog Sozialhilfe und war vollkommen verwirrt (Neptun) darüber, wie er die Hypothek für das Haus bezahlen sollte, welches er und seine Frau vor kurzem mit der finanziellen Unterstützung ihrer Familien gekauft hatten. Er war hilflos und wußte nicht, wie er mit dem Problem umgehen sollte. So verbrachte er die meiste Zeit damit, Marihuana zu rauchen (Neptun).

Roberts Schwierigkeit, eine Arbeit zu finden, entsprach seinem Mars im 2. Haus, d.h. er war unsicher und passiv (Fische) in Fragen des Geldes (2. Haus) und ließ es sowohl an Motivation als auch an Vitalität (Mars) mangeln, um sich und seine Familie zu unterstützen. Die Beratung konzentrierte sich auf die Wurzeln seines verletzten Selbstvertrauens und seine Gefühle der Wertlosigkeit. Nach einiger Zeit begann Robert etwas Geld als Taxifahrer zu verdienen (Sonne und Mond im 3. Haus, dem Haus für Bewegung), reduzierte seinen Drogengebrauch und fing an, Gedichte zu lesen und zu schreiben (Neptun Opposition Sonne und Mond im 3. Haus, das auch für Literatur steht). Später, nachdem er zur Hochschule zurückkehrte, schloß er sein Biologiestudium ab und fand eine gutbezahlte Stelle als Wissenschaftler, da er sich auf Fragen des Wasserhaushalts spezialisiert hatte (Stier-Sonne im 3. Haus mit Opposition Neptun). Er wurde solider, stabiler und praktischer.

Ein Mann namens Gordon mit Saturn im Stier und Pluto im 2. Haus konnte sich überhaupt nicht anfreunden mit körperlicher Berührung oder irgend einer Art von Sinnenfreude. Er war ein trockener, asketischer Mensch, der es zwanghaft vermied, Geld für irgend etwas außer den wichtigsten Notwendigkeiten auszugeben. Er kam aus von Armut geprägten Verhältnissen und obwohl er diesen inzwischen gut entwachsen war, ging er an das Leben mit einer kargen Haltung heran. Die tiefergehende Untersuchung enthüllte eine unersättliche, gierige und habsüchtige Ader, welcher Gordon beharrlich auswich und die er unterdrückte. In der Therapie untersuchten wir seine Einstellung zu

Geld und körperlichen Freuden und erarbeiteten Wege, um seine Fähigkeit zur Freude an der Welt der Dinge wieder herzustellen.

Zwillinge / 3. Haus

Das therapeutische Problem von Menschen mit einer Betonung des Zeichens Zwillinge oder des 3. Hauses konzentriert sich oftmals auf Kommunikationsprobleme, selbstbeschränkende und destruktive Glaubensvorstellungen sowie Lern- oder Sprachstörungen. Kognitive Therapien, positives Denken und mentales Training, Affirmationen, Aufmerksamkeits- oder Konzentrationsübungen könnten für diese Menschen nützliche Ansätze zur Behandlung sein. Das Zeichen Zwillinge symbolisiert Sprache, Erzählen, Literatur und das Ersinnen von Märchen. Folglich lassen sich von den Zwillingen oder dem 3. Haus her rührende Probleme durch Schreiben, Lesen, Geschichtenerzählen oder durch Techniken wie Ira Progoffs Tagebuchmethode therapeutisch ansprechen. Im Falle von Robert fand die Sonne im 3. Haus durch das Sammeln von Informationen und durch das Schreiben über einen sehr persönlichen Interessenbereich den geeigneten Ausdruck.

Ann war eine ruhige und scheue Frau, der es schwerfiel, in Gesellschaft laut und deutlich zu sprechen. Sie war alexithymisch, d.h. sie konnte ihre Gefühle nicht verbalisieren (Sonne im 3. Haus der Kommunikation, im Krebs, dem Zeichen für Emotionen). Ich ermutigte sie, die wichtigsten Ereignisse ihres Lebens nachzuerzählen, indem sie diese niederschreiben sollte. Sie weckte ihre Stimme und verband ihre persönlichen Gefühle und Erinnerungen (Krebs) mit allgemeinen Themen, indem sie Bücher über Mythologie las und Traumarbeit praktizierte (Sonne Quadrat Neptun).

Zwillinge und das 3. Haus stehen in Bezug zur Kommunikation. Eine Frau namens Amy mit einer Merkur/Venus-Konjunktion im 1. Haus hatte das starke Bedürfnis nach einer anregenden Kommunikation mit einem Partner. Sie kam zu einer Paarberatung mit ihrem Freund Darrel, der wiederum Mars und Saturn im 3. Haus stehen hatte. Sie beklagte sich, daß Darrel so schweigsam und kaum kommunikativ sei, ihr nie zuhören würde und sich über Amys »Small Talk« aufregte oder die Geduld verlor. Anfänglich konzentrierte ich mich darauf, Darrels Kommunikationsfähigkeiten zu verbessern und Amy zu einem größeren Verständnis für seine anders gelagerten Kommunikationswünsche zu verhelfen. Die intensivere Therapie legte offen, daß Darrel in einer Familie aufgewachsen war, die von ihm Schweigsamkeit erwartete und in der man ihn nur selten zu Wort kommen ließ.

Da das 3. Haus auch die Geschwister repräsentiert, kann eine Betonung in diesem Feld wichtige Fragen bezüglich der Verwandten anzeigen, aber auch Nachbarn und Mitbewohner. Allison hatte eine Merkur/Mars-Konjunktion im 3. Haus im Skorpion. Ihr Bruder schmiß ihr oftmals Flüche an den Kopf und behandelte sie generell herablassend und grausam. Ihre Radix-Sonne steht in der Waage und an sich war sie eine nette, anpassungsfähige Person, die mit ihren Mitmenschen zurecht kommen wollte. Sie fühlte sich sprachlos, eingeschüchtert und unfähig, mit ihrem Bruder Umgang zu pflegen. Ich riet ihr, diesen Konflikt direkt auszuleben, sich hinzustellen und mit Nachdruck (Merkur-Mars im 3. Haus) für ihre eigenen Belange zu sprechen, anstatt sich von den Befehlen des Bruders unterdrücken zu lassen.

Ein Mann mit einer Venus/Neptun-Konjunktion im 3. Haus idealisierte seinen Bruder, den er in jeder Hinsicht für überlegen hielt. Eine Frau mit einer Mond/Pluto-Konjunktion im 3. Haus fühlte sich von ihrer Mitbewohnerin terrorisiert, deren feindliche Gesinnung und Kontrolle ausübende Verhaltensweisen bei der Klientin Erinnerungen an die Mutter (Mond) wach werden ließen.

Das Zeichen Zwillinge symbolisiert den inneren Strom der

Gedanken und der »Selbstgespräche«, den Fluß der Ideen, Vorstellungen und Meinungen, die wir vom Leben und uns selbst haben. Ken hatte die Sonne in der Waage mit einem Quadrat von Saturn im 3. Haus. Er war ein talentierter und sympathischer Künstler, den jeder mochte, aber erfüllt von zahlreichen negativen Gedanken über sich und seine Arbeit. Es stellte sich heraus, daß er einen sehr konservativen und beruflich erfolgreichen Bruder hatte (Saturn im Steinbock im 3. Haus), der sehr viele verächtliche Kommentare über Kens Künstlerkarriere und seine schmalen finanziellen Einkünfte äußerte. Ich machte Ken mit den grundlegenden Prinzipien der kognitiven Therapie vertraut, so z.B., daß er negative und sich selbst attackierende Gedanken kontrollieren sollte, wenn möglich die Situationen identifizieren, die ihn bedrückten und diese Gedanken korrigieren sollte, um sich selber zu bestärken. Eine Veränderung seiner Gedanken befreite Ken von seiner Furcht vor Versagen und ermöglichte es ihm, den von ihm gewählten Beruf mit größerer Ernsthaftigkeit zu verfolgen.

Krebs / 4. Haus

Krebs und das 4. Haus beziehen sich auf einige der zentralen Bereiche der Psychotherapie: Gefühle, persönliche Erinnerungen und die Herkunftsfamilie. Eine starke Betonung kann die Notwendigkeit einer Klärung und das Durcharbeiten von Fragestellungen aus der frühen Kindheit anzeigen, aber auch das Verhältnis zu den Eltern, das Vorhandensein oder Fehlen emotionaler Geborgenheit in der Familie, pathologische Familiensituationen sowie Übertragung von dysfunktionalem Verhalten von einer Generation auf die nächste. In der Tat berührt die frühe Dynamik der Familie die spätere Fähigkeit der Persönlichkeit, sich emotional in seinem Heim und in seiner Familie zufrieden zu fühlen. Eine Hervorhebung des 4. Hauses im Geburtshoroskop oder durch einen Transit kann nahelegen, daß wir uns bei dem Klienten auf die Bedürfnisse nach Abhängigkeit, die Gefühle nach Sicherheit, die Fähigkeit zu Selbsthilfe, Selbstversorgung, aber auch die Ernährung anderer konzentrieren. Dies ist der Bereich der Familientherapie und der psychoanalytisch ausgerichteten Tiefenpsychologie, die sich darauf konzentriert, mittels Untersuchung der Familiendynamik und der frühkindlichen Erinnerungen zu heilen.

Phyllis hatte ihren Radix-Saturn im Krebs mit einer Konjunktion zum MC und einem gleichzeitigen Quadrat von Mond (Herrscher im Krebs) und Neptun im 1. Haus. Sie kam in die Therapie, um ihre Gefühle der Schwäche, Unsicherheit und geringen Selbstwertes zu behandeln. Diese Probleme ließen sich bis in ihre Herkunftsfamilie (Saturn im Krebs) zurückverfolgen, vor allem im Hinblick auf ihre verstrickte und emotional verwirrende Beziehung zu ihrer alkoholabhängigen Mutter (Mond Konjunktion Neptun). Die Mutter hatte immer als eine hilflose, bemitleidenswerte Märtyrerin (Neptun) agiert und Phyllis spielte die Rolle derjenigen, die beschwichtigt und vorsorgt. Sie war ein äußerst ernsthaftes und wohlerzogenes Kind, das alle seine Gefühle unterdrückte (Mond im Quadrat zu Krebs-Saturn) und sich darauf konzentrierte, die Verantwortung für jeden in der Familie zu übernehmen. Phyllis hatte außerdem zahlreiche traumatische Begegnungen mit ihrem Vater, einem Tyrannen, der ihr Selbstvertrauen (Saturn) aushöhlte (Neptun), indem er ihr sagte, sie sei dumm und unfähig. In der Beratung kamen wir auf diese Problembereiche intensiv zu sprechen und Phyllis gewann wieder Vertrauen. Sie fand den Glauben an ihre Empfindungen und Intuitionen und lernte, daß sie für andere offen, bewußt und empfänglich sein konnte (Mond-Neptun), ohne übervorteilt zu werden und ohne der Fußabtreter zu sein, auf dem andere herumtrampeln.

Eine 33 Jahre alte jüdische Frau namens Sarah hatte Venus, Saturn und Sonne im Skorpion im 4. Haus mit einem exakten Quadrat zum Wassermann-Mond im 7. Haus (Beziehungen). Zunächst befaßten wir uns damit, daß ihre Eltern ihre frühere, über fünf Jahre anhaltende Beziehung zu einem nicht-jüdischen Mann (Wassermann-Mond im 7. Haus im Quadrat zu den Planeten im 4. Haus) vehement ablehnten. Wir untersuchten ihre schwierige Elternbeziehung und ihre Gefühle von Ärger und Zurückweisung (Skorpion) gegenüber den Eltern. Eine Schlüsselerinnerung bezog sich auf sexuellen Mißbrauch durch einen ihrer Brüder und diese trat zutage, als Pluto (Planet für Unterdrücktes und Ausbrüche) in Konjunktion stand zum Radix-Saturn. (Mars, der Mit-Herrscher im Skorpion, stand im 3. Haus, welches für die Brüder steht). Ihre Geschichte fand ein Happy-End: Als die Radix-Venus und der Radix-Saturn sich in der Sonnenbogendirektion von dem ursprünglichen Quadrat mit Mond zu einem Sextil verschoben hatten, heiratete sie in einer traditionellen jüdischen Hochzeitszeremonie, und ihre Eltern waren zugegen. Aber ganz in Übereinstimmung mit ihrer progressiven und unkonventionellen Einstellung zur Partnerwahl, repräsentiert durch ihren Wassermann-Mond im 7. Haus, heiratete sie einen Katholiken.

Ellen bekam ihr erstes Kind, als Uranus und Saturn im Transit auf ihrem Radix-Mond im 1. Haus standen. Ellen sagte, daß die Mutterschaft (Mond) und die Gründung einer neuen Familie die wichtigste Entscheidung in ihrem Leben war.

Löwe / 5. Haus

Löwe und das 5. Haus repräsentieren unser Bedürfnis, Freude zu empfinden und zum Ausdruck zu bringen, gleichzeitig aber auch unsere Fähigkeit zu Enthusiasmus, Verspieltheit und Ausgelassenheit. Kinder, Selbstdarstellung und Kreativität sind zentrale Themen dieses Zeichens und Hauses. Zipporah Dobyns assoziiert Löwe und das 5. Haus mit dem Verlangen nach Liebe und geliebt zu werden, die eigene kreative Kraft zu spüren, mit dem Wunsch, ein großer Star zu sein, den die Welt bewundert.[9] Geborene mit einer starken Betonung in diesem

42

Bereich haben eine dominierende Persönlichkeitsstruktur mit sehr sicherem Auftreten und starker persönlicher Ausstrahlung. Gelegentlich haben diese Personen es auch nötig, narzißtische Tendenzen zu zeigen, indem sie sich als erhaben, außergewöhnlich oder bevorzugt empfinden. Die Therapie von Problemen des Zeichens Löwe oder des 5. Hauses sollte sich darauf konzentrieren, geeignete Mittel zur Selbstdarstellung zu finden, sei es durch Sport, musikalische, künstlerische oder theatralische Darstellungen, Tanz oder andere Erholungsaktivitäten. Expressive Formen der Therapie wie Psychodrama, Kunsttherapie oder Tanztherapie oder die Bearbeitung von kreativen Blockaden könnte angezeigt sein, wenn diese Bereiche im Horoskop betont sind. Geborene, deren Horoskop Löwe oder das 5. Haus stark betont haben, brauchen oftmals eine Ermutigung, damit sie die volle Ausstrahlung und Größe ihres Selbst ohne exzessiven und ungesunden Schwulst leuchten lassen können.

Jane hatte die Sonne im Löwen und im 1. Haus ihres Horoskopes stehen. Sie war eine talentierte Schauspielerin, aber beschrieb sich selbst als ganz in Anspruch genommen von ihrer Schönheit und den Anstrengungen, anderen zu gefallen. Die Therapie stellte ihr Bemühen in den Mittelpunkt, die eigene Kreativität frei zu äußern und ihre sonnige und dynamische Persönlichkeit zu leben, ohne dabei zu aufgeblasen, schauspielerisch und von sich selbst eingenommen zu sein. Sie arbeitete auch daran, ihre tief verwurzelte Angst zu überwinden, Liebe zu zeigen und statt dessen ihr Herz ganz in ihre Arbeit und in ihre Beziehungen zu geben (Löwe-Sonne Opposition Saturn im 7. Haus).

Ein Mann mit Skorpion-Mond im 5. Haus war von Beruf Komiker und liebte es, seinen Ärger zu entladen, indem er sein Publikum beschimpfte und wüste (manchmal offensive) Witze mit oftmals sexueller Thematik (Skorpion) riß. Er brauchte ständig die Bewunderung durch andere und wurde wütend, wenn er irgendwie spürte, daß er gekränkt oder nicht gebührend gewürdigt wurde, was ein allgemeines Anzeichen für eine sogenannte narzistische Persönlichkeitsstruktur ist.

Ed war 29 Jahre alt und hatte Saturn im 5. Haus. Während der Saturnrevolution kam er in die Beratung und klagte über Depressionen und Angstzustände, ausgelöst durch die Geburt seines ersten Kindes. Wir diskutierten den Umstand, daß er sich in einer seinem Alter entsprechenden Übergangsphase befand (eben die Wiederkehr des Saturn), was zugleich mit seiner neuen Verantwortung als werdender Vater zusammenhing. Schon bald legten wir einige Erinnerungen frei, die zeigten, daß er als Kind eingeschränkt worden war zu spielen, was letztlich auch der Ursprung für sein Unbehagen war, selber Kinder zu haben. Ed hatte Angst davor, daß es ihm keine Freude bereiten könnte, mit seinen Kindern zu spielen, daß sein Kind ihn zurückweisen würde und daß ein Kind sein eigenes Leben einschränken könnte. Nachdem er diese Gedanken integriert hatte, fühlte er sich wohler mit seiner neuen Rolle als Vater.

Sally suchte die Beratung auf wegen einer wichtigen Entscheidung. Sie war 35 Jahre alt und wollte Kinder haben, aber sie war sich nicht sicher, ob ihr Beruf ihr genügend Freiraum ließ, um sich den Kindern zu widmen. In ihrem Horoskop stehen Merkur, Venus und Neptun im Skorpion im 5. Haus, was vermuten läßt, daß Kinder die beste und die am meisten zufriedenstellende Ergänzung in ihrem Leben sein könnten. In den folgenden Jahren, während Saturn im Wassermann nach und nach ein Quadrat zu diesen Planeten bildete, bekam sie zwei Kinder. Sie liebt beide über alles und empfindet sie als die Quelle tiefster Erfüllung.

Traditionell herrscht das 5. Haus über Spiel und Risikofreude. Glen hatte Saturn im Stier im 5. Haus. Er hatte eine zwanghafte Neigung zum Glücksspiel und verlor immense Geldbeträge, weil er diese beim Pferderennen oder beim Fußballtoto einsetzte (5. Haus – Sport und Unterhaltung). Als der laufende Pluto ein Quadrat zu seinem Saturn bildete, wurde ihm bewußt, daß er finanzielle Verantwortung seinen Kindern gegenüber hatte (Stier-Saturn im 5. Haus) und daß sein derzeitiges Verhalten deren Zukunft gefährdete. Diese Erkenntnis half ihm, seine Spielleidenschaft einzustellen.

Johanna war in einer kirchlichen Organisation tätig und kam zu der Erkenntnis, daß dies all ihre Kreativität abtötete. Die Radix-Sonne, Venus und Mars standen im Schützen im 5. Haus; Jupiter und Saturn standen im 6. Haus. Ihre wirkliche Leidenschaft war die Musik (Venus), sie war eine talentierte Musikerin und hatte einen akademischen Abschluß in Ethnomusikwissenschaft erlangt, den sie jetzt als vollkommen unpraktisch ansah. Tatsächlich machte sie sich oft Vorwürfe über ihre Naivität bei der einstigen Wahl dieses Hauptfaches. Während der Wiederkehr des Saturn nahm sie eine Vollzeitstelle an und erhielt ein gutes Gehalt, dennoch spürte sie, daß ein wesentlicher Teil ihrer selbst abgestorben war. Sie begann bei dem Gedanken zu resignieren, diese Arbeit aufrechtzuerhalten, aber sie gab ihr wenigstens eine gewisse Sicherheit.

Es ist offensichtlich, daß Johanna ihre Talente nicht vollkommen zur Geltung brachte. Ihr Mangel an innerer Ausrichtung auf ihre eigentliche Identität manifestierte sich als ein nagendes Gefühl von Trauer und Apathie, Gesundheitsproblemen (6. Haus) und einer Einbuße des Interesses an anderen Menschen und an Beziehungen. Als schließlich der laufende Fische-Saturn ins Quadrat zu Sonne, Mars und Venus kam, nahm sie einige Stunden bei einem Musiklehrer. Er lud sie ein, bei seiner Gruppe einzusteigen und mit ihnen auf Tournee zu gehen. Im Nu veränderte sich ihr Leben. Sie nahm das Risiko auf sich (5. Haus), das sie sich nie getraut hätte, und ergriff diese Gelegenheit beim Schopf, um ihre wahre Natur zu leben. Obendrein konnte sie nun durch Europa reisen, was für sie, mit drei Planeten im Schützen, sehr aufregend war. Der letzte Akt der Geschichte ist sogar noch schöner: Getreu der romantischen Charakteristik des Saturntransits über Venus oder Mars heiratete sie den Musiker nach der Rückkehr von dieser Tournee.

Jungfrau / 6. Haus

Jungfrau steht für unseren Wunsch nach Verfeinerung, Präzision und Perfektion, aber auch für die Fähigkeit, unsere Fehler und Unzulänglichkeiten zu erkennen und diese gegebenenfalls zu berichtigen. Eine Betonung von Jungfrau oder dem 6. Haus legt Angst, nervöse Spannung, obsessive Tendenzen, einen starken »inneren Kritiker« oder die Neigung, andere zu kritisieren, nahe. Man entwickelt auch einen Scharfblick und ein gutes Unterscheidungsvermögen. Im Rahmen einer Therapie von Belangen des Zeichens Jungfrau oder des 6. Hauses könnte folgendes angebracht sein: dem Klienten Hilfestellung leisten, damit er innerlich reflektieren oder sein Selbst genau prüfen kann. Man sollte ihm spezielle Mittel zur Selbstüberprüfung und zur psychischen Reinigung an die Hand geben. In manchen Fällen kann es angezeigt sein, daß er seine Ernährungsgewohnheiten ändert, regelmäßige Übungen durchführt oder sich einer spirituellen Betätigung zuwendet. Eine Betonung von Jungfrau oder dem 6. Haus kann eine stärkere Konzentration auf die Gesundheit nahelegen und darauf, wie sich Krankheit als eine Chance zur Transformation verstehen läßt. Planeten in diesem Zeichen oder Haus verweisen auf Fragestellungen des Berufs, die Pflichten der täglichen Arbeit oder die Notwendigkeit für berufliche Fortbildung.

Jeff hatte eine Konjunktion von Sonne, Saturn, Merkur und Mond in der Jungfrau im 7. Haus und war das Kind einer Familie, deren Verwandtschaft größtenteils durch den Holocaust ums Leben kam. Er wurde von den klassischen Symptomen der »Schuld des Überlebenden« geplagt. So war er einerseits stark depressiv (Saturn-Sonne) und litt unter akuten Angstzuständen, Phobien und zahlreichen chronischen Körperbeschwerden, die sich von Hypochondrie bis zu Dysphorie (Übellaunigkeit, die Unfähigkeit, Befriedigung oder Freude im Leben finden zu können) erstreckte. Darüber hinaus war er extrem perfektionistisch und fordernd in seinen persönlichen Beziehungen. In der Therapie ging es zunächst darum, seine Angst methodisch zu reduzieren und seine Vaterbeziehung (Saturn) zu untersuchen, welcher Jeff permanent kritisiert hatte. Dadurch trug der Vater sowohl zu dessen selbstkritischem Wesen als auch zu seiner Unfähigkeit, bei anderen Schwächen tolerieren zu können, bei.

Clark war durch eine Sonne/Pluto-Konjunktion im Zeichen Löwe und im 6. Haus gekennzeichnet. Er verwickelte sich in unerfreuliche Machtkämpfe mit seinen Vorgesetzten und Kollegen und mußte viele langweilige und eintönige Aufgaben in seiner Tätigkeit (6. Haus) erledigen, was seinen Stolz (Löwe) verletzte, was ihn aber auch sehr frustrierte. In der Beratung legte ich ihm nahe, seine Einstellung der Arbeit gegenüber zu ändern, die Freude an der Tätigkeit wiederzuerlangen, Wege nach Ausdrucksmöglichkeiten für seine Kreativität zu finden und alle seine Anstrengungen mit seinen eigenen Zeichen zu versehen.

Bei Judith stand Jupiter in Konjunktion zu ihrem Jungfrau-Aszendenten. Sie war eine äußerst gewissenhafte Person, konnte hart arbeiten und war beschäftigt als Beobachterin des internationalen politischen Geschehens (Jupiter: internationale Beziehungen, Jungfrau: Analyse). Sie litt in ihrer Jugend unter einer ernsthaften Anorexie, die ernste gesundheitliche Schäden hinterließ. Sie war bezüglich Lebensmitteln noch immer recht vorsichtig und heikel. Ich überwies sie an eine Spezialklinik für Eßstörungen.

Waage / 7. Haus

Bei einer Betonung des Zeichens Waage oder des 7. Hauses könnte sich die Therapie um die Erfahrungen des Klienten in Freundschaft und Ehe konzentrieren, aber auch um sich wiederholende Verhaltensmuster in Beziehungen und die Art, wie der Geborene liebt und Erfüllung durch andere sucht. Planeten im 7. Haus können auch Anteile der Persönlichkeit enthüllen, die über andere ausgelebt werden. Zum Beispiel erleben Menschen mit Mars im 7. Haus ihre Partner oft als angriffslustig oder aggressiv. Die Person mag diese Eigenschaften ableugnen, indem sie diese auf andere projiziert und dabei übersieht, wie sie durch das eigene Verhalten die ärgerlichen Reaktionen provoziert.

Das 7. Haus repräsentiert die subjektiven Erfahrungen des Zusammenseins mit anderen Menschen, aber auch die Art von Partner, welche der oder die Geborene anzieht. Jemand mit Venus im 7. Haus könnte freundliche oder attraktive Freunde anziehen, und die Beziehungen verlaufen harmonisch; der Betreffende wäre interessiert, anderen zu gefallen. Mit Mars im 7. Haus könnte diese Person leidenschaftliche, aufreizende und körperlich aktive Partner oder aber einen leicht zu verärgernden und streitlustigen Partner anziehen. Mit dieser Plazierung tendieren wir dazu, anderen Macht in die Hand zu geben oder aggressiv vorzugehen, um eine dominante Position aufrechtzuerhalten. Alternativ hierzu können wir am gesunden Wettbewerb teilnehmen oder aktiv Schritte unternehmen, um anderen zu helfen.[10] Mit Neptun im 7. Haus dürften unsere Partner idealistische, phantasievolle und spirituell orientierte Visionäre sein oder ausgeflippte, unkonzentrierte und abhängige Personen.

Mit Saturn im 7. Haus fühlt man sich zu Menschen hingezogen, die solide, zuverlässig und konservativ sind und die ferner eher älter und schon etabliert sind. Jane (siehe im Kapitel über Löwe) hatte den Radix-Saturn im 7. Haus in Opposition zu ihrer Löwe-Sonne stehen. Sie war traurig und entmutigt, weil sie von ihrer Ehe enttäuscht war. Ihr Mann schien ihr langweilig, einschränkend und überseriös zu sein. Während der Therapie gelangte sie zu der Erkenntnis, daß sie in ihm eine Vaterfigur (Saturn) gesucht hatte, der sie unterstützen sollte, damit sie ihre Laufbahn als Schauspielerin (Löwe-Sonne) weiterverfolgen konnte. Nachdem sie nun jemanden gefunden hatte, der sich um sie in dieser Weise kümmerte, nahm sie ihn als rigide und steif wahr – wie ihren eigenen Vater auch. Jane entwickelte allmählich einen stärkeren Sinn für ihr eigenes Leben und gewann eine größere Bewunderung für diesen zuverlässigen und hart arbeitenden Mann, den sie liebte und dem sie, wie sie ebenfalls erkannte, zutiefst verpflichtet war (Saturn im 7. Haus).

Clark (siehe oben) suchte die Beratung auf, nachdem seine Ehe nach sieben Jahren zerbrach. Er berichtete, daß er mit seiner Frau nur wenig kommunizierte (Merkur, Saturn im 7. Haus) und daß seine Frau ihn ständig kritisierte (Planeten in der Jungfrau). Als Reaktion auf ihre Kritik entwickelte er ein Muster des depressiven Rückzuges (Fische-Mond Opposition Saturn, der Planet von Depressionen und Trauer). Die Untersuchung seiner Gefühle über die Ehe brachte eine Vorgeschichte von Verlassenwerden, Vernachlässigung und Kritik zutage. Seine Mutter starb nämlich, als der Junge vier Jahre alt war und ließ ihn in einem Zustand des konstanten emotionalen Hungers zurück, überwältigt von den Gefühlen der inneren Leere und Einsamkeit (Mond in den Fischen). Sein Vater zog den älteren Bruder vor und war Clark gegenüber mißbilligend und streng (Jungfrau-Saturn). Wir erforschten seine frühe Familiengeschichte direkt in Bezug zu seiner Eheerfahrung, die von der Angst dominiert war, daß seine tiefsten emotionalen Sehnsüchte und Bedürfnisse von seiner Frau weder gesehen, anerkannt noch befriedigt wurden.

Vernon hatte im Geburtshoroskop Mars, Saturn und Uranus im 7. Haus in den Zwillingen. Er kam in die Behandlung, um seine Eheprobleme zu bearbeiten, die seiner Meinung nach dadurch verursacht wurden, daß seine Frau sich weigerte, an perversem (Mars-Uranus) Gruppensex teilzunehmen. Im 7. Haus wird unsere Fähigkeit getestet, welche Nähe wir mit anderen tolerieren. Vernon erlebte einen maßgeblichen Konflikt zwischen seinem Wunsch nach zuverlässiger Nähe (Saturn im 7. Haus) und seinem Verlangen nach totaler Freiheit (Uranus). Er suchte sich eine Partnerin aus, die diesen Konflikt für ihn ausführte und die er für alle ihre Schwierigkeiten in der Partnerschaft beschuldigen konnte. Vernon erkannte allmählich, daß das Verhalten seiner Frau eine direkte Widerspiegelung seiner eigenen Ambivalenz bezüglich intimer Nähe war.

Das 7. Haus steht auch in Verbindung zu der therapeutischen Beziehung, die parallel zu sehen ist zu der allgemeinen Erfahrung von Beziehungen. Folglich können Planeten im 7. Haus darauf hinweisen, wo Phänomene der Übertragung vorliegen können, die in der Beratung angesprochen werden sollten. Indem wir unter Berücksichtigung der hier plazierten Planeten untersuchen, wie der Klient den Therapeuten wahrnimmt, kann der Berater Einsichten darin gewinnen, wie sein Klient die Gegenwart anderer begreift und erlebt – sei es sicher oder bedrohend, hilfreich oder fordernd, freundlich oder grausam, passiv oder drückend, prüde oder unvorhersehbar. Da Planeten im 7. Haus Beziehungsthemen nahelegen, die dazu tendieren, sich zu wiederholen, können sie auch wichtige Hinweise geben auf das Wesen der Gegenübertragung, die in dem Therapeuten erweckt werden kann.

Ein Mann namens Todd mit Mars im 7. Haus bereitete mir während jeder unserer Sitzungen immer großes Unbehagen. Er wurde oft auf mich zornig und ich wurde im Gegenzug oft irritiert und ärgerte mich über ihn. Die Kenntnis der Symbolik seines Horoskops half mir, meine eigenen gegenübertragenen Gefühle in die richtige Perspektive zu rücken. Gemeinsam mit Todd konnte ich die Gründe dafür erarbeiten, daß enge Beziehungen in ihm Zornausbrüche hervorriefen. Im Gegensatz dazu hatte Victoria mit Neptun im 7. Haus das, was Heinz Kohut »idealisierte Übertragung«[11] nannte, denn sie betrachtete mich als in jeder Hinsicht perfekt. In der Therapie mußte Victoria ihre Enttäuschung aufarbeiten und überwinden, als ich – unvermeidbar – versagte, ihrem Bild von Perfektion zu entsprechen. Dies war eine Neuinszenierung der Gefühle, die sie in vielen persönlichen Beziehungen empfunden hatte. Schrittweise lernte sie mich, und damit auch andere, wirklichkeitsgetreuer zu sehen

Eine 33 Jahre alte Frau namens Debbie kam während des Saturntransits in Konjunktion zu ihrer Radix-Sonne im Skorpion und im 7. Haus zu mir in Beratung. Sie hatte in den vergangenen Monaten gewalttätige Auseinandersetzungen mit ihrem Lebenspartner erlebt. Nach mehreren Sitzungen trat Debbie mir gegenüber sehr verführerisch auf, trug sehr tief geschnittene Kleider, warf mir einladende Blicke zu und sprach ganz offen über ihre erotischen Phantasien, die sich auf meine Person bezogen. Als wir dieses Verhalten im Hinblick auf ihr Geburtshoroskop untersuchten, stellten wir ihre Neigung fest, Sexualität als Ersatz für ernsthafte Intimität zu verwenden. Sexualität war für sie ein Mittel, um »Nähe« zu erzeugen, sobald sie sich unsicher fühlte, aber auch der Versuch, Kontrolle über andere zu gewinnen und ein grundsätzlich entleertes Selbstempfinden mit neuer Energie zu laden. Die eingehende Betrachtung der Übertragung wurde zu einem Wendepunkt in der Therapie von Debbie.

Bei einer Betonung von Planeten im Zeichen Waage kann der Geborene einen starken Drang verspüren, Schönheit zu erzeugen oder künstlerische Interessen zu verfolgen. Eine Sozialarbeiterin mit einer Sonne/Venus-Konjunktion in der Waage im 10. Haus brach während der Sitzung in Tränen aus, als ich andeutete, sie hätte wohl lieber Musikerin werden wollen. Im weiteren erörterten wir die Möglichkeiten, wie sie ihre Liebe zur Musik durch eine Ausbildung zur Musiktherapeutin in ihr Leben integrieren könnte. Später führte sie mit großem Erfolg ihren neuen Beruf aus.

Skorpion / 8. Haus

Skorpion ist jener Abschnitt des Tierkreises, der sich mit Transformation und der Generierung von Macht durch die Intensität der menschlichen Interaktion befaßt. Eine Betonung dieses Zeichens oder des 8. Hauses verweist oft auf Schlüsselfragen im

Zusammenhang mit Sexualität, Geschäftsbeziehungen, Finanz-quellen, Macht und Aggression. So kam Jack mit Mars im Skorpion und im 8. Haus zur Therapie wegen seines gewalttätigen Temperaments. Er war ferner behaftet mit sexuellen Phantasien, welche die Machttriebe von Beherrschung und Unterwerfung enthielten.

In der Therapie kreisen die Fragestellungen bezüglich Skorpion oder des 8. Hauses darum, wie der Klient dem Therapeuten Feindseligkeit entgegenbringt, die Beziehung sexualisiert (wie Debbie) oder den Therapeuten als feindselig, verführerisch bzw. aufdringlich wahrnimmt. In manchen Fällen kann eine starke Besetzung hier auch nahelegen, Paranoia, Suizidgefähr-dung, posttraumatische Streßstörungen oder Erinnerungen an körperliche Traumata oder sexuellen Mißbrauch anzusprechen. Diese Bereiche des Horoskopes können auch mit der Tendenz, andere abzuwerten, mit Wutausbrüchen oder Brüchen in der Beziehung zwischen Therapeut und Klient assoziiert werden. In manchen Fällen wären hier eine Sexualtherapie, Krisenbera-tung, Reichianische Therapieformen oder katharsische Metho-den wie Urschrei, Rebirthing oder holotrophes Atmen ange-messen. Andere therapeutische Fragestellungen bei Menschen mit dieser Horoskopbetonung entspringen zwischenmenschli-chen Krisen, Scheidungen, Verschuldung, dem Tod von Freun-den, Verwandten oder des Lebenspartners, aber auch wenn der Tod einen selber gestreift hat.

Die Bearbeitung der im Zeichen Skorpion oder im 8. Haus anklingenden Probleme zählt zu den intensivsten Momenten auf der therapeutischen Reise. Nichtsdestotrotz können Tod und Wiedergeburt, die in diesem Zusammenhang oftmals ange-sprochen werden, eine tiefe persönliche Erneuerung bringen. Erst wenn die Therapie diese Ebene erreicht, beginnt die Cha-rakterstruktur des Klienten zu wechseln und die Therapie wird zu einer wahren Initiation hin zu einem neuen Zustand des Seins.

Richard war 50 Jahre alt und seine Skorpion-Sonne stand in

Konjunktion mit seinem Aszendenten. Er geriet anderen Menschen gegenüber, von denen er annahm, sie verfolgten, erniedrigten, enttäuschten und intrigierten gegen ihn, oft in Wut. Er war erfüllt von Boshaftigkeit, Vorurteilen, Rachegefühlen, Feindseligkeit und Paranoia. Wir bemühten uns, schwerwiegende Gefühlsausbrüche zu verhindern, bis zu jenem Tag, an dem Saturn über die Radix-Sonne lief und er anfing, mich abzuwerten, die Unzahl meiner Unzulänglichkeiten aufzuzählen und mir zu erzählen, ich hätte ihn genauso enttäuscht wie alle anderen zuvor auch. Ein Schwall unflätiger Redensarten folgte. Trotz meiner Anstrengungen, den Kontakt zu Richard wieder herzustellen, gelang es mir nicht, ihn in seinem Wutausbruch zu besänftigen und er stürzte aus der Praxis und wurde nie mehr gesehen.

Gina hatte Sonne, Merkur, Venus und Jupiter in den Fischen im 8. Haus. In Opposition zu diesem Stellium befand sich Saturn im 2. Haus. Sie baute sich mit Erfolg ein Geschäft mit ihrem Ehemann auf. Als aber Saturn und Uranus im Schützen standen und in das Quadrat zu dieser Planetenballung liefen, erleichterte ihr Mann sie ganz unerwartet um all ihr Geld und brannte mit einer Freundin nach Las Vegas durch. Sie war am Boden zerschmettert aufgrund ihrer Scheidung, dem Verlust der Firma und der Tatsache, daß sie verlassen wurde und jetzt alleine fünf Kinder aufzuziehen hatte. Ihr Ex-Mann ging später bankrott und weigerte sich, Unterhalt zu zahlen. Sie hatte alle Hände voll zu tun, die gemeinsamen Schulden abzustottern (Betonung 8. Haus) und ihre Desillusionierung nach dem Zusammenbruch zu überwinden. Das Zeichen Fische regiert die Illusionen: Gina wurde recht schnell ihrer Illusionen über den Gatten beraubt und sah jetzt, daß sie sich bislang gesträubt hatte, die offensichtlichen Warnsignale seiner Untreue ernst zu nehmen. Sie erkannte auch, daß sie sich praktische Fähigkeiten zulegen mußte, um ein eigenes Einkommen zu verdienen und um sich im Umgang mit den Finanzen besser zu organisieren (Saturn im 2. Haus).

Elaine hatte Sonne, Merkur, Venus und Neptun im Skorpion im 8. Haus. Sie war die Tochter eines puritanischen Priesters. Als Pluto über ihre Planeten im Skorpion lief, entwickelte sie starke sexuelle Aktivitäten und geriet in Konflikt mit ihren religiösen Einstellungen bezüglich des Auslebens der lustbetonten und leidenschaftlichen Seite der Persönlichkeit. Unglücklicherweise zog sie sich in dieser Zeit auch eine Geschlechtskrankheit zu und litt schließlich an Gebärmutterkrebs. Der therapeutische Prozeß erforderte die Konfrontation mit der Möglichkeit, daß sie sterben mußte. Sie überlebte, bis ins Innerste erschüttert, aber sie war durch die Konfrontation mit den elementaren Kräften von Sexualität und Tod verwandelt worden.

Als der transitierende Saturn durch das 8. Haus von Douglas lief, wurde er von dem nahe bevorstehenden Tod seines Vaters erfaßt, und es war das erste Mal, daß er überhaupt mit der Sterblichkeit konfrontiert wurde. Die Lektüre von einschlägiger Literatur zum Thema Tod von Stephen Levine und Elisabeth Kübler-Ross befähigte Douglas dazu, seine emotionalen Reaktionen zu verstehen, vor allem seine Trauer und seine Furcht. Diese innere Arbeit ermöglichte es ihm wiederum, seinen Vater friedvoll sterben zu lassen, umgeben von Liebe und Einverständnis.

Nicki hatte die Sonne im Skorpion, von Mars, Pluto (Mit-Herrscher im Skorpion) und Saturn im Quadrat aspektiert. Im Alter von sieben Jahren, als Saturn auf ihrer Sonne in Konjunktion und im Quadrat zu Mars stand, prügelte ihr Vater sie heftig, weil sie in der Schule bei sexuellen Spielereien erwischt wurde. Sie erholte sich nie mehr ganz von diesem Zwischenfall und litt an posttraumatischen Streßsymptomen und vielen Schwierigkeiten in Bezug auf Sex und Intimität. Sie hatte einen Horror vor Männern, denen sie unterstellte, daß sie immer unerwünschte und aufdringliche sexuelle Übergriffe unternahmen. Als sie schließlich eine intime Beziehung mit einem Mann einging, erwachte sofort eine entsetzliche Angst in ihr und sie nahm ihre Partner oft als grausam und rachsüchtig wahr

(Mars/Pluto-Quadrat zur Sonne). Die Beratung richtete sich auf ihre traumatische Kindheitserfahrung, die komplexen sexuellen Empfindungen und Abwehrhaltungen und ihre Tendenz, ihre Ängste auf die Männer in ihrem Leben zu externalisieren. Ich ermutigte sie ferner, Kurse in Selbstverteidigung für Frauen zu besuchen, um Strategien für wirkliche Gefahrensituationen zu erlernen. Eine umfassende emotionale Katharsis führte zu neuen Gefühlen von innerer Kraft.

Schütze / 9. Haus

Schütze steht in Verbindung mit der Suche nach Wahrheit und nach moralischen Werten. Mit Planeten im Schützen oder im 9. Haus sind Erziehungsfragen oder die Neubewertung unserer Glaubensvorstellungen oft Dauerthemen. Therapeutische Kernthemen, die um dieses Zeichen oder das 9. Haus kreisen, können sich auf den Verlust von Bedeutung beziehen sowie auf den Wunsch, ein kohärentes, klar definiertes System des ethischen, spirituellen und religiösen Glaubens zu entdecken. Entsprechend kann sich die Therapie darauf ausrichten, den Klienten dabei zu helfen, eine persönliche Philosophie zu entwickeln, die das Leben mit Hoffnung und Sinn erfüllt. Existentielle Therapie, Logotherapie, Visionssuche, Pilgerfahrten und die Erforschung tiefgründiger philosophischer und moralischer Fragestellungen könnten angemessen sein. Brigitte hatte Sonne, Venus und Mars im Schützen stehen und arbeitete im Verlagswesen (von Schütze repräsentiert), aber sie langweilte sich und sehnte sich nach Abenteuern. Der Einblick in das Horoskop bestärkte Brigitte in dem Wunsch zu reisen. Also kündigte sie ihre Stelle und reiste für sieben Jahre durch Asien, wo sie Yoga und Buddhismus bei mehreren großen Meistern lernte und zu vielen heiligen Stätten pilgerte.

Ein Mann mit Sonne und Merkur im 9. Haus, in Opposition zum Krebs-Jupiter und im Quadrat zu Neptun in der Waage, wurde ein bekannter spiritueller Lehrer, der rund um den Globus reiste und Vorträge oder Workshops hielt.

Allison hatte Mars, Saturn und Uranus im 9. Haus in den Zwillingen. Sie war eine hochbegabte Lehrerin, die sogar schon eine Auszeichnung erhalten hatte. Mit ihren drei Planeten in den Zwillingen (Sprache, Kommunikation) spezialisierte sich Allison auf die Arbeit mit lernbehinderten Kindern, die vor allem Sprachprobleme hatten. In die Beratung kam sie, weil sie den Beruf wechseln wollte. Sie nahm verschiedene Anläufe, kehrte jedoch immer wieder zu dieser Tätigkeit zurück, die so ideal zu der Symbolik ihres Horoskops zu passen schien. So lernte sie allmählich, mit ihrem Beruf als Erzieherin zufrieden zu sein und beschloß, daß ihr Wunsch nach Veränderung und geistiger Anregung dadurch befriedigt werden könnte, daß sie sich zur Schulleiterin fortbildete.

Frank (Sonne/Neptun-Konjunktion in der Waage im 9. Haus) war schon einige Jahre auf der Hochschule, aber er schien nicht in der Lage zu sein, seine Dissertation in Astrophysik zu beenden. Seine Professoren tadelten ihn als hoffnungslos unpraktisch, als einen Träumer und Romantiker, dessen Interesse an Kosmologie nie eine wissenschaftlich ernst zu nehmende Grundlage erreichen würde, geschweige denn Aussicht auf einen beruflichen Fortschritt hatte. Sein Horoskop zeigte an, daß er eine Art intellektueller Visionär war. Er berichtete jedoch, daß sein Tutor versuchte, seine Studien auf eine höchst detaillierte technische Analyse zu lenken, was überhaupt nicht zu seinem Sonne/Neptun-Charakter paßte. Er wechselte den Doktorvater, schloß die Dissertation ab und schrieb danach ein Buch über Kosmologie, das sogar einen Preis gewann.

Eine Frau namens Celeste, die immer recht reserviert gegenüber Religion, Metaphysik und allen okkulten Fragen war, begab sich überraschend auf eine Reise nach Sedona (Arizona), als Uranus und Neptun in ihr 9. Haus eintraten. Ihr begegnete eine völlig neue Weltsicht, einschließlich einiger Ideen des New Age, die ihre innersten Fragen bezüglich dem Sinn des Lebens beantworteten. Ihre Zwillingsschwester Lisa hatte die gleichen Transite; sie kehrte zum Christentum zurück und nahm weiterhin eine fundamentalistische Haltung ein. Sowohl Lisa als auch Celeste erfuhren einen radikalen Wandel in ihrem Glauben.

Steinbock / 10. Haus

Steinbock hat mit Erfolg, Leistung und der Verwirklichung unserer Glaubensvorstellungen und Ideen durch Arbeit und Berufung zu tun. Eine Therapie zu Fragestellungen des Zeichens Steinbock oder des 10. Hauses kann sich auf folgende Themen beziehen: Berufsberatung, Arbeitssucht, die Fähigkeiten des Klienten, seine Ambitionen zu definieren und seine Begabungen realistisch einzuschätzen sowie die Notwendigkeit, seine Ziele im Verhältnis zu bestehenden sozialen Institutionen festzulegen.[12] Diese Klienten brauchen unter Umständen eine Ermutigung, um die eigene Autorität zu behaupten und für sich eine Form von führender Rolle in der Welt zu beanspruchen.

Nadia hatte Sonne, Merkur und Venus im 10. Haus und sie beschrieb sich selbst als »workaholic«, innerlich angetrieben, um Erfolg zu haben, aber ohne Zeit für sich selber. Wir legten Schritte fest, damit sie inmitten des beruflichen Druckes ein ausgeglicheneres Leben führen und auch noch andere Interessen pflegen konnte wie z.B. Kunst oder Musik (Venus).

Zelda hatte Neptun im 10. Haus und kam zu mir, weil sie in einer beruflichen Krise steckte. Sie haßte die von Konkurrenz erfüllte Atmosphäre der meisten Büros, hatte Mühe, sich auf Aufgaben zu konzentrieren, die sie für langweilig hielt und sehnte sich nach einer glanzvolleren Karriere. Eine Zeitlang gab sie psychologische Beratungen, suchte aber nach etwas Beständigerem. Nachdem ich mich auf die Symbolik ihres Neptuns eingestimmt hatte, fragte ich sie, ob sie je schon erwogen hatte, Fotografin zu werden. Dieser Vorschlag sagte ihr sofort zu. Sie ging in eine Lehre und nach drei Jahren übte sie den Beruf aus.

Elisabeth (Mars in Konjunktion zu Pluto im Löwen im 10. Haus) war eine erfolgreiche Marketingleiterin. Gelegentlich stimmten organisatorische Krisen und Machtkämpfe (Pluto) in ihrem Unternehmen sie wütend und zurückweisend. Sie geriet unter starke Anspannung und bekam Hautausschläge (Mars-Pluto) über den ganzen Körper. Sie glaubte, daß man sie manipulieren, daß man ihre Arbeit nicht genügend honorieren würde und daß man sie zwingen wollte, die Abteilung oder sogar die Firma zu wechseln. Nachdem sie den Ursprung ihrer Verärgerung identifiziert hatte, fühlte sie sich in der Lage, die notwendige Ruhe zu bewahren, als sie ihre Reaktion vorbereitete. Sie überstand das Gewitter mit Erfolg, weil sie ihren Kummer mit innerer Stärke, Fassung und Eleganz den Managern des Unternehmens vortrug und ihre Würde behielt (Mars im Löwen).

Ein Mann namens Allen (Sonne im 7. Haus mit Quadrat zu Saturn im Löwen im 10. Haus) war verheiratet und hatte mehrere Kinder. Er hatte einen gutbezahlten Job, der ihn viele Stunden beanspruchte und ihm viel Verantwortung abverlangte. Er suchte ein Entkommen und malte sich Wege aus, wie er sich zurückziehen und ein Leben in Wonne (Stier-Sonne) auf Hawaii leben könnte. Im Mittelpunkt der Beratung stand der Erkenntnisprozeß, daß seine Frau und die Kinder von seinem Einkommen (Stier-Sonne im 7. Haus) abhängig waren und daß es für ihn eine Notwendigkeit war, seine Pflichten als Vater zu erfüllen (Löwe-Saturn im 10. Haus). Er erkannte ferner die Notwendigkeit, praktischen Nutzen aus der finanziellen Sicherheit zu ziehen, die sein Beruf ihm bot (Saturn im Quadrat zur Sonne im Stier). Dieses Wissen half Allen, seinen Lebensweg zu bestärken und stolz auf seine bestehenden Verhältnisse und die Verantwortung für die Kinder (Saturn im Löwen) zu sein.

Wassermann / 11. Haus

Das Zeichen Wassermann repräsentiert unser Bedürfnis, progressiv zu sein, gegen Konventionen zu rebellieren und die Schnittkante der Erfindung, Forschung und Entdeckung zu erkunden. Wassermann und das 11. Haus betreffen ferner das individuelle Verhältnis zu sozialen Wandelprozessen, das Bewußtsein um aktuelle politische Kernfragen und die Fähigkeit zur Reaktion auf historische Umstände. Bei einer deutlichen Betonung des Zeichens Wassermann oder des 11. Hauses sollte sich die Therapie darauf konzentrieren, ein unterstützendes Netzwerk zu etablieren, ein Verständnis der größeren sozialen Zusammenhänge individueller Probleme zu verstehen und ein Gespür dafür zu entwickeln, daß man an den Prozessen der politischen Veränderung und der sozialen Entwicklung teilhaben kann. Manche Klienten benötigen eventuell eine Beratung hinsichtlich ihrer Verwicklung in Sekten, New Age-Organisationen, Kollektive, soziale Reformbewegungen oder politische Aktionsgruppen. Eine Beteiligung an Gruppenaktivitäten der verschiedensten Art zeigen sich oft bei Menschen mit einer Betonung in diesem Bereich; zu nennen wären Gruppentherapie, Frauengruppen, Männergruppen, Berufsverbände oder die Teilnahme an Konferenzen.

Liza hat Venus und Saturn im Wassermann und Uranus in der Jungfrau im Quinkunx dazu. Sie trägt gräßlich bunte Kleider, hat einen ganz eigenen Stil zu malen und ist Mitglied einer politisch aktiven Künstlergruppe, die experimentelle Multimedia-Veranstaltungen auf die Bühne bringt. Ihr Hauptziel lautet, die Ideale und den revolutionären Geist, der in den sechziger Jahren blühte, am Leben zu erhalten.

Jill hat Saturn und Uranus im 11. Haus. Sie arbeitet mit Körperschaften und großen Seminargruppen, um praktische Strategien und Techniken für einen sozialen Wandel zu propagieren, und zwar vor allem um das Umweltbewußtsein zu verstärken. Ihr besonderes Interesse galt der Sonnenenergie, dem biodynamischen Gartenbau und innovativen Lösungen für städtische Siedlungsprobleme.

Eine Frau namens Paula mit dem Radix-Saturn und dem Pluto im Löwen im 11. Haus und in Opposition zum Wassermann-Mond war über 20 Jahre bei einer großen und einflußreichen spirituellen Bewegung engagiert. Mitte der achtziger Jahre, als Saturn und Pluto im Quadrat zu ihrem Radix-Saturn und ihrem Radix-Pluto standen, wurden ihr die Schattenseiten der Bewegung deutlich, da sie ernst zu nehmenden Machtmißbrauch (Pluto) unter den Führungskräften wahrnahm. Schließlich wurde sie dazu berufen, noch mehr Verantwortung zu übernehmen, indem sie Lehrerin wurde und zudem eine Verwaltungsaufgabe erhielt. Während der Beratung konzentrierten wir uns darauf, welche ganz entscheidenden Lektionen der Zwist und die Machtkämpfe innerhalb der Organisation ihr erteilten, die sie aber andererseits befähigen konnten, Autorität (Saturn) angemessen auszuüben und zu einer Quelle für positive Führerschaft zu werden.

Brenda hatte eine Wassermann-Sonne im 5. Haus in Opposition zu Jupiter im 11. Haus. Sie war eine Künstlerin, deren Illustrationen die Gleichheit und das Verständnis der Rassen thematisierten, aber auch progressive politische Aktivitäten und das Leben in Gemeinschaften beinhalteten. Sie war eine ausgesprochene Aktivistin, die sich ständig selbst in sozialen Fragen fortbildete (Jupiter).

Fische / 12. Haus

Fische und das 12. Haus repräsentieren unseren Wunsch nach Offenheit und unser Gespür nach Verbindung zu allem und jedem. Dieses Zeichen und dieses Haus werden mit spirituellem Wachstum, inneren Visionen, Träumen, der Phantasie, Intuition und dem übersinnlichen Bewußtsein assoziiert. Im anderen Fall deuten Planeten in den Fischen oder im 12. Haus auf Passivität,

Verletzlichkeit und Konzentrationsschwäche hin. Diese Planeten können auch auf Lebensbereiche hinweisen, in denen der Klient sich unfähig, schikaniert oder machtlos empfindet. Gelegentlich stehen hier plazierte Planeten mit einigen schwerwiegenden Formen der Psychopathologie in Bezug, wie z.B. Wahnvorstellungen, Halluzinationen, Verlust der Unterscheidungsfähigkeit, Dekompensation oder sogar Psychosen bis hin zur notwendigen Einweisung in eine geschlossene Anstalt. Ganz typisch für Menschen mit einer Betonung im Zeichen Fische oder im 12. Haus ist der Hang, sich Alkohol, Sucht, Ko-Abhängigkeit oder den Gefühlen von Aufopferung, Abhängigkeit, Einsamkeit und Gram hinzugeben.

Fische und das 12. Haus symbolisieren unseren Wunsch zur Wendung nach innen; sie bezeichnen den gesunden Prozeß des Verlustes des engen Rasters unseres Verstandes und der Verinnerlichung unseres Bewußtseins – was oftmals zur Folge hat, daß Material vom Grund des kollektiven Unbewußten oder aus Erfahrungen von erweiterten Bewußtseinszuständen aufwallt. Hier können wir auch lernen, ein »symbolisches Leben« zu leben, nämlich die Fähigkeit, unsere persönlichen Erfahrungen als archetypisch und universal zu betrachten, und folglich eine uns innewohnende spirituelle Bedeutung zu tragen[13].

Der Zugang zu archetypischem Material und die Transpersonalisierung der eigenen Identität kann durch Hypnose, geführte Visualisation, Traumarbeit, aktive Imagination und andere Techniken erleichtert werden. Transpersonale Therapieformen, wie z. B. Jungsche Analyse, schamanische Reisen und Rückführungstechniken in frühere Leben, sind in diesem Zusammenhang besonders von Bedeutung. Meditation kann eine wichtige Ergänzung zur Psychotherapie sein.[14] Menschen mit einer starken Betonung in den Fischen oder im 12. Haus fühlen sich gerne zu kontemplativen Praktiken oder zu Perioden der Einsamkeit oder des Rückzuges hingezogen. Wir sollten derartige Bestrebungen unterstützen, außer es ist offensichtlich, daß diese Interessen dazu dienen, konfliktträchtiges Material zu umgehen – was John

Welwood »spirituelle Umleitung« nennt. Fische und das 12. Haus haben auch mit der Überschreitung einer beschränkten, ich-zentrierten Perspektive und dem Erwachen von Leidenschaft zu tun. Bei einer Betonung in diesem Bereich möchte die betreffende Person sich auf den Geist des Dienens und eine liebenswürdige Umgangsart in ihrem Alltag konzentrieren. Dies ist sowohl eine Frucht als auch ein Ziel der spirituellen Praxis.

Ein Beispiel für eine Fische-Betonung, die sich als schwerwiegende Erkrankung äußerte, sehen wir im folgenden Fall. Philip ist ein Filmemacher und hat Sonne, Merkur und Saturn in den Fischen im 12. Haus, dazu stand Neptun, der Herrscher der Fische, in Opposition. Mitte der achtziger Jahre, als Saturn, Uranus und Neptun diese Planetenballung vom Schützen aus quadrierten, geriet seine Kariere ins Wanken und er endete obdachlos und drogenabhängig. Später wurde er in eine Anstalt eingeliefert, nachdem er Wahnvorstellungen und Halluzinationen entwickelte. Er war glücklich, einen Psychiater zu finden, der sich für seine Träume interessierte und ihn ermutigte, seine hoch-entwickelten Imaginationen zum Ausdruck zu bringen – ein wichtiger Lebensbereich für Fische, Neptun und das 12. Haus. Nachdem er mit seiner Sucht fertig geworden war und sich von seiner geistigen Störung erholt hatte, wurde er aus der Anstalt entlassen und schrieb wieder Drehbücher.

Bei Vernon, über den wir bereits im Zeichen Waage gesprochen hatten, steht die Fische-Sonne in Konjunktion zu Merkur und der Neptun außerdem in Konjunktion zum MC. Er war Chemiker bei einem großen Pharmakonzern, der in Geschäfte mit psychedelischen Drogen verwickelt wurde. Vernon entwickelte die Wahnvorstellung, er sei hellsichtig und erleuchtet. Über eine kurze Zeit hinweg pries er sich selbst als spirituellen Lehrer an, bis er einsah, daß sein tatsächlich erreichtes Niveau der spirituellen Vollendung nicht an seine eingebildete Vorstellung heranreichte. Ihm wurde geraten, intensive und authentische mystische Zustände durch regelmäßige Meditation zu erforschen anstatt durch starken Gebrauch von LSD.

Eine Frau namens Madeleine mit Mond und Saturn im 12. Haus und einem Quadrat Neptuns litt nach einem Unfall an Schwächezuständen. Sie war mit einem degenerierten Körperzustand behaftet und verbrachte Monate mit der Rekonvaleszenz, ohne arbeiten zu können. Sie kam in die Beratung aufgrund ihres Gefühls der Einsamkeit und Hilflosigkeit (12. Haus), welches durch ihre Erwerbsunfähigkeit ausgelöst wurde. Madeleine mußte lernen, mehr nach innen zu schauen, um einen Sinn zu finden, anstatt diesen immer nur in äußeren Aktivitäten und Errungenschaften zu suchen.

Frieda war von frühester Kindheit an tief religiös. Sie hatte eine Fische-Sonne im 12. Haus und dazu ein Quinkunx zu Neptun. Sie suchte die Beratung während einer Phase auf, in der sie ernsthaft in Erwägung zog, Nonne zu werden, um sich einem kontemplativen Leben zu widmen. Die Untersuchung ihres Horoskops ergab jedoch, daß ihr Radix-Mars im 7. Haus, der dazu noch ein Quadrat von der Wassermann-Venus empfing, intensive sexuelle Antriebe sowie den Wunsch nach einer Heirat und Partnerschaft kennzeichnete. Folglich würde das Klosterleben nicht ganz zu ihr passen. Sie beschloß statt dessen, Psychoanalytikerin nach C.G. Jung zu werden. Dies befriedigte ihr Interesse an Träumen und an den Mysterien der Seele und des Geistes.

Fische und das 12. Haus symbolisieren oftmals die Erfahrung von Schwellenerlebnissen, also den Zustand der Unsicherheit in Übergangsphasen, verbunden mit der Auflösung früherer Ziele, Werte oder Glaubensvorstellungen, was oftmals die Voraussetzung für die Erneuerung der Persönlichkeit darstellt. In meinem Buch *Astrology and Spiritual Awakening*[15] habe ich das folgende Beispiel beschrieben, welches die Schwellenerfahrung deutlich wiedergibt, aber auch immer dann evident wird, wenn wir mit Themen des 12. Hauses konfrontiert werden. Ein Mann namens David suchte im Alter von 24 Jahren die Beratung während einer Phase der Desorientierung und Verwirrung auf. Er befaßte sich intensiv mit seinen Träumen und verbrachte die meiste Zeit mit Meditation oder der Lektüre von Büchern über Spiritualität, Psychologie und Mystik. Zu dieser Zeit stand der laufende Neptun in Konjunktion zum Radix-Saturn, gleichzeitig lief Saturn durch das 12. Haus. Viele seiner Freunde waren besorgt über seinen inneren Rückzug und seine verstärkte Introspektion. Aus seinem Geburtshoroskop konnte man jedoch ersehen, daß es sich um eine entscheidende Periode innerer Arbeit handelte, in der die früheren Interessen im Hinblick auf die Geburt eines neuen Selbst aufgelöst wurden. Er begann der Notwendigkeit und Angemessenheit dieser Phase sein Vertrauen zu schenken und ließ zu, sich ganz in diese einzutauchen, mit dem Wissen, daß der Zustand der Verwirrung wieder aufhören werde. Als Saturn über den Aszendenten lief, erhielt er wieder mehr Grund unter den Füßen, war erneut gewillt zu arbeiten und konzentrierte sich auf den Fortgang seiner Karriereplanung.

Auswirkungen von Rudhyars Gedanken auf die Therapie

Psychotherapie ist zunehmend der Schauplatz, auf dem moderne Menschen nach Initiation, Metamorphose und spiritueller Wiedergeburt suchen. Die zeitgenössische Psychotherapie ist besonders komplex, weil oft erwartet wird, daß die Initiation auf drei Ebenen stattfindet: soziokulturell, persönlich und transpersonal.[16] Dies bedeutet, die Menschen suchen oft die Therapie auf in der Hoffnung, einen bedeutungsvollen Platz in der gesellschaftlichen Ordnung zu gewinnen, ihre einmaligen Talente und ihre Identität zu entdecken und darstellen zu können sowie (bei spirituell aufgeschlossenen Personen) das gewöhnliche Ich-Bewußtsein in transpersonalen Zuständen zu überwinden. Wie wir noch sehen werden, kann die Astrologie eine große Hilfe sein, um uns und andere durch diese Initiationsprozesse zu führen. Jedoch benötigen wir hierzu eine mehrdimensionale und spirituell ausgerichtete Form der Astrologie. Dane Rudhyar unterschied vier verschiedene Formen der Horoskopdeutung: biologisch (z.B. Astro-Medizin), soziokulturell (Astrologie und Beruf), humanistisch (psychologisch orientierte Astrologie) und transpersonal.[17] Der Zweck der Astrologie auf der personenzentrierten oder humanistischen Ebene liegt darin, als Individuum durch Selbsterkenntnis und Selbstverwirklichung Erfüllung zu finden. Bei dem transpersonalen Zugang dagegen liegt das Ziel darin, die Initiation und den Übergang in Zustände eines erweiterten Bewußtseins, Selbsthingabe oder spirituell ausgerichtete Kreativität zu erleichtern.[18] Diese Perspektive ist von großer Bedeutung für Psychotherapeuten, die oftmals mit der Aufgabe konfrontiert werden, Menschen auf einer Ebene der Ich-betonten Bildung und Entwicklung führen zu müssen, wobei diese Menschen zugleich in sich den inneren Ruf nach einem Leben in höherer Transformation spüren. Berater und Therapeuten können die Astrologie verwenden, um die herausfordernden Bedürfnisse und Bestrebungen nach Entwicklung der Klienten zu verstehen, die damit kämpfen, den Übergang zwischen »Persönlichkeit« (sozialer Erfolg und Selbstverwirklichung) und »Keimkraft« (Transzendenz des Selbst und transpersonale Kreativität) zu vollziehen. Indem der Therapeut diesen Übergang erleichtert, wird er oft mit der Frage konfrontiert, ob die erste Priorität darin liegen sollte, die soziale Anpassung und persönliche Erfüllung des Klienten voranzutreiben oder sich auf einen Transformationsprozeß einzulassen, der häufig turbulent ist und die Stabilität des Ichs gefährdet.

Mein eigener Standpunkt lautet, daß der Kern der therapeutischen Arbeit anhand der individuellen Basis festgelegt werden sollte, und zwar in Einklang mit den Bedürfnissen des Klienten. Das Wahrnehmungsvermögen der derzeitigen Entwicklungsstufe des Klienten zählt zu der größten Verantwortung des Beraters und dieses erfordert Weisheit und feinfühliges Verständnis. Bestimmte astrologische Faktoren, wie z.B. der Saturntransit durch das 10. Haus, deuten darauf hin, die soziale Vervollkommnung und die Verwirklichung der persönlichen Potentiale voranzutreiben. Andere Faktoren, wie etwa Planeten im 12. Haus oder Transite der langsamen Planeten, können darauf aufmerksam machen, daß wir für die spirituellen Dimensionen des Bewußtseins und unserer Existenz empfänglicher werden, welche die bewußten Intentionen und den Sinn des Lebens einer Person radikal verändern können. So kann sich jemand zum Beispiel unter einem harten Uranustransit zu Handlungen gezwungen fühlen, die andere als unrealistisch, verantwortungslos, bizarr, nonkonformistisch oder gar unzurechnungsfähig betrachten. Nichtsdestoweniger kann die Übernahme von sozial unkonventionellen Werten, Interessen oder Verhaltensweisen aus einem astrologischen Blickwinkel betrachtet ein »notwendiger Schritt der Ablösung und der Dekonditionierung« sein, welche als Grundvoraussetzung für die Individualisierung und die eventuelle Transpersonalisierung anzusehen sind.[19] Die dynamische Spannung zwischen gesellschaftlicher Anpassung, persönlicher Erfüllung und transpersonaler Metamorphose gibt manchen der reichhaltigsten und komplexesten Kernfragen Auftrieb, die in jeder Beratungssituation bearbeitet werden müssen.[20]

Astrologie zählt zu den ältesten und ehrwürdigsten Werkzeugen, die die Menschheit für die Lenkung der Seelen kennt. Sie ist besonders denjenigen zugänglich, die in den modernen Theorien der Persönlichkeitsentwicklung und der Psychotherapie ausgebildet sind. Im vorangegangenen Kapitel haben wir dargestellt, wie die Kenntnis eines Geburtshoroskopes den Berater unterstützen kann, seinen Klienten bei der Verfolgung ihres psychischen Wachstums, ihrer Selbstverwirklichung und ihrem spitituellen Erwachen beizustehen.

Potentiale und Kontraindikationen der therapeutischen Astrologie

Bevor wir astrologische Gesichtspunkte in die therapeutische Arbeit einführen können, ist es wichtig, das in gewisser Weise schwierige Verhältnis zwischen der Psychologie und der Astrologie zu verstehen. Zwar existiert ein wachsendes Interesse an therapeutischen Anwendungen der Astrologie, es sollte jedoch nicht aus den Augen verloren werden, daß die Astrologie von den meisten Psychologen (und den Wissenschaftlern generell) noch immer als das letzte Überbleibsel eines primitiven Aberglaubens und der Irrationalität angesehen wird. Nun, ich kann die Skepsis mancher Psychologen gegenüber der Astrologie sehr gut nachvollziehen. War es nicht die Mission der modernen Wissenschaft, die Menschheit von fatalistischen, deterministischen Weltanschauungen zu befreien, die in religiösen Traditionen verwurzelt sind, die wir angeblich auch in der Astrologie finden können? Wissenschaft und Humanismus haben versucht, die Menschen aus der Sklaverei der Götter zu befreien und unsere Fähigkeiten zu erwecken, die Welt und uns selbst durch Entscheidungen, Anstrengungen und freien Willen zu formen. Die Ablehnung der Astrologie war Bestandteil einer allgemeinen Zurückweisung des Übernatürlichen und schien wesentlich für das Wachstum von Wissenschaft, Vernunft und einer aufgeklärten Gesellschaft zu sein.

Psychologen betrachten die Astrologie oftmals mit großem Argwohn, denn sie meinen, diese könnte ihrer Tätigkeit entgegenwirken, wenn sie den Klienten helfen, ihr Gespür für Effektivität und Wirksamkeit zu stärken und ihr Schicksal durch konkrete materielle, soziale und intellektuelle Leistungen zu erschaffen. Eine gängige Ansicht ist, daß die Astrologie nicht Unabhängigkeit und Freiheit fördert, sondern vielmehr eine passive Einstellung, durch welche der Ort der Kontrolle über Ereignisse als außerhalb von dem Individuum in den Planeten gesehen wird. Zu einem großen Ausmaß basiert diese falsche Wahrnehmung der Astrologie auf der Tatsache, daß die Öffentlichkeit überwiegend nur die Sonnenstandsprognosen kennt, die im Supermarkt unmittelbar neben der BILD-Zeitung angeboten werden. Ferner ist dies ein Resultat der Neigung der Astrologen, spezielle Ereignisse zu prognostizieren, anstatt sich auf die psychologischen Prinzipien und Tendenzen zu konzentrieren, die in dem Geburtsbild angelegt sind. Ein weiteres grundlegendes Problem liegt darin, daß viele Astrologen ein Horoskop einseitig lesen und die *Information* in den Vordergrund rücken anstelle des *Prozesses*.

Dieser Umgang mit der Astrologie ist zwangsläufig entmächtigend; der Astrologe interpretiert lediglich die im Grundhoroskop enthaltene Information, ohne sich um eine Angabe oder Rückmeldung des Klienten zu bemühen. Eine wirklich therapeutische Annäherung an die Astrologie untersucht die Symbolik des Horoskops im Dialog und nicht in einem Monolog von psychologischen Vorhersagen. Ein therapeutischer Astrologe arbeitet mit dem Geburtsbild in einer prozeßorientierten, interaktiven Weise und erarbeitet sich die Bedeutung gemeinsam mit dem Klienten, anstatt Feststellungen über das Horoskop zu treffen – als ob dieses eine vorherbestimmte Kollektion an festen Bedeutungen enthalten würde. Wir stellen Fragen, die enthüllen, wie der Klient auf bestimmte planetare Energien reagiert, beispielsweise bei einer Sonne/Neptun-Konjunktion im 10. Haus. Ohne diese Untersuchung besteht keine Möglichkeit zu ergründen, ob der Betreffende bereits in Harmonie mit diesen Planeten lebt, sagen wir einmal, indem er sie z.B. durch stark imaginativ geprägte, spirituelle oder auf das Dienen ausgerichtete Berufsziele auslebt, oder ob er Führung braucht, um die Potentiale dieser Planetenkräfte besser zu verkörpern.

Indem wir mit den Klienten in Dialog über die zentralen Themen des Horoskops treten, erkennen wir den Stand ihres Bewußtseins und ihrer psychischen Funktionen, so daß wir in die Lage versetzt werden, sie effektiv zu beraten. Um der Fehleinschätzung entgegenzuwirken, die Astrologie sei fatalistisch, behält ein therapeutischer Astrologe die Einstellung bei, daß jeder den freien Willen einsetzen kann, um die Bedeutung aller planetaren Positionen und Transite zu gestalten. Es ist richtig, daß die Astrologie wieder eine mythologische Perspektive einführt, welche das archetypische Wesen von Menschen und Situationen in unserem Leben enthüllt. Es ist jedoch unsere Aufgabe, dem Individuum zu zeigen, wie es aktiv mit den Intentionen des Planeten zusammenarbeitet, anstatt sich als Opfer dieser zu empfinden und sich von dem gefürchteten Schicksal drangsalieren zu lassen.[21]

Nehmen wir zum Beispiel den Fall einer Person, in deren 2. Haus gerade der laufende Saturn eintritt. Ein traditioneller, fatalistischer Astrologe könnte feststellen, daß dies ein Zeichen für eine bevorstehende finanzielle Krise ist. Aber eine alternative Interpretation und meiner Meinung nach zudem eine wesentlich verantwortungsvollere Deutung wäre, daß der Transit einen notwendigen Reifungsprozeß ankündigt, der das Individuum auffordert, seine finanzielle Situation durch konzentrierte Anstrengung zu stabilisieren. Der Dialog entlockt spezielle Information über die finanzielle Lage des Klienten und klärt, wie gut er die Herausforderungen, den Druck und die Möglichkeiten Saturns in seine Entwicklung aufnimmt. Entsprechend dem Ausmaß, in dem Schwierigkeiten in diesem Lebensbereich festgestellt werden, lassen sich praktische Ratschläge vermitteln. Dasselbe Grundprinzip ist auch auf die anderen Saturntransite anwendbar. Auf diese dialogische Weise praktiziert, wird Astrologie nicht zu einer Wahrsagemethode, sondern zu einer mit Psychologie oder einem rationalen Humanismus völlig kompatiblen Disziplin – eine Methode, die dem modernen Menschen sein Leben verbessern kann, mittels der er Entscheidungen über seine Karriere fällen kann, die es ihm ermöglicht, seine Gefühle, sein Kindheitstrauma und seine Beziehungen zu verstehen.

Es ist in gewisser Weise eine tragische Ironie, daß manche Psychologen zwar beklagen, die Astrologie entmündige und schwäche den freien Willen des Menschen, und sie auf der anderen Seite Monate und Jahre einer endlosen Therapie verordnen, was in vielen Fällen eine Abhängigkeit vom Therapeuten zur Folge hat. Die therapeutische Astrologie kultiviert sehr aktiv ein starkes Gespür für Entscheidungen, Zeitpunkte und das Selbst-Verständnis. Wie wir schon gezeigt haben, ist sie ferner ein hervorragendes Mittel, um schnell die Kernthemen einer Therapie zu erkennen, was zu einer effizienten, konzentrierten und auf kurze Zeit angelegten Therapie beiträgt. Darüber hinaus ist die Astrologie ein wertvolles Werkzeug für ein selbst geführtes inneres Wachstum, das eine Alternative zur Psychotherapie bieten kann, indem es den Menschen ermöglicht, ihr Innenleben unabhängig von der formalen Therapeut/Klient-Beziehung und außerhalb des traditionellen therapeutischen Rahmens (z.B. durch die Teilnahme an Astrogruppen) zu erforschen.

Nichtsdestoweniger ist die Psychotherapie noch immer eine Form der gesellschaftlich akzeptierten *rites de passage* für Menschen, die eine Phase der Transformation erleben – einer der wenigen Plätze, wo in unserer Gesellschaft die Initiation für Erwachsene stattfindet.[22] Therapeuten sind heute die am meisten respektierten und von der Kultur positiv sanktionierten Heiler und haben für viele Menschen die Position des Priesters, Beichtvaters oder des traditionellen Medizinmannes eingenommen. Mehr noch, psychologische Erkenntnisse und Einsichten in das Unbewußte, in Familiensysteme, die heftige Einwirkung des frühen Entwicklungstraumas, Übertragung und Gegenübertragung und andere Aspekte des Beratungsprozesses sind inzwischen Grundlage für jeden, der andere führt, Astrologen und spirituelle Führer miteingeschlossen. Viele Astrologen erkennen dies inzwischen und haben bereits damit begonnen, die bedeutenden Findungen der Psychologen in ihre Arbeit zu assimilieren.

Allerdings müssen wir auch das Mißtrauen mit in Betracht ziehen, das viele Astrologen den Psychologen entgegenbringen. Einige Astrologen sehen ihre psychologisch geschulten Gegenspieler mit einer Mischung aus Neid und Geringschätzung, Verwunderung und Mißtrauen. Auf einen einfachen Nenner gebracht, verdienen Psychologen und Psychotherapeuten generell mehr Geld als die meisten Astrologen und unsere Kultur zollt ihnen einen größeren Respekt. Darüber empfinden manche Astrologen eine Bitterkeit, denn warum sollte man ihnen nicht denselben Respekt entgegenbringen? Trotzdem würde ich die Astro-Berater ermutigen, sich einer psychologischen Ausbildung zu unterziehen, denn einerseits kann man von der Astrologie in unserer Gesellschaft kaum leben *und* andererseits lehrt die therapeutische Ausbildung uns bei Klienten mit einer neuen Tiefe und Fähigkeit zu arbeiten, welche die Kraft der Astrologie anreichert, um die menschliche Veränderung zu fördern.

Sich einer klinischen Ausbildung zu unterziehen, bietet uns die Gelegenheit, viele Kernfragen zu erforschen (z.B. Sexualität, Abhängigkeit, Familiendynamik, Persönlichkeitslehre), was unsere Arbeit mit der Astrologie deutlich zuspitzen kann. Ich glaube, Astrologen werden einen Gewinn daraus ziehen, wenn sie das Studium der Psychologie nicht nur als einen Weg sehen, um sich beruflich zu profilieren, sondern auch als einen Weg, um Wissen und Erfahrungen zu erlangen, damit ihr Verständnis der Astrologie und des Beratungsprozesses erweitert wird.

Ich bin der persönlichen Überzeugung, daß die Astrologie in unserer Kultur eines Tages wieder in eine respektvolle Position gehoben werden wird, und daß sie ganz routinemäßig auch von Psychotherapeuten eingesetzt werden wird. Meiner Meinung nach entspricht die Praktizierung der Psychotherapie ohne einen Bezug auf das Geburtshoroskop dem Versuch, Biologie ohne Benutzung eines Mikroskops zu studieren oder den Mount Everest ohne eine Landkarte besteigen zu wollen. Das Geburtshoroskop ist ein einmaliges und exaktes Maß, um die inneren Welten und die subjektive Erfahrung einer Person zu verstehen und es offenbart die am stärksten individualisierte Landkarte auf dem Pfad der Transformation.

Wissenschaft, Sprache der Initiation und Selbststudium

Was viele Psychologen und die anderen Skeptiker nicht begreifen, ist die Tatsache, daß es nicht möglich ist, die Astrologie im engeren Sinne strikt als Wissenschaft zu evaluieren. Man bewertet ein Gedicht oder ein Musikstück nicht anhand wissenschaftlicher Kriterien, ebensowenig sollte man mit der Astrologie auf diese Weise verfahren. Ich bewundere die Anstrengungen mancher Menschen, um die Astrologie wissenschaftlich zu beweisen, aber ich bin nicht überzeugt davon, daß Astrologie eine physikalische Wissenschaft ist. Es handelt sich bei ihr vielmehr um eine metaphysische, kontemplative Disziplin. Ähnlich wie die Alchimie ist die Astrologie eine esoterische Code-Sprache von Symbolen, die ein heiliges Wissen offenbart. Sie ist eine einweihende Sprache, deren Sinn nur durch die Meditation zu verstehen ist und von denjenigen, die sich demütig mit deren Mysterien befassen. Dies ist vergleichbar mit der kryptischen »Sprache der Dämmerung« des Tantrismus, die nicht Eingeweihten wie dummes Geschwätz anmutet.[23] Und man kann nur durch das beständige Reflektieren über die planetaren Symbole in einem meditativen Rahmen die Einweihung erlangen. Vor dem Versuch, die Astrologie therapeutisch auf die Klienten anzuwenden, ist es für uns unabdingbar wichtig, das eigene Horoskop ausgiebig zu untersuchen. Hierzu gehört eine umfassende biographische Rückschau, in der wir die wichtigsten Lebensereignisse im Hinblick auf die astrologische Symbolik betrachten. Erst nachdem wir mit dem Charakter und der Aktivität eines jeden Planeten, Zeichens, Hauses und Winkels vertraut geworden sind, können wir auch andere erfolgreich führen.

Die kontinuierliche Aufmerksamkeit auf das eigene Wachstum zu richten, ist eine wesentliche Voraussetzung für die praktische Ausübung der Astrotherapie. Dies bedeutet, daß unsere Fähigkeiten als therapeutische Astrologen direkt abhängig sind von dem Niveau unseres Bewußtseins als menschliche Wesen. Um andere Menschen zu führen, müssen wir das Territorium der menschlichen Transformation aufgrund unserer eigenen Erfahrung kennen. Durch das Selbststudium lernen wir die zentrierte Haltung eines Menschen einzunehmen, dessen Lebensziele und Identität klar sind (Sonne). Wir prüfen unsere emotionalen Kernfragen und werden eine gefühlvollere und einfühlsamere Person (Mond). Wir erneuern unsere sozialen Fähigkeiten, so daß wir ein warmherziger und freundlicher Mensch werden (Venus). Wir entwickeln Energie, Enthusiasmus und Motivation, um unsere Ziele zu verfolgen; und wir legen eine Haltung der sexuellen Ausbeutung ab (Mars). Durch die Einverleibung der Intelligenz von Jupiter und Saturn sind wir sowohl von Hoffnung erfüllt, besonnen und optimistisch als auch realistisch, philosophisch und strategisch eingestellt. Wir können uns hohe Ziele setzen und ihnen entgegenarbeiten. Wir befassen uns mit Sinnfragen und sind dennoch in der realen Welt verankert.

Aber unsere persönliche Evolution als Astrologe endet hier noch nicht. Um ein echter therapeutischer Astrologe zu sein, müssen wir uns dem Anliegen verschrieben haben, ein vollkommen entwickelter Mensch zu werden. Dies bedeutet, ganz bewußt die Prüfungen der äußeren Planeten zu durchlaufen und die durch den transpersonalen Pfad aufgetragenen Verantwortungen anzunehmen. Hierzu gehört die Begegnung mit der Herausforderung des Uranus, uns selbst von kulturellen Konditionierungen und gesellschaftlichen Normen zu befreien, damit wir zu einem Individuum heranreifen können. Es gehört hierzu aber auch die Gegenüberstellung mit Neptun, um über die Illusionen und flüchtigen Phänomene der Materie hinauszuwachsen, damit wir aufgrund einer kontemplativen und meditativen Praxis die Ewigkeit kosten und das Heilige berühren können. Dieser Zugang zu erweiterten Bewußtseinszuständen verhilft uns zu größerer Intuition, damit wir letztlich lernen, eine Person ohne die Zuhilfenahme des Horoskops zu erfassen. Schließlich bedeutet der transpersonale Weg auch die Konfrontation mit Pluto, um die Gifte und Verunreinigungen in unserer Persönlichkeit auszuscheiden und abzustoßen, so z.B. Ressentiments, Machtgier und Grausamkeit den Mitmenschen gegenüber. Sind wir frei von Furcht, aufgeweckt für die transzendenten Dimensionen und gereinigt von selbstsüchtigen und verletzenden Motivationen, dann kann man davon sprechen, daß wir auf dem transpersonalen Weg voranschreiten. Das Studium der Astrologie zum Zweck einer Lenkung unserer Evolution hilft uns, inmitten all der zahlreichen Herausforderungen des Lebens zentriert und im Gleichgewicht zu sein. Aufgrund dieser Erforschung unseres Selbst können wir, sobald uns Klienten inmitten einer tiefen Krise aufsuchen, den richtigen Puls finden und ihnen verständlich machen, was mit ihnen gerade geschieht.

Ein Gefäß für Schwellenerlebnisse

Ich fasse die Astrologie nicht so sehr als eine Lehre für die Zukunftsprognose auf, sondern als eine Kunst der biographischen Interpretation, die kosmische Symbole verwendet, um wesentliche Charakteristika der menschlichen Erfahrung zu beschreiben und die innere Bedeutung von Ereignissen zu offenbaren. Sie ermöglicht uns die Revision, die neue Deutung und überdenkt die Einordnung von Situationen anhand des erhellenden Lichtes der planetaren Symbole und Zyklen. Im Zusammenhang der kosmischen Symbolik betrachtet, kann selbst der schlimmste Angriff zu einem heiligen Ereignis werden, indem man es als »eine notwendige Phase im rituellen Prozeß der Existenz«[24] betrachtet und akzeptiert.

Jonathan Tenney,[25] ein Vorreiter im Bereich der psychologischen Astrologie, hat das Geburtshoroskop mit einem Gefäß oder einem Krug verglichen, welcher den therapierten Klienten über die Zusammenbrüche und die fehlende Integration von alten Strukturen hinweghilft und neue aufbaut. Seiner Ansicht nach hängt der Erfolg oder Mißerfolg eines Transformationsprozesses von der Fähigkeit ab, eine begehbare Brücke zwischen diesen beiden Zuständen zu schlagen. Die Astrologie hilft uns, die betreffende Person über diese Grenzsituation hinwegzuführen – den Übergangszustand zwischen der einen Seinsweise und der anderen –, indem sie den Sinn dieses Prozesses beleuchtet und eine Idee seines möglichen Ziels oder Ergebnisses offenbart. Das Horoskop ist ein kontextuelles (in sich verwobenes) Werkzeug, um chaotische Erfahrungen auszuhalten. Es hilft uns, einen Sinn in dem zu sehen, was mit uns geschieht und was unsere augenblickliche Erfahrung, und sei sie noch so turbulent, in dem umfassenden Prozeß der persönlichen Evolution bedeutet.

So hatte ein Mann namens Peter zum Beispiel über ein Jahr lang einen Neptuntransit in Opposition zu seinem Radix-Saturn. In dieser Periode verlor er seinen Job, war unfähig, eine neue Stelle zu finden, und seine Karriere drohte zu zerbrechen. Diese Ereignisse sind ganz genau konform zu der planetaren Symbolik: Saturn repräsentiert die Sicherheit in den Lebensstrukturen und in unserer Berufslaufbahn, Neptun steht für Aushöhlung, Verunsicherung und Chaos. Peter fühlte sich wie vor einem Abgrund, so als ob ihm der Boden unter den Füßen weggezogen werden würde. »Ich werde noch verrückt!«, sagte er oft. »Was ist los? Wann hört es auf?« Ich erklärte ihm, daß ich das exakte Ende dieser Phase nicht kennen würde, aber daß dieser Neptuntransit mit seinen Erfahrungen zusammenhängen würde. Ich beobachtete, daß der Transit noch ein paar Monate anhalten würde, so daß seine Unsicherheit vermutlich noch so lange weiterbestehen würde. Ferner erklärte ich ihm, daß seine beruflichen Ziele sich eventuell verändern könnten und jede Vorstellung, daß Sicherheit die primäre Triebkraft des Lebens sei, würde einer grundlegenden Herausforderung unterzogen werden. Der Neptuntransit zu Saturn war für ihn eine Gelegenheit, alte Ambitionen abzustreifen, seine Überlebensängste zu überwinden und einen Glauben sowie innere Ernsthaftigkeit zu entwickeln. Ich stellte schließlich einige Monate später eine Phase fest, in der Jupiter über sein MC lief, was bedeutet, daß neue Ziele und Pläne erwachen können. Während ich das Ende von Peters Schwierigkeiten und den Zeitpunkt einer Beruhigung und Stabilisierung seines Lebens – aus einer astrologischen Perspektive betrachtet – erkennen wollte, war es mir auch besonders wichtig, die Möglichkeit mit zu erwägen, daß dieser schwierige Lebensabschnitt einen *Sinn* in der gesamten Entfaltung seines Lebens hatte.

Der gesamte Prozeß stellte sich so dar, als ob er perfekt für Peter gestaltet und intendiert war, denn er mußte sich in den neptunischen Treibsand der Unsicherheit begeben, damit sein Bewußtsein erweitert werden konnte und damit er die Vision einer anderen, idealistischeren und spirituellen Karriere empfangen konnte. In Übereinstimmung mit den allgemeinen Qualitäten eines Neptuntransits, betete er in dieser Zeit zum ersten Mal in seinem Leben, und der Glaube wurde für ihn zu einer Kernfrage. Er begann eine Ausbildung in spirituellem Heilen, und als der laufende Jupiter sein MC überquert hatte, fand er in der Tat eine neue Arbeit in einem ganz anderen Bereich.

Nach außen wirkte dies wie eine Periode der Fehlschläge. Aber schließlich weckten diese Probleme in Peter die Kräfte, die wesentlich stärker waren als er selbst: den Willen Gottes, die Gegenwart des Großen Geistes, die unendliche Gabe der Heilkraft und Liebe. Dieser Transit öffnete Peters Herz und brachte ihm das Mitgefühl für die Mitmenschen ins Bewußtsein. Dies illustriert die andere, oftmals ausgeklammerte Seite von Neptuns gelegentlich verwirrenden Prüfungen, gemeint ist die innere Öffnung für die Realität des menschlichen Leides und die Intention, ein Heiler dieser Leiden zu sein. Für Peter war dies ein wichtiger spiritueller Wachstumsprozeß, auch wenn er dabei über sehr trügerische Pfade gehen mußte. Die Astrologie half ihm, seine Angst während dieser verwirrenden Phase in den Griff zu bekommen. Was der Astrologe in solch einer Krise anbieten kann, ist nicht nur die Versicherung, »daß alles wieder gut wird,« sondern das Bewußtsein, daß eine geistige Kraft am Werk ist, die ihn oder sie zu einem vollkommenen, entwickelten menschlichen Wesen gestalten will. Die Astrologie kann in dieser Situation von ungeheurem Wert sein, denn sie hilft dieser Person, einen Punkt der Ruhe inmitten des Sturmes zu finden, im Chaos der Transformation.

Astrologie. Meinungsbildung und Entscheidung

Die Astrologie kann auch helfen, daß die Fähigkeit des Klienten zur Bildung einer eigenen Meinung gestärkt wird, anstatt daß er diese aus einer äußeren Quelle wie etwa einer traditionellen religiösen Lehre zieht. Indem die Gabe zur Meinungsbildung verstärkt wird, trägt die Astrologie zur Konsolidierung des Selbst bei und stärkt das Empfinden, ein kohärenter, zielgerichteter *Handelnder* zu sein, der auch in der Lage ist, *zu handeln.*

Betrachten wir zum Beispiel die mißliche Lage eines Klienten namens Jim, dessen Radix-Jupiter im 10. Haus im Widder stand und der zudem eine Sonne/Merkur-Konjunktion im Wassermann im 9. Haus hatte. Jim, 39 Jahre alt, hatte einen Job, der ihn knechtete und er litt unter der Angst, daß er niemals seine Berufung, eine Arbeit für das Leben, finden würde. Jedoch schon eine einzige Frage bezüglich eines früheren Transits half Jim, seine Lage in einem anderen Licht zu betrachten. Ich fragte ihn (im Jahre 1991), was ihm widerfahren sei, als Jupiter im Jahre 1986 über seine Sonne/Merkur-Konjunktion lief. Hatte er eine

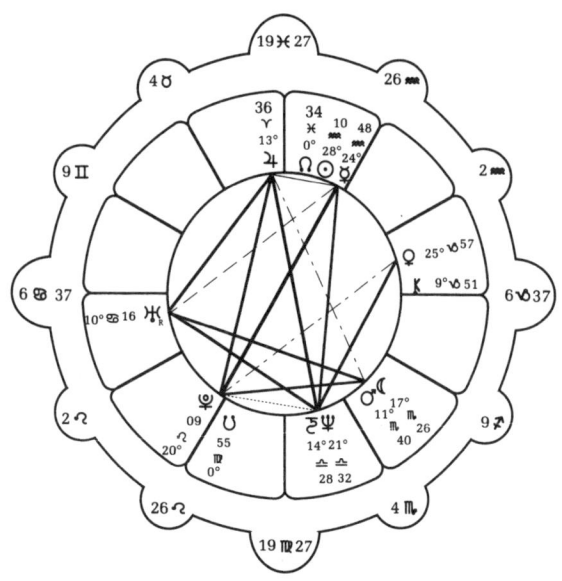

Abb. 2: Jim (17. 2. 1952, 1:27, Los Angeles)

Selbsterfahrung als Lehrer oder Erzieher? (Sonne-Merkur im 9. Haus der Erziehung und Jupiter als Planet der Lehrer, plaziert im 10. Haus des Berufes.) Jim antwortete: »Das ist ja lustig! Genau um diese Zeit wurde mein Vater, von Beruf Lehrer, krank und ich sprang für ihn ein, um ihn in einigen seiner Stunden zu vertreten. Ich ersetzte ihn für zwei Wochen und war in dieser Zeit wahrhaftig ein Lehrer. Dies war die beste Erfahrung meines Lebens – das erste und einzige Mal, daß ich wußte, wer ich wirklich war.«

Allein diese Erinnerung befähigte Jim zu sehen, daß er, während eines Saturntransits durch das Zeichen Wassermann und über seine Sonne/Merkur-Konjunktion, die Chance hatte, aus eigenen Kräften eine Identität, eine Struktur, ein Werk zu schaffen, indem er sich darauf konzentrierte, ein einmaliger und außergewöhnlicher Lehrer zu sein. Aber er mußte sich dies erst

78

schaffen. Er konnte nicht nur in der unrealistischen Phantasie leben, Lehrer zu sein. Er mußte dafür arbeiten, er mußte einen saturnalen Prozeß durchmachen, erneut die Hochschule besuchen und sein Examen ablegen, was er schließlich auch tat. Die Vorstellung eines Zieles mobilisierte seine Anstrengungen, um für die neue Laufbahn zu arbeiten. Astrologie half Jim, aus einer Haltung der Kraftlosigkeit zu einer Haltung der Entscheidungsfähigkeit zu gelangen.

Gegenanzeige für den Einsatz der Astrologie

Kann die Astrologie benützt werden, um bei einigen Menschen die Entscheidungskraft zu stärken und ihnen die eigenen Fähigkeiten verdeutlichen, so sollten wir uns im Klaren darüber sein, daß manche Menschen gar nicht die erforderliche Ich-Stärke besitzen, um die Astrologie produktiv (oder wenigstens sicher) in einen therapeutischen Rahmen einzufügen. Es ist sehr wichtig, bei der Synthese von Astrologie und Psychotherapie mit äußerster Vorsicht vorzugehen, denn es gibt in der Tat einige Gegenanzeigen für den Einsatz der Astrologie im Kontext der Psychotherapie. Man muß die Astrologie mit Weisheit verwenden, ebenso wie man einem Fünfjährigen keine Kettensäge in die Hand geben würde oder eine unvorbereitete Person nicht mit kabbalistischen Meditationen oder den Geheimnissen des Tibetanischen Kalachakra konfrontieren würde.

Einige der Fragen, die ich mir immer stelle, wenn ich vor der Entscheidung stehe, ob ich die Astrologie in die Beratungssituation einführen soll oder nicht, lauten folgendermaßen: Hat der Klient Anzeichen von Vermeidung, Wirklichkeitsflucht, Dissoziation, magischem Denken oder sonstige Denkstörungen? Falls einer dieser Punkte zutrifft, würde ich auf die Astrologie verzichten. Hierzu einige Beispiele.

Der wichtigste Problembereich, der mich davor warnt, daß die Astrologie nicht angemessen sein könnte, ist die Tendenz zu unrealistischen Erwartungen, in denen der Klient die Verantwortung für sein Leben an die Planeten, an das Horoskop oder den Astrotherapeuten übergibt. Eine Frau verliebte sich in einen Mann, der in einer weit entfernten Stadt wohnte, verheiratet war und sechs Kinder hatte. Es war sehr unwahrscheinlich, daß er seine Frau und seine Kinder verlassen würde, um zu meiner Klientin zu kommen. Sie fragte mich: »Was werden *Sie* unternehmen?« Ich hätte ein Stundenhoroskop erstellen können, um vorherzusagen, ob er Frau und Kinder ihr zuliebe im Stich lassen würde, aber dies schien in keinster Weise realistisch zu sein. Es kam mir sehr viel zuträglicher vor, meiner Klientin zu helfen und die Situation im richtigen Winkel zu sehen, um zu erkennen, daß sie ihr Leben weiterführen und einen passenden Mann finden sollte.

Ein schwieriger Fall war der einer Klientin, die mich wegen einer Horoskopdeutung aufsuchte und die an Multipler Sklerose litt, was ich jedoch zunächst nicht wußte. Als Julia zur Beratung kam, hatte ich keine Vorstellung davon, was diese Frau berichten würde. Sie wurde in einer satanistischen Sekte aufgezogen, mißhandelt und auf schlimmste Weise sexuell mißbraucht. Zudem wurde Multiple Sklerose bei ihr diagnostiziert. Im Blick auf ihre Steinbock-Sonne im 10. Haus, begann ich ihre beruflichen Möglichkeiten zu beschreiben. Erst als ich kurz innehielt zu deuten und ihr einige Grundfragen bezüglich ihres Lebens stellte, realisierte ich, daß ich es nicht mit einer gewöhnlichen Person zu tun hatte. Ich erfuhr, daß sie keine Arbeit über eine längere Zeit beibehalten könnte, daß sie erwerbsunfähig war und wegen MS behandelt wurde. Es liegt auf der Hand, daß diese Fakten mich über die weitere Vorgehensweise in dieser Sitzung nachdenken ließen. Um das Horoskop interaktiv und eingehend zu untersuchen, wäre es notwendig gewesen, die Symbolik ihrer Planetenballung von Mars, Uranus und Pluto in der Jungfrau zu diskutieren, was eine geeignete Entsprechung für die Erfahrung von Gewalt und Mißbrauch sein könnte. Aber Julia machte auf mich nicht den Eindruck, als sei sie die

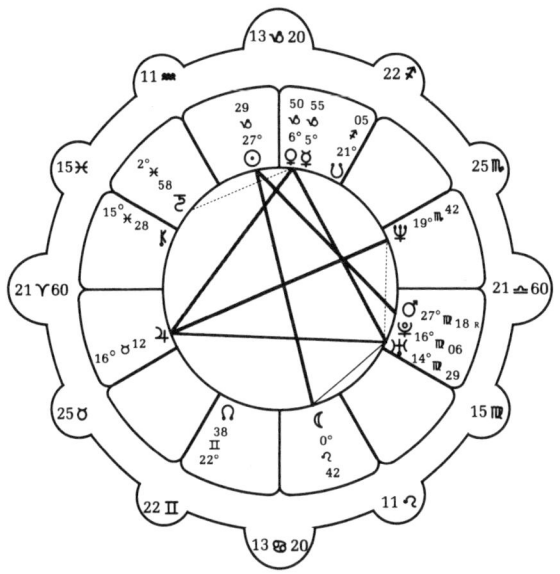

Abb. 3: Julia (17. 1. 1965, 11:03, Los Angeles)

Persönlichkeit, mit der man diesen Themenkomplex angehen konnte. Diese Konjunktion war das Symbol für ihre traumatischen Erinnerungen und hochempfindlichen Kernfragen und ich war weder vorbereitet noch gewillt, dieses Territorium mit ihr zu betreten, denn ich bin nicht auf solche delikaten Untersuchungen spezialisiert. Tatsächlich stellte sich mir auch die ethische Frage, ob ich in diese Materie eindringen sollte oder nicht, denn einerseits bearbeitete sie diese bereits mit einem anderen Therapeuten und andererseits war ich ungenügend ausgebildet für diesen Fall. Es ist wichtig, seine Grenzen zu erkennen und zu bemerken, daß es gelegentlich akute Probleme gibt, die wir in Ruhe lassen sollten.

Julias Geschichte überraschte mich vollkommen und ich fühlte mich genötigt, sehr vorsichtig mit ihr umzugehen. Ich wollte nicht zu tief gehen und mehr Schmerz, Wut und Verwirrung

81

auslösen, als ich selber handhaben konnte. Darüber hinaus war ihr Denken so unrealistisch, daß ich befürchtete, Astrologie könnte für sie schädlich sein. Sie glaubte, die Planeten seien Kräfte, die die Dinge hervorbrachten und ihr Leben kontrollierten. Ferner glaubte sie, ich würde die Horoskopdeutung »channeln«. Ich erklärte jedoch lediglich Planetensymbole. Die Untersuchung der Symbolik eines Horoskopes erfordert Ich-Stärke und eine subtile, nicht magisch gelenkte Intelligenz, welche den Unterschied zwischen einem Symbol und der Realität verstehen kann. Sie ging an die Astrologie jedoch auf vollkommen fatalistische und deterministische Weise heran. Und genau dieses halte ich nicht für eine geeignete Ausgangsbasis, um mit Astrologie zu arbeiten. Julia brauchte eine Therapie, mußte wieder Arbeit finden und ein voll funktionsfähiges Individuum werden. Es ist ihr zugute zu halten, daß sie in ihrer Therapie hart an sich arbeitet und konkrete Schritte macht, um sich selbst zu helfen. Sie war auch in der Lage, meine reservierte Haltung bezüglich einer weitergehenden Untersuchung ihres Horoskops zu verstehen.

Auch für Roger hielt ich es für angebracht, auf die Astrologie zu verzichten. Er hatte ein exaktes T-Quadrat zwischen dem Krebs-Saturn auf dem Aszendenten, dem Widder-Mond am MC und dem Waage-Neptun am IC. Zum Zeitpunkt der Beratung bildeten die laufenden Planeten Saturn, Uranus und Neptun im Steinbock ein Großes Kreuz zusammen mit Mond, Saturn und Neptun. Roger wurde in Stücke gerissen von der Übermacht seiner Erinnerungen und emotionalen Traumata, die in sein Bewußtsein zurückflossen. Er war suizidgefährdet, depressiv, verwirrt und unfähig, einer Arbeit nachzugehen. In der Psychologie spricht man von Dekompensation, um diese Verschlechterung des Gesundheitszustandes zu beschreiben. Viele meiner Klienten stehen, so wie Roger, unter der Einwirkung starker Transite auf den Radix-Mond. In seinem Fall war der Prozeß etwas schwieriger aufgrund der starken Spannung durch die Aspekte von Saturn und Neptun zum Radix-Mond.

Das Saturn/Neptun-Quadrat bewirkte eine Dissonanz zwischen seiner hochentwickelten Imaginationsgabe, seiner intensiven Spiritualität (Neptun) und der Verantwortung als erwachsener Mensch in der Welt (Saturn). Er wollte Künstler, Musiker und Mystiker werden, aber er weigerte sich sogar, nach Arbeit zu suchen, obwohl er kein Geld hatte und in größten finanziellen Schwierigkeiten war. Roger zeigte etliche Anzeichen für eine sogenannte »Borderline Persönlichkeitsstörung«: starke Gemütsschwankungen, gefährliche selbstzerstörerische Verhaltensweisen, instabile persönliche Beziehungen sowie eine Reihe von psychosomatischen Beschwerden. Er war außerdem nicht in der Lage, heftige Gefühlsausbrüche zu tolerieren, ohne panische Angst vor Desintegration zu empfinden (Mond-Saturn-Neptun).

Roger bat mich oft, in sein Horoskop zu schauen, aber ich wies dies zurück, weil er dazu neigte, Diskussionen über die Astrologie zu verwenden, um seine Gefühle und Bedrückung, sprich die Fragen seines realen Lebens, zu vermeiden. Er hatte eine Tendenz, während der Sitzungen geistig wegzutreten oder zu halluzinieren und magisches Denken nahm überhand (Neptun). Anstatt sich und sein Leben klar und realistisch zu sehen, betrachtete er alles gerne in symbolischen und mystischen Begriffen. Tatsächlich verschärfte die Astrologie Rogers Empfinden, keine stabile und realitätsbezogene Persönlichkeit zu sein, ebenso seine Tendenz, das gravierende Ausmaß seiner Situation herabzumindern. Gleichzeitig wie ich den immensen psychologischen Druck, den sein Horoskop anzeigte, verstand, alarmierte mich dieses vor der starken Möglichkeit einer Dekompensation. In diesem Fall lauteten die nächsten Schritte, die saturnalen Werte von Verwurzelung und größere Praxisnähe hervorzuheben und eine dauerhafte und verläßliche therapeutische Beziehung aufzubauen, um dieser in sich nicht stabilen Persönlichkeit beizustehen.

Ich möchte dringendst davon abraten, Astrologie zur Behandlung von Personen zu verwenden, die unter ernsthaften

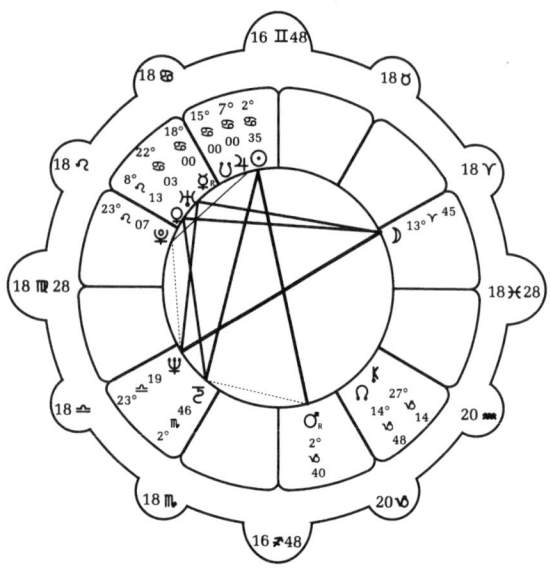

Abb. 4: Wendy (24. 6. 1955, 12:00, Baltimore, MD)

psychischen Störungen leiden wie Schizophrenie, manisch-depressiven Erkrankungen, Borderline Persönlichkeitsstörungen oder starken Phobien. Für diese Patienten sind die Behandlungsmethoden der klinischen Psychologie am besten anzuwenden. Die therapeutische Astrologie ist in meinen Augen am besten angebracht für Klienten mit einem relativ stabilen, elastischen und kohärenten Selbst, die keine offensichtlichen Zeichen von psychopathalogischen Erkrankungen aufweisen.

Doch es gibt auch Ausnahmen von dieser Regel. Im Jahre 1982 sprach ich mit Wendy, einer schizophrenen Frau, die viele Jahre in einer geschlossenen Anstalt verbracht hatte und ein gewisses Interesse an ihrem Horoskop zeigte. Zwar besprach ich ihr Horoskop nicht eingehend mit ihr, beobachtete jedoch, daß sie sich der ersten Saturnrevolution näherte. Daraufhin unterbreitete ich ihr den Vorschlag, daß sie jetzt eine wichtige

84

Entscheidung zu fällen hätte: Nun sei der Zeitpunkt gekommen, all ihren Mut zu sammeln, um mit aller Anstrengung in die Welt zurückzukehren, sich wieder in die Wirklichkeit einzubringen, um autonom zu werden und fähig zu sein, für sich selber zu sorgen, aber auch um ihre Identität als »geisteskranke« Frau hinter sich zu lassen. Ich stellte fest, daß ihre Sonne im 10. Haus im Trigon zum Saturn im 1. Haus stand. Außerdem stand der Steinbock-Mars im Sextil zu Saturn. Diese Faktoren legten nahe, daß sie zumindest über das Potential verfügte, für sich selbst die Verantwortung zu übernehmen und auch die nötige Ambition besaß. Wenig später wurde sie aus der Anstalt entlassen. Sie wendete sich dem christlichen Glauben zu und unter der Mithilfe ihrer Familie und Mitgliedern ihrer Glaubensgemeinschaft entwickelte sie schrittweise Stabilität und entdeckte ihre Stärken und Talente. Inzwischen ist sie verheiratet, arbeitet und besucht eine Rechtsakademie. Zwar spielte die Astrologie (und ich) keine unmittelbare Rolle in ihrem langen Heilungsprozeß, aber der Gedanke erfreut mich, daß unser Gespräch ihr geholfen hat, und zwar indem ich einfach die Idee gepflanzt habe, daß sogar die Planeten anzeigen, daß sie es schaffen kann.

Astrologische Symbole und therapeutische Resultate

Wie wir oben gesehen haben, ist die Astrologie ein nützliches Werkzeug für den Psychotherapeuten, denn sie kann uns helfen, die Art der akuten Probleme festzulegen, mit denen sich der Klient in einem gegebenen Zeitraum am ehesten herumschlagen muß, um den therapeutischen Zugang zu bestimmen, der am wirkungsvollsten sein könnte. Jemand mit einer astrologischen Begabung kann erkennen, wie lange ein bestimmter Vorgang operativ ist und worauf der Beratungsprozeß sich zu einem bestimmten Zeitpunkt optimal konzentrieren könnte: emotionale Katharsis, der Ausbruch aus der Familie, die Suche nach einer besseren Arbeit, Liebeskummer oder spirituelles

Wachstum. Zum Beispiel zeigt die gegenwärtige Position des laufenden Saturn immer einen Lebensbereich an, in dem ein unterschwelliger Reifungsprozeß vorliegt, mit dem Versuch, uns in unserem Funktionieren und Verständnis stärker, reifer, erfahrener und geistig anspruchsvoller zu machen.

Die Astrologie lehrt uns, daß das Ablaufmuster der günstigsten Evolution für jeden Menschen unterschiedlich aussieht. Dies korrigiert die Tendenz, bei der Therapie zu versuchen, den Klienten in ein einziges Entwicklungsmodell oder einen einzigen zu erreichenden Zustand zu pressen. Die Untersuchung des Geburtshoroskopes eines Klienten hilft uns, zwischen verschiedenen Therapieansätzen und Zugängen zu persönlichem Wachstum zu wählen. Daher können wir *mit* der Person arbeiten, anstatt ihr unsere Modelle und Theorien aufzupropfen, in der Erwartung, daß sie sich ändert, um in unsere vorgefertigten Konzepte zu passen. Möglicherweise ist der nächste Schritt des Klienten, daß er unseren eigenen Meinungen und ethischen Vorstellungen völlig widerspricht. Vielleicht entschließt ein Klient, der unter einem starken Uranustransit steht, sich scheiden zu lassen, eine Entscheidung, die den Therapeuten sehr unangenehm berühren wird, wenn er selbst streng katholisch ist und Ehescheidungen ablehnt. Nichtsdestotrotz wird dies für jene Person der richtige Schritt sein. Es kann sein, der Klient schließt sich einer religiösen Gruppe oder einer spirituellen Bewegung an, obwohl wir persönlich solche Vereinigungen mit Argwohn betrachten. Vielleicht meinen wir, jeder sollte sich in Vipassana-Meditation üben, aber der Klient fühlt sich nicht zu diesem Weg hingezogen. Deuten wir solche Dinge als »Widerstand« oder arbeiten wir *mit* dem Klienten?

Eine gute Therapie wird den Klienten nicht in unser eigenes Bild von geistiger Gesundheit oder positivem Wachstum pressen; sie bringt den Klienten vielmehr in Einklang mit dem ständig sich wandelnden *Jetzt* und mit dem für ihn richtigen Lebensweg. Die Astrologie kann uns unterstützen, den sich verändernden Brennpunkt der Therapie und das einzigartige Verhal-

tensmuster des Klienten wahrzunehmen und mit ihm herauszu-
arbeiten. Sie hebt ferner die Notwendigkeit hervor, in unterschiedlichen Fällen und zu verschiedenen Zeiten mit jedem
Klienten jeweils andere therapeutische Zugänge zu suchen.
Dies hält uns flexibel und lehrt uns, nicht auf einer therapeutischen Einbahnstraße steckenzubleiben. Die therapeutische
Astrologie ermöglicht uns auch die Zusammenarbeit mit dem
Klienten, um unterschiedliche Stufen der Entwicklung zu koordinieren und viele verschiedene Probleme gleichzeitig zu lösen.

Astrologie und die vielschichtige Initiation

Wir sind komplexe Wesen, denn viele Dinge passieren in unserem Leben gleichzeitig nebeneinander. In jedem Augenblick
durchleben wir mannigfache Stufen der Transformation. Ich
bezeichne dies als das Prinzip der *vielschichtigen Initiation*. Die
Astrologie enthüllt nicht nur die zahlreichen Archetypen, Götter und Göttinnen, die in uns ruhen und leben, unsere *Viel-
seitigkeit*, die James Hillman als »polytheistische« Multiplizität
bezeichnete; die Astrologie benennt und erhellt auch die Tatsache, daß menschliche Individuen ihr Leben innerhalb *multipler
Erzählungen* leben, in ko-existenten, sich gegenseitig durch-
dringenden Handlungslinien – z.B. die Berichte von der Suche
nach Liebe und emotionaler Erfüllung; Erfolg im Beruf; Wohl-
stand und Komfort; innere Ernsthaftigkeit und spirituelles Erwachen. Dane Rudhyar verwendete einmal in einem Brief an
mich den Begriff »polyphone, kontrapunktuelle Leben.« Hier
schuf Rudhyar ein schönes Bild von einem simultanen Leben
auf vielfachen Ebenen. Astrologie ist eine einzigartige Methode,
um unsere Entwicklung auf vielen Stufen gleichzeitig zu koordinieren, unsere zahlreichen inneren Stimmen, Verantwortungen, herausfordernden Partnerschaften und kreativen Bestrebungen für ein reiches, symphonisches Leben zu orchestrieren.
Sie ist ein Mittel für die *viel-schichtige Beratung* – eine

Beratung, welche die diversen Berichte oder Entwicklungsstufen, die sich für uns zum jeweiligen Zeitpunkt entfalten, beim Namen nennt und diese deutlich aufzeigt.

Betrachten wir das Beispiel eines Mannes mit einer Skorpion-Sonne im 1. Haus im Quadrat zum Wassermann-Mond im 4. Haus. Dennis kam zur Therapie, als Saturn in den Wassermann eintrat und in Konjunktion zu seinem Radix-Mond stand, mit einem gleichzeitigen Quadrat auf die Geburtssonne. Der Übergang des Saturn über den Mond ist ein typischer Transit, der den Eintritt in die Höhle der Depression ankündigt, die der Genesung von tief verschütteten Erinnerungen und Emotionen sowohl vorausgehen als auch folgen kann. Dies ist ein Transit, der eine wichtige Reorganisation im Gefühlsleben des Betroffenen ankündigt. Am Anfang der Behandlung präsentierte Dennis den folgenden Traum: »Ich bin in der Wohnung meiner Eltern. Ich bin sechs oder sieben Jahre alt. Bei mir ist meine Mutter und wir putzen zusammen das Klosett.« Dieser Traum leitete einen Prozeß ein, bei dem Dennis, inzwischen 42 Jahre alt, sich erstmals daran erinnerte, was in seiner frühen Kindheit und in seinem Elternhaus vor sich ging (4. Haus). Sowohl der Mond als auch das 4. Haus sind im therapeutischen Prozeß von zentraler Bedeutung, denn beide stehen mit dem emotionalen Gedächtnis in Verbindung. Speziell über das 4. Haus des Horoskopes können wir wichtige Einsichten in die Dynamik der Herkunftsfamilie gewinnen, die familiäre und häusliche Situation, die uns emotional geformt hat.

Unter dem Saturntransit über den Mond rief sich Dennis sehr vieles wieder ins Gedächtnis. Zum ersten Mal seit vielen Jahren erinnerte er sich, wie seine Mutter aussah, sich anfühlte und roch, als er noch ein Kind war. Er konnte ihre Stimmungen und ihr Unglücklichsein nachempfinden und verspürte eine tiefe Sympathie für sie. Sein Radix-Mond steht auch im Quadrat zu seiner Skorpion-Sonne, und schon als Kind legte Dennis ein sehr frühreifes Sexualverhalten an den Tag. Die meisten Kinder haben eine natürliche Neugier bezüglich der Sexualität, doch

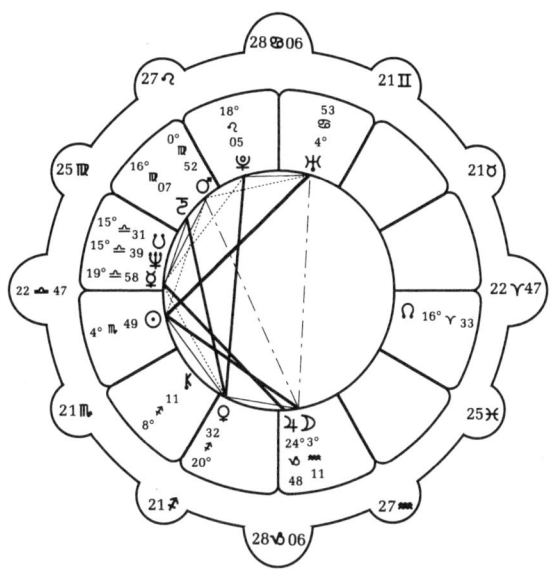

Abb. 5: Dennis (28. 10. 1949, 5:45, Portland, OR)

bei Dennis äußerte sich diese in extremer Form. Gedanken an
Inzest mit seiner größeren Schwester stiegen aus der Erinnerung auf. Er erinnerte sich ferner, daß er des öfteren erwischt
wurde, wie er ohne Hosen im Gebüsch saß. Für dieses Verhalten schämte er sich, wurde er gehänselt und von seinem Vater
terrorisiert. Dennis entwickelte von sich das Selbstbild eines
bösen, ungezogenen Kindes, das böse und eklig war. Von seiner
Familie erhielt er schließlich die Botschaft, kein gutes Kind zu
sein. Als Reaktion darauf wurde er immer noch boshafter und
trotziger und entwickelte eine großtuerische, aggressive Persona, um sich gegen den Schmerz der emotionalen Zurückweisung zu schützen. Aufgrund seiner Skorpion-Sonne im 1. Haus
organisierte sich seine Identität um die Themen Sex und Brutalität. Er wuchs zu einem zornigen Mann heran, der in eine Reihe
von unangemessenen sexuellen Eroberungen verheirateter

89

Frauen verwickelt war, besessen von Pornographie und erfüllt von Selbstekel.

Skorpion repräsentiert unser natürliches Bedürfnis nach emotionaler und sexueller Intimität. Sobald diese Bedürfnisse aber vereitelt werden, treten sie als Aggression, Feindseligkeit oder Wutanfälle in Erscheinung; die Person geht zum Angriff über, gewissermaßen um sich gegen den unterschwelligen Zustand der emotionalen Unsicherheit zu schützen.[26] Das primäre Reaktionsmuster von Dennis war, in Wut zu geraten, zunächst und in erster Linie gegen sich selbst, indem er die Aggression nach innen kehrte, die ursprünglich sein Vater gegen ihn angewendet hatte. Dennis wurde auch oft feindselig und hochmütig bei Leuten, von denen er meinte, sie hätten ihn beleidigt oder es versäumt, ihn mit dem angemessenen Respekt zu behandeln. Mit seiner Mars/Saturn-Konjunktion in der Jungfrau hatte er einen stark perfektionistischen Zug, der sich in einem extrem dickköpfigen, überkritischen und ausfallenden Verhalten Frauen gegenüber äußerte. Dies war eine Wiederholung der Art von Kritik, die er ständig von seinem Vater erfuhr. Die heftige Wut, die er auf seinen Vater hatte (Mars-Saturn), hatte sich in einen allgemeineren Zorn und eine Herablassung transformiert; keine Frau konnte ihm gut genug sein.

Es stiegen noch weitere Erinnerungen in dieser intensiven Phase der Therapie auf. Als Saturn rückläufig seinen Geburtsmond in Konjunktion transitierte, kam Dennis zu der Erkenntnis, daß in seiner Familie über mehrere Generationen hinweg Inzest vorgeherrscht hatte. Sein Onkel hatte ein Verhältnis mit seiner Mutter, sein älterer Bruder schlief mit seiner Schwester und sein Vater war mit der Haushälterin intim. So kam er zu der Erkenntnis, daß er in seiner Familie zum Sündenbock gemacht wurde, zu dem identifizierten Patienten, zu der Person, der all der Schmerz, die Krankheit und Pathologie der Familie aufgeladen und der für alle familiären Probleme schuldig gemacht wurde. Er wuchs heran mit dem Empfinden, er sei für die Misere in seiner Familie verantwortlich. Jetzt, unter dem Saturntransit über den Mond, begann er langsam etwas Klarheit darüber zu gewinnen, was wirklich passierte, aber auch über seine Depressionen, die immer dicht unter der Oberfläche seines aggressiven Macho-Verhaltens lagen.

Dennis hatte außerdem eine Konjunktion von Merkur und Neptun in der Waage, ganz in der Nähe seines Aszendenten, was unrealistische und aufgeblasene neptunische Wahrnehmungen des Selbst symbolisiert. Er schuf sich, als Kompensation für seine grundlegende Unsicherheit, grandiose Phantasien darüber, wie er eine gefeierte Berühmtheit werden könnte, er baute sich sein Selbstwertgefühl jedoch nie auf realen Leistungen auf. Sein Größenwahn und seine Vorstellung, besonders zu sein, standen im Wechsel mit seinem Gefühl der vollkommenen Wertlosigkeit und einem Erkennen, daß er niemals angemessen gelernt hatte, seinen Verstand und seine Intelligenz zu gebrauchen. Aufgrund seines geringen Selbstwertgefühls und der schwierigen Familienverhältnisse, weigerte er sich schon in frühester Kindheit, für die Schule zu lernen. Er verließ die Schule vorzeitig und brachte nicht einen Buchstaben zu Papier, benützte keine Schreibmaschine und entwickelte keine Arbeitseinstellung oder sonstige Merkurfähigkeiten. Er konnte sich wohl sehr gut artikulieren und Gedichte aus dem Gedächtnis rezitieren (Merkur-Neptun), aber er konnte nicht einmal einen kurzen Brief schreiben, denn trotz seiner sprachlichen Fähigkeiten war er aus Angst vor diesen Aufgaben wie paralysiert. Er konnte seinen Verstand nicht so weit koordinieren, um eine Arbeit zustande zu bringen. Seine Größen-Phantasien wurden jedoch herb wieder auf die Erde herunter geholt, als er realisierte, daß er ein chronischer Zauderer war und tatsächlich noch sehr wenig in seinem Leben vollbracht hatte. Er hatte nicht einmal die Aufgaben der kindlichen Entwicklungsperiode angemessen gemeistert, die Erik Erickson »Arbeitseifer kontra Unzulänglichkeit« nannte, in der das Kind eifrig wird und ein Gespür für Kompetenz erlangt, indem es kleine Aufgaben angeht und bewältigt und somit die Angst vor dem Versagen überwindet. Da Dennis diese Lektionen nicht gelernt hatte, wuchs er ängstlich und verwirrt auf in Bezug auf sich und sein Vermögen, eine Aufgabe zu vollenden.

Als der laufende Saturn sich wieder von seinem Radix-Mond wegbewegte, traten Uranus und Neptun in ein Quadrat zu seiner Merkur/Neptun-Konjunktion. Zu diesem Zeitpunkt begann Dennis einen neuen persönlichen und spirituellen Wachstumsprozeß zu durchlaufen. Plötzlich interessierte er sich für Poesie, Mythologie und Religion. Er ging zu Exerzitien in ein Kloster, entdeckte die mystischen Schriften von Thomas Merton und hatte Begegnung mit der Gegenwart Gottes (Uranus-Neptun im Quadrat zum Radix-Neptun). Dieser Zugang zu spirituellem Bewußtsein vollzog sich parallel mit einem Zuwachs neuer Erkenntnisse über die Depression seiner Mutter, den Inzest und seine Probleme in der Schule und den Zusammenhang mit seiner Selbsteinschätzung. Inmitten all dieser Veränderungen entwickelte Dennis ein stärker auf die Realität bezogenes Selbstbild und ein stabiles Selbstwertgefühl, das nicht mehr auf Phantasien oder sexuellen Eroberungen basierte, sondern auf einer Würdigung seiner Talente und seiner persönlichen Qualitäten, aber auch auf seinen Grenzen (transitierender Saturn im Quadrat zur Radix-Sonne). Dieses Beispiel illustriert gut, was ich unter einer vielschichtigen Initiation und dem Prozeß der vielschichtigen Beratung verstehe, und es demonstriert auch, wie wir die Astrologie dazu benützen können, um Transformationen zu koordinieren, die innerhalb vielfältiger Erzählungen simultan ablaufen.

In einem Fall wie diesem, wo ein Planet wie Saturn die Sonne und den Mond aspektiert, erfährt das Individuum eine größere Transformation der Identität und der emotionalen Reaktion. Ein Teil der Aufgabe in diesen Situationen lautet, eine enorme Fülle an stark geladenem Material zu halten und einfach nur damit dazusitzen. Dieser Gesichtspunkt der psychotherapeutischen Arbeit unterscheidet sich eindeutig von dem, was viele Astrologen tun, wenn sie eine Person nur einmal beraten und diese dann wieder ihres Weges schicken. Ein Therapeut muß die Emotionen, Erinnerungen und den Schmerz des Klienten begleiten; es ist uns nicht möglich, den Schmerz wegzunehmen oder die Person auf magische Weise zu heilen. Die Rolle des Therapeuten besteht darin, dem Klienten zu helfen, daß er diesen Schmerz bewußt erfährt, versteht und löst. Dies sind die Beratungsfähigkeiten, die ein therapeutischer Astrologe zusätzlich zu den technischen Fertigkeiten des Horoskoplesens erlernen muß.

Das Beispiel von Dennis demonstriert auch, welche Einsichten die Astrologie im Hinblick auf den zeitlichen Rahmen und den Rhythmus des therapeutischen Prozesses liefern kann. Als Saturn in Konjunktion zum Mond und im Quadrat zur Sonne stand, brachen tiefste Erinnerungen aus ihm heraus, der Klient trat in ein Phase der Depression und wurde mit Niederlagen und Enttäuschungen konfrontiert, die seine latenten Gefühle in den Vordergrund rückten. In dieser Periode war er hauptsächlich mit Erinnerungen an die Vergangenheit, Fragen bezüglich seiner Mutter, gegen sich selbst und andere gerichtete Aggressionen und der Erkenntnis beschäftigt, daß seine Aggression die Leute von ihm wegtrieb. Es handelte sich um eine intensive Phase der psychologischen Arbeit. Ein Wendepunkt trat ein, als Dennis den folgenden Traum hatte: Auf dem Boden kniend topfte er einen Kaktus um. Eine Kaktee ist eine stachelige Angelegenheit, die selbst in der Wüste mit wenig Flüssigkeit überleben kann. Er dachte: »Ein Kaktus findet seinen Saft in seinem eigenen Körper.« Dies wurde zur persönlichen Metapher für Dennis, mit der er lernte, eine trockene Phase der Einsamkeit zu durchstehen. Er fand Freude, Sinn und Zweck mit sich allein, ohne daß er von den sexuellen Reizen einer Partnerschaft abhängig war. Dies war ein sehr heilsamer Traum, denn er *selbst* war dieser Kaktus (Skorpion-Sonne im 1. Haus). Ein Jahr später war sein Selbstvertrauen gewachsen. Seine Arbeitsweise verbesserte sich und er fand eine bessere Stelle. Er hörte auf zu zaudern und verfolgte aktiv seine Ziele.

Weitere Gesichtspunkte zur Beachtung

Man kann behaupten, daß die Deutung des Horoskops an sich schon eine Form der Therapie ist. Heutzutage gibt es sogar eine sogenannte »Einweg-Psychotherapie«, die in manchen Situationen auch effektiv sein kann. Aber wenn wir normalerweise von Psychotherapie sprechen, beziehen wir uns auf einen fortlaufenden und manchmal vorgezeichneten Beratungsprozeß, in dem das Individuum Erinnerungen aufdeckt, schwierige Emotionen durcharbeitet und Strategien zur Veränderung integriert. Darüber hinaus läßt man eine Beziehung entstehen, in der einige der Grundkonflikte des Klienten durch die Übertragung wieder ins Leben gerufen werden. Um ein guter Therapeut zu werden, kann sich der Astrologe nicht nur auf das Geburtshoroskop verlassen; er muß eine Reihe von anderen Fähigkeiten erlernen, insbesondere die Gabe zuzuhören und nicht nur zu reden.

Eine weitere ganz wesentliche Gabe, die ein therapeutischer Astrologe braucht, ist die Fähigkeit, Worte umsichtig zu verwenden und Deutungen konstruktiv zu formulieren. Er muß wissen, wieviel er sagen soll und wieviel er ungesagt läßt. So habe ich einmal eine Frau zu einem über fünf Jahre andauernden Plutotransit beraten, der über ihre Sonne/Saturn-Konjunktion im Skorpion lief. Ich rang mit der Frage, wie ich ihr am besten beschreiben könnte, was sie höchstwahrscheinlich in dieser Phase zu erwarten hatte – ohne ihr Angst und Schrecken einzujagen. Tatsächlich durchlief sie dann während des Transits eine sehr schmerzvolle und leidensreiche Zeit, angefangen von ihrer Scheidung über eine schwere Krankheit, eine gefährliche Liebschaft mit einem Jungen, der eine kriminelle, unheimliche und ziemlich düstere Persönlichkeit war. Dazu kam eine Konfrontation mit ihrer eigenen »dunklen Seite«, nämlich Unehrlichkeit, sexuelle Besessenheit und die Neigung zu einem unbarmherzigen Konkurrenzkampf mit Arbeitskollegen. Die Zusammenarbeit mit dieser Frau über einen längeren Zeitraum lehrte mir eindeutig, daß die Verwendung der Astrologie in einem therapeutischen Sinne etwas vollkommen anderes darstellt, als eine einmalige Beratungssitzung mit Personen, die wir danach nie wieder sehen. Wie bereits oben ausgeführt, muß ein Astrotherapeut fähig sein, mit dem Klienten verschiedenes Material in mehreren Sitzungen durchzustehen, ohne den Versuch zu unternehmen, dem Klienten den Schmerz zu nehmen. Therapeutische Techniken wie Traumdeutung oder Hypnotherapie sind nützlich, ja manchmal sogar erforderlich, um den astrologischen Ansatz zu vervollkommnen.

Die Therapie entfaltet sich immer innerhalb eines »zwischenmenschlichen Bereiches«. Ein Therapeut ist nie vollkommen neutral, objektiv oder in der Lage, den Klienten mit ungetrübten Augen wahrzunehmen. Der Bereich der Selbsttherapie, den Heinz Kohut begründete, hat große Anstrengungen unternommen, um die Rolle des Therapeuten zu verstehen, wenn es darum geht, Probleme, Mißverständnisse oder Störungen in der therapeutischen Beziehung hervorzurufen. Es ist nicht ausschließlich der Klient, der dies durch die Übertragung auslöst. Der Therapeut kann mit einem bestimmten Klienten völlig unangenehm verfahren aufgrund seiner Rasse, seines Geschlechts, seiner Religion, seiner körperlichen Erscheinung, seiner sexuellen Orientierung oder persönlicher Eigenheiten. Aus diesen Gründen kann er auf kritische oder verurteilende Weise handeln oder reden, so daß es für den Patienten sehr verletzend wird, was sodann bestimmte Entwicklungstraumata wieder aufnimmt. Ein Therapeut, der dies nicht erkennt, kann den Klienten für therapeutische Engpässe oder Schwierigkeiten beschuldigen, indem er den Klienten für unfähig erklärt und den weiteren Verlauf der Therapie verhindert. Was manche Therapeuten als Widerstände des Klienten gegen die Behandlung betrachten (z.B. Kritik am Therapeuten oder der plötzliche Wunsch, die Therapie abzubrechen), kann eine angemessene Reaktion auf eine akkurate Wahrnehmung der Vorurteile, Beschränkungen oder der klinischen Irrtümer des Therapeuten sein[27].

In Wahrheit ist es so, daß wir unseren Klienten immer an gewissen Wegkreuzungen begegnen und zwar zu Zeiten, die uns höchst sensibel oder völlig blind für bestimmte Fragen und Belange machen. Hier ist erneut die Frage der Selbsterforschung angemessen; das Bewußtsein, wie das Horoskop des Klienten und persönliche Charakteristiken mit unserer eigenen Veranlagung zusammenpassen, hilft uns, diese Fallgruben zu umgehen und die Beziehung zu vertiefen, daß sowohl Klient als auch Therapeut einen Nutzen davon haben. Die therapeutische Astrologie ist ein herausfordernder und gewaltiger Pfad des Wachstums für den Praktiker; denn unsere Klienten sehen akute Probleme, mit denen wir uns herumschlagen müssen. Sie zwingen uns, uns mit uns selbst zu konfrontieren bis hin zu den Eigenschaften, die wir an uns nicht kennenlernen wollen. Bei meiner Arbeit mit Dennis löste sein äußerst kritisches Verhalten bei mir zum Beispiel Abwehr, Übersensibilität für Kritik und ein Gefühl der Unzulänglichkeit aus. In Phasen, in denen er extrem depressiv war, mußte ich meine eigenen kritischen, ungeduldigen und feindseligen Reaktionen gegen ihn beobachten. Zu anderen Zeiten begann ich mich traurig und hoffnungslos zu fühlen. Unsere Gegenübertragung auf den Patienten spiegelt häufig direkt die Symbolik eines wichtigen Transits wider, den wir selber gerade erfahren. Eines Tages, als der transitierende Mars gerade über meinen Radix-Pluto lief, reagierte ich überempfindlich auf etwas, das Dennis sagte und wurde ärgerlich. Ich bemerkte unverzüglich den Zusammenhang zwischen der Unangemessenheit meiner Reaktion und dem Transit. Dies ermöglichte es mir wiederum, meine Wut für mich zu behalten, statt Dennis dafür verantwortlich zu machen. Aus solchen Gründen ist es für den Astrotherapeuten ratsam, besondere Aufmerksamkeit auf die eigenen Transite zu legen, die das therapeutische Urteilsvermögen und Reagieren beeinträchtigen können. So können Marstransite Wut auslösen oder Transite über den Mond können heftige, vielleicht unangebrachte emotionale Reaktionen gegen den Patienten hervorrufen.

Ein therapeutischer Astrologe ist bestrebt, den Klienten mit nützlichen Informationen zu versehen und ihm nicht wertlosen, technischen oder hermetischen Jargon vorzusetzen. Wir sollten sorgfältig in Erwägung ziehen, welche Rolle die Vorhersage in unserer Arbeit spielen soll und inwieweit dies überhaupt produktiv ist, vor allem in einer therapeutischen Sitzung. Indem man das Horoskop des Klienten eher auf einer interaktiven und nicht auf einer prognostischen Basis diskutiert, können wir Astrologie auf eine Art und Weise praktizieren, die den Klienten darin bestärkt, Entscheidungen zu treffen.

In diesem Kapitel habe ich einige Problembereiche beschrieben, die in Betracht gezogen werden müssen, wenn wir die Astrologie in die Psychotherapie einführen wollen. Ich habe die Frage berührt, ob Astrologie eher als Wissenschaft oder als initiatorische Sprache betrachtet werden soll, und diskutierte die Notwendigkeit des Selbststudiums, das Verhältnis zwischen Meinungsbildung und Ich-Stärke und ich habe aufgezeigt, wann von dem Gebrauch der Astrologie in einer Therapie abzuraten ist. Ich habe ferner einige Fallbeispiele vorgeführt, die aufzeigten, wie man mit Astrologie zu einer Beurteilung kommen und den Kern der therapeutischen Arbeit festlegen kann. Darüber hinaus wurde aufgezeigt, wie das Horoskop die Bedeutung eines flexiblen Zuganges beleuchtet sowie die Notwendigkeit dargelegt, mit und nicht gegen den Klienten zu arbeiten. Ich habe ebenso die Prinzipien der vielschichtigen Beratung und des koordinierten psychospirituellen Wachstums erörtert. Die Möglichkeiten eines therapeutischen Verwendens von Astrologie sind erst am Anfang, verstanden zu werden, und versprechen viele neue Entdeckungen in den kommenden Jahren.

Teil II

Die Planeten und die Stadien der Selbstentwicklung

Astrologie und
menschliche Entwicklung

Um unsere Klienten durch die verschiedenen Übergänge und Krisen der vielschichtigen Initiation zu führen, müssen wir das Verhältnis verstehen zwischen dem Geburtshoroskop und den Stufen des Wachstums, die von den Entwicklungspsychologen beschrieben werden. Die Entwicklungspsychologie untersucht den Lauf des menschlichen Lebens, beschreibt die optimalen Phasen der Reifung und beleuchtet Probleme, Verzögerungen oder Abweichungen vom herkömmlichen Kurs, die auftreten können. Psychotherapeuten legen fest, welche Ziele und Behandlungsmethoden angemessen sind, basierend auf den Entwicklungstheorien von z.B. Sigmund Freuds Theorie der Stadien des psychosexuellen Reifeprozesses, B.F. Skinners behavioristischer Theorie oder C.G. Jungs Theorie der Individuation. In ganz ähnlicher Weise ist es eine unserer wichtigsten Aufgaben als therapeutischer Astrologe, die verschiedenen astrologischen Symbole, wie etwa die Planeten, mit den verschiedenen Stufen der menschlichen Entwicklung zu korrelieren.

Jeder Planet symbolisiert nicht nur eine bestimmte Form von Bewußtsein oder Aktivität, sondern auch eine bestimmte Zusammenstellung von Entwicklungsfragen, die Klienten oft im Beratungsprozeß ansprechen müssen. Eine der vorrangigsten therapeutischen Anwendungen des Geburtshoroskopes liegt darin, daß es uns hilft, die Fragen zu erkennen, die zu dem gegebenen Zeitpunkt am meisten unter den Nägeln brennen. Ich stelle die Planeten zu einigen dieser zentralen Entwicklungsfragen in Bezug. Gelegentlich ziehe ich auch manche der klassischen Modelle hinzu wie z.B. Jean Piagets Theorie der kognitiven Entwicklung, Lawrence Kohlbergs Theorie der moralischen Entwicklung und Erik Eriksons Theorie der Lebensspanne. Ich möchte auch anmerken, wie die Kenntnis der Planetensymbole manche gut bekannten psychologischen Theorien aufschlußreich ergänzen kann. Ich habe den Eindruck, daß jede wichtige psychologische Theorie eine Facette der Entwicklung unter weitgehendem Ausschluß der anderen Ansätze betont. Im Kontrast hierzu veranschaulicht die Sprache des Himmels die vielschichtige menschliche Entwicklung in vollem Umfang. Als ein Ganzes betrachtet symbolisieren die zehn Planeten die Koexistenz und das Wechselspiel der zehn unterschiedlichen Entwicklungsprozesse, die sich oft gleichzeitig entfalten und die jeder für sich für eine vollkommene Reifung des Individuums notwendig sind.

Entwicklung und Persönlichkeit

Psychologen sagen, daß jeder Mensch ein ganz bestimmtes Inventar an dauerhaften Charaktermerkmalen entwickelt, das als Persönlichkeit bekannt ist. Der Verlauf der Entwicklung hängt dabei teilweise von bestimmten Wesenszügen ab, z.B. wie passiv oder aktiv, wie introvertiert oder extravertiert, dominant oder unterwürfig ein Mensch ist, ob er Vertrauen hat oder mißtrauisch ist. Die fünf wichtigsten Charakterzüge, die Psychologen beurteilen, sind *Extraversion*: Geselligkeit, Aktivität, zwischenmenschlicher Umgang (Sonne, Mars, Jupiter); *Neurotizismus*: emotionale Stabilität und Anpassungsgrad (Mond); *Offenheit für Erfahrungen*: forschender Intellekt, Intelligenz (Merkur, Uranus); *Fähigkeit zum Einverständnis*: Sympathie, Altruismus, Vertrauen, Geselligkeit (Venus, Neptun); und *Pflichtbewußtsein*: Zuverlässigkeit, Stärke des Über-Ich, maßvolle Selbstdisziplin (Saturn, Pluto). Viele Psychologen halten dies für die wichtigsten Persönlichkeitsmerkmale. Das Konzept von der »Persönlichkeit« kann jedoch insofern mißverstanden werden, als es suggeriert, daß das Selbst festgelegte, dauerhafte Charakteristika besitzt. Ich bevorzuge eher eine prozeßorientierte Sichtweise, bei der die Identität als etwas Fließendes und sich ständig Veränderndes angesehen wird, wodurch sich immer neue Facetten der Identität und des Bewußtseins entwickeln. Aus dieser Perspektive gesehen wird der Begriff »Persönlichkeit« dazu verwendet, die vorherrschenden, ständig wiederkehrenden Verhaltensmuster zu beschreiben, die wir als Reaktion auf die äußeren Umstände entwickeln und die potentiell immer Veränderungen unterliegen können.

Die Untersuchung der Entwicklung geht davon aus, daß menschliche Wesen wachsen und sich verändern, daß wir also nicht statisch und festgelegt sind. Besonders Astrologen müssen sich dessen stets bewußt sein, denn viele von ihnen vertreten die fatalistische Sichtweise, daß das Geburtshoroskop Charakterzüge beschreibt, die uns für immer eingeprägt sind. Zwar trifft es zu, daß das Geburtshoroskop dauerhafte Wesensmerkmale anzeigt, aber wir können lernen, die Geburtsplaneten auf neue und gesündere Weise zum Ausdruck zu bringen, während wir uns im Laufe der Zeit weiterentwickeln. Der wahre Nutzen, Astrologie zu lernen, liegt darin, uns selbst zu verändern, unsere Stärken bewußt zum Ausdruck zu bringen und unsere Schwächen zu überwinden oder auf ein Minimum zu reduzieren. Vom astrologischen Blickwinkel aus stammt der Impuls zur Entwicklung aus Transiten, die umweltbedingte Herausforderungen, Gelegenheiten und auch psychologische Wachstumsprozesse repräsentieren. Die Progressionen des Geburtshoroskops zeigen auch, wie die eingeprägte Persönlichkeitsstruktur – symbolisiert vom Geburtshoroskop – sich mit der Zeit entfaltet.

Natur, Erziehung und das Geburtshoroskop

Eine der ältesten Fragen innerhalb der Psychologie lautet, ob unser Verhalten und unsere Persönlichkeit von angeborenen Eigenschaften oder von Umwelteinflüssen bestimmt wird. Inwieweit ist unser Wachstum auf die *Natur* oder einen Reifeprozeß zurückzuführen und inwieweit auf *Erziehung* oder Lernen? Bei dieser Debatte bilden Vertreter des Behaviourismus und der Theorie des sozialen Lernens, die Erfahrungen, Situationen oder äußere Einflüsse für die wichtigsten Determinanten der Persönlichkeit und des Verhaltens halten, die eine Seite. Für die Richtigkeit der Theorie des sozialen Lernens spricht die Leichtigkeit, mit der das Verhalten und die Einstellungen von Menschen durch Konditionierung, Überzeugung oder Zwang geformt werden können. Im Gegensatz dazu wird mit den Theorien von den angeborenen psychologischen Charakterzügen behauptet, daß die Entwicklung ein Prozeß ist, bei dem sich Charaktermerkmale, die latent im Organismus vorhanden sind, sozusagen automatisch entfalten. Argumente für die angeborenen Persönlichkeitstypen liefern Studien, die darauf hindeuten, daß Babys bereits früh Anzeichen für eine eigene Identität aufweisen. Studien über eineiige Zwillinge, die man nach der Geburt getrennt hatte und separat in völlig verschiedenen Umgebungen aufzog, liefern sogar noch überzeugendere Indizien. Diese Untersuchungen zeigen, daß sich die Zwillinge als Erwachsene sowohl von ihrem Äußeren, von der Haltung, den persönlichen Gewohnheiten und Vorlieben her bemerkenswert gleichen als auch in der zeitlichen Auslösung von Lebensereignissen (übrigens ein gutes Beispiel für die Stichhaltigkeit der Astrologie, weil Zwillinge gewöhnlich sehr ähnliche Horoskope haben). Die meisten Psychologen vertreten inzwischen die *interaktionistische* Sichtweise, die besagt, daß das Verhalten aus den Interaktionen der Persönlichkeit des Individuums mit Situationen resultiert. Angeborenes, Vererbtes oder Persönlichkeitseinflüsse mischen sich mit Umwelteinflüssen und formen ein sich ständig weiterentwickelndes Selbst.[28] Aus dieser Perspektive gesehen gehen die Reifung angeborener Charakterzüge und das Erlernen erworbenen Verhaltens Hand in Hand.

Auch die Astrologie vertritt die interaktionistische Sichtweise: Das Geburtshoroskop bildet das subtile Zusammenspiel von Persönlichkeit und Umgebung ab. Die außergewöhnliche Behauptung, die Astrologen aufstellen, lautet, daß, *was sich mit der Zeit entwickelt, ein latent vorhandenes Potential ist, welches von den Planetenstellungen im Moment der Geburt symbolisiert wird.* Unsere angeborenen Fähigkeiten reifen durch das Lernen – d.h. durch die Konfrontation mit Situationen, die von den Transiten symbolisiert werden. Aber selbst wenn die frühen Lebensumstände ungünstig waren, können sich die angeborenen Qualitäten (wie sie vom Geburtshoroskop symbolisiert werden) eines Menschen noch entfalten. Jeder von uns lernt und entwickelt sich auf unverwechselbare Weise – sowohl wegen unserer unterschiedlichen Umgebungen als auch dadurch, daß sich unsere angeborenen Potentiale voneinander unterscheiden und anders heranzureifen versuchen. Das ist der Grund dafür, daß Menschen mit unterschiedlichen Geburtshoroskopen auch unterschiedlich auf Transite und den entsprechenden Druck ihrer Umgebung reagieren.

Jeder von uns wird anders auf einen Saturntransit reagieren, wie z.B. auf das Quadrat des laufenden Saturn zum Radix-Saturn, wenn wir Anfang zwanzig sind – das hängt von den jeweiligen Persönlichkeitsmerkmalen und dem Geburtshoroskop ab. Tim, in dessen Radixhoroskop Sonne in Steinbock in Konjunktion zu Saturn im 2. Haus steht, fühlt sich in dieser Lebensphase durchaus bereit, »erwachsen« zu werden und einen Vollzeitjob bei einer Bank zu übernehmen, während Rita, eine aufstrebende Künstlerin mit einer Sonne/Uranus-Konjunktion im 5. Haus, größere Schwierigkeiten damit hatte, den saturnischen, sozialen Anforderungen im frühen Erwachsenenalter gerecht zu werden und es in keinem Job länger als nur einen Monat aushielt. Tim jedoch, in dessen Radixhoroskop Saturn stark betont war, hatte eine schwere Zeit, als der Transit-Uranus in Konjunktion zu seiner Sonne lief. Er fühlte sich an seinem Arbeitsplatz sehr unruhig und rebellierte mehrmals gegen seinen Chef; aber weil er abgesehen von seiner Rolle in der Gesellschaft noch kein wirklich individualisierter Mensch war, konnte er sich keine tragfähigen Alternativen dazu vorstellen, bei der Bank angestellt zu bleiben. Im Gegensatz dazu entwickelte sich Rita, von Natur aus viel uranischer, während eines ähnlichen Transites (Transit-Uranus im Quadrat zur Radix-Sonne) prächtig, als sie erkannte, daß sie frei war, ihre Kunst zu kreieren und ihr wahres, ausgefallenes Selbst zum Ausdruck zu bringen. Ein von Saturn dominierter Mensch wie Tim kann sehr an Korrektheit und Sicherheit hängen und findet die Veränderungen, die mit Uranus zusammenhängen, daher oftmals recht beängstigend. Somit unterstützt die astrologische Sichtweise die psychologische Ansicht, daß Lernen und Umwelt zwar eindeutig die Entwicklung beeinflussen, angeborene Charakterzüge dies jedoch genauso tun.

Unser Charakter und unser persönliches Wesen bestimmen, wie wir Entwicklungsaufgaben und -stadien gerecht werden. Menschen mit Widder- oder Mars-Betonung im Geburtshoroskop werden Herausforderungen bezüglich Intimität und Nähe anders angehen als jene, in deren Horoskop Venus oder Waage betont ist. Menschen mit vielen Planeten in Waage können über eine ausgeprägte Beziehungsfähigkeit verfügen, aber in der Selbstdurchsetzung schwach sein. Die Astrologie umfaßt viele solcher unbedingten Einsichten über Persönlichkeitstypen. Dadurch wird auch die Tatsache erhellt, daß es sowohl *generische* Entwicklungsphasen gibt, die jeder Mensch durchlebt (z.B. die Saturnwiederkehr mit ungefähr 30 Jahren) als auch *individualisierte* Entwicklungsphasen – angezeigt von Transiten, die für jeden Menschen zu einer anderen Zeit auftreten. Uranus z.B. kann in jedem Alter im Transit über unseren AC oder unsere Sonne laufen, und ein solcher Transit kann sich sehr stark darauf auswirken, wie wir mit anderen altersspezifischen Planetenzyklen und deren entsprechenden Entwicklungsproblemen zurechtkommen.

Nachdem wir kurz diese allgemeinen theoretischen Fragen angesprochen haben, lassen Sie uns nun die zehn Planeten und deren Beziehung zu zentralen Phasen der menschlichen Entwicklung untersuchen, die bei unserer Arbeit als Berater voraussichtlich im Mittelpunkt stehen.

Sonne und Mond: Bewußte Identität und emotionaler Reifeprozeß

Die Sonne symbolisiert wesentliche persönliche Eigenschaften, die sich im Laufe der Zeit entwickeln. Von klein auf ist im Leben eines Menschen ein inneres Licht offenbar, das sich nach und nach zu einem bewußten Selbstgefühl und einer persönlichen Identität herausbildet, die von der Sonne angezeigt wird. Die Sonne verkörpert auch den natürlichen Wunsch eines Individuums, als großartiger, wunderbarer, besonderer, talentierter Mensch angesehen und *bewundert* zu werden. Für Psychologen spricht dies für einen gesunden Narzißmus. In der Kindheit sind wir auf die reflektierende Anwesenheit anderer (meistens der Eltern) angewiesen, um uns mehr oder weniger genaue »Spiegelungen« unserer Identität zu verschaffen, was uns das beruhigende Gefühl gibt, gesehen und geschätzt zu werden. Diese Funktion der unterstützenden Reflexion von anderen wird vom Mond angezeigt, der die Erfüllung unserer emotionalen Bedürfnisse symbolisiert.

Nach Ansicht des Psychoanalytikers und Theoretikers Heinz Kohut verbessert das Vorhandensein dieser Art von Spiegelung unser Kerngefühl von einer stabilen Existenz, Leistungsfähigkeit und Selbstachtung, wohingegen das Fehlen einer solchen Spiegelung eher dazu führt, daß die natürliche Ausstrahlung und Energie des sich entwickelnden Selbst behindert und vereitelt wird. Wenn wir ausreichend Spiegelung empfangen und eine stabile Selbstachtung entwickeln, kann sich unsere normale narzißtische Neigung zu Pomp nach und nach in reife Ambitionen und Ziele transformieren, und die Energie der Sonne kann für gesellschaftlich wichtige Projekte eingesetzt werden. Dann erfahren wir eine von selbst entstehende Freude und einen spielerisch kreativen Geist, der nicht völlig auf äußere Anerkennung und Bestätigung angewiesen ist. Die Sonne symbolisiert unsere Freude, ganz wir selbst zu sein und universales Sein auf unsere eigene Weise auszudrücken.

Wenn ein Kind nicht genau und liebevoll gespiegelt wird, können Ehrgeiz und Selbstachtung behindert werden, was manchmal zu Defiziten in der Persönlichkeitsstruktur führt wie beispielsweise zu narzißtischen Störungen.[29] Zu den Symptomen einer solchen Persönlichkeitsstörung zählen ein ungesundes Bedürfnis nach Aufmerksamkeit, Bewunderung und Lob; eine Neigung, andere Menschen ohne Rücksicht auf deren Rechte oder Gefühle auszunutzen; oder unrealistische Selbsteinschätzungen – entweder übertrieben großspurig oder allzu negativ. Wenn dieser Mensch keine realistische Selbstachtung entwickelt und es nicht lernt, seine Energien auf erreichbare und angemessene Ziele zu richten, könnte er oder sie unter mangelndem Zielbewußtsein und einem Gefühl von Schwäche leiden oder zwischen übertriebenem Imponiergehabe und tiefen Depressionen hin- und herschwanken. Das bereits beschriebene Beispiel von Dennis veranschaulicht diese Dynamik sehr gut. Als Saturn im Transit im Quadrat zu seiner Sonne stand, wurde Dennis bewußt, daß er nicht viele positive Erinnerungen daran hatte, wie seine Eltern ihn gespiegelt, ihn bestätigt und über alles geliebt hatten. Der Mangel an Befriedigung seiner natürlichen narzißtischen Bedürfnisse mußte zu Wut, Widerspenstigkeit und Depression führen und dazu, daß er seine Energien nicht konstruktiv für Leistungen in Schule und Beruf einzusetzen vermochte.

Das Hauptziel bei der Verwendung eines Geburtshoroskops als Mittel im Beratungsprozeß ist es, zu versuchen, dem betreffenden Menschen dabei zu helfen, seine von der Sonne symbolisierten Eigenschaften bewußt zum Ausdruck zu bringen. Die

Hausstellung der Sonne beschreibt den wichtigsten Lebensbereich, in dem dieser Mensch seine wesentliche Identität am besten verwirklichen kann, und die Zeichenstellung der Sonne symbolisiert die Grundenergie, die dieser Mensch ausstrahlen wird. Die Stellung der Sonne im Geburtshoroskop ist der grundlegende Signifikator im Geburtshoroskop der Persönlichkeit. All unsere therapeutischen Anstrengungen dienen letztlich dazu, die Hindernisse aus dem Weg zu räumen, die einen Klienten oder eine Klientin davon abhalten, sein oder ihr wahres Wesen zum Ausdruck zu bringen.

Eine Frau mit Sonne im 7. Haus spürt, daß sie ihre größte Erfüllung durch ihre Beziehungen mit anderen findet. Ihr Leben dreht sich um ihren Ehemann und ihre engsten Freunde und Freundinnen. Eine Frau mit Sonne im 11. Haus ist Soziologin, die über Gewerkschaften forscht und über populistische Sozialbewegungen. Ein Mann mit Sonne im 2. Haus richtet seine Anstrengungen darauf, Reichtum anzusammeln und finanzielle Stabilität zu erlangen. Ein anderer Mann, mit Sonne in Stier im 1. Haus, genießt die Sicherheit, den Komfort und die sinnlichen Genüsse, die er sich mit seinem hohen Einkommen leisten kann.

Ein Frau, 1904 geboren, mit Sonne in Wassermann im 11. Haus, engagierte sich seit den Zwanziger Jahren bis zu ihrem Tod 1995 in der progressiven Politik.

Ein Mann mit Sonne im 12. Haus in Jungfrau verbringt viel Zeit in der Einsamkeit (12. Haus). Er arbeitet (Jungfrau) zu Hause und praktiziert hingebungsvoll und diszipliniert (Jungfrau) Meditation.

Ein Mann mit Sonne im 4. Haus in Wassermann im Quinkunx zu Uranus verließ seine Heimat Indien, um in den USA zu wohnen. In den letzten zwölf Jahren wohnte er in einem ungewöhnlichen, kollektiv geführten (Wassermann) Haushalt (4. Haus). Entsprechend der Assoziation des 4. Hauses mit den häuslichen Künsten, ist er ein außergewöhnlich talentierter Gourmetkoch.

Eine Frau mit Sonne in Konjunktion zu Pluto im 9. Haus

erlebte das Erwachen religiösen Glaubens (9. Haus) als Folge einer Nahtodeserfahrung (Pluto).

Ein Mann mit Sonne in Stier im 4. Haus verbringt viel Zeit mit Gartenarbeit und als Heimwerker.

Ein Mann mit Sonne in Konjunktion zu Venus in Stier im 10. Haus ist von Beruf Bildhauer (Venus), der öffentliche Anerkennung (10. Haus) und ein gutes finanzielles Entgelt (Stier) für seine Arbeit bekam.

Ein Mann mit Sonne in Konjunktion zu Neptun und im Quadrat zu Mars versucht, die ruhigen, sensiblen, träumerischen, ätherischen Persönlichkeitsanteile (Neptun) mit seiner forschen, energiegeladenen, ungeduldigen, sportlichen und aggressiven (Mars) Seite abzustimmen.

Brigitte (in Kapitel 3 besprochen), mit Radix-Sonne in Schütze, folgte ihrem Traum, ins Ausland zu reisen und als Abenteuerin zu leben.

Die Aufgabe der therapeutischen Astrologie besteht darin, den Ausdruck der essentiellen Sonnenqualitäten durch die Vermittlung der Eigenschaften und der Ebenen des Bewußtseins wie sie von den anderen Planeten, den Satelliten der Sonne, symbolisiert werden, koordinieren zu lernen. Ziel ist, für jeden von uns, die uns eigene Konstellation von Gefühlen (Mond), Meinungen und Ideen (Merkur), die Art, mit anderen in Beziehung zu treten (Venus), unsere sexuelle Natur (Mars), unsere moralischen, philosophischen oder religiösen Überzeugungen (Jupiter) sowie Verantwortung und Ambitionen (Saturn) angemessen zu verkörpern und auszustrahlen.

Sonne und Mond stehen in ständigem Austausch[30]. Der Mond repräsentiert unsere Gefühle und unser emotionales Leben. Er hängt mit der Entwicklung von Einfühlungsvermögen, Fürsorglichkeit, Selbstberuhigung zusammen und mit der Fähigkeit, uns und andere zu nähren. Damit wir unsere zentralen persönlichen Eigenschaften, wie sie von der Sonne symbolisiert werden, voll zum Ausdruck bringen können, müssen wir emotional zufrieden, gut versorgt und bewußt sein.

Der Mond ist Symbol für viele entscheidende Entwicklungsprozesse, die mit dem emotionalen Reifeprozeß verbunden sind, einem sehr wichtigen Thema innerhalb der Entwicklungspsychologie. Psychologische Studien haben ergeben, daß sich die Entwicklung der primären Emotionen wie Freude, Angst, Wut, Traurigkeit, Überraschung, Ekel und anschließend der sekundären Emotionen wie Verlegenheit, Einfühlungsvermögen und Neid sowohl auf die Reifung bestimmter Nervenbahnen (im Gehirn) als auch auf soziales Lernen von emotionalem Verhalten zurückführen läßt. Studien haben auch gezeigt, daß Emotionen und anderes Verhalten, die als »kritische Perioden« bekannt sind, in solchen Zeiten optimal erlernt werden. Dies bedeutet: Wenn sich bestimmte emotionale Reaktionen und Verhaltensmuster – wie zum Beispiel die Mutter-Kind-Bindung und Zuneigung, Geplapper und Sprechen, Krabbeln und Laufen – in einem bestimmten Alter aufgrund von Deprivation und Trauma nicht entwickeln, dann werden dadurch auch normales Wachstum und Reifung vereitelt. Die Entwicklung mag zwar etwas später nachgeholt werden, aber der Mensch lernt dieses Verhalten oder entwickelt dieses emotionale Reaktionsmuster nur selten vollständig. Deswegen bleiben manche Menschen unfähig zu Bindungen oder es fällt ihnen schwer, Zugang zu ihren Gefühlen zu bekommen oder diese auszudrücken. Häufig sind dies Personen mit »schwachen Affekten«, Menschen, die ausdruckslos oder gefühllos oder extrem distanziert scheinen. Andere sind aufbrausend und unsensibel für die Gefühle anderer. Gespannte Aspekte zum Mond findet man häufig bei Individuen, die emotionale Traumata oder Deprivation (Liebesentzug) erlitten haben und nun als Erwachsene emotional unsicher oder unzufrieden sind.

Der Mond symbolisiert auch die Mutter, eine Person, die für jeden enorm wichtig ist. Mutter ist der Ursprung unseres Lebens, und unsere Beziehung zu ihr bleibt in unserem Leben beinahe immer von Bedeutung. Um zu erkennen, welche Qualität die emotionale Verbindung zwischen Mutter (oder der

wichtigsten Bezugsperson) und Kind hatte und welche Art
»schützende Umgebung« die Mutter für das Kind geschaffen
hat, sehen wir uns den Radix-Mond an.[31]

Indem es nach und nach verinnerlicht, wie die Mutter beruhigt, beschützt und nährend gegenwärtig ist, gewinnt das gesunde Kind ein Grundgefühl von Sicherheit und es lernt, ein inneres Gleichgewicht aufrechtzuerhalten. In einer optimalen Situation sorgt die Mutter (oder die wichtigste Bezugsperson) für etwas, das als »durchschnittlich zu erwartende Umgebung« bekannt ist, d.h. ein physisches und emotionales Klima, das in vernünftiger Weise aufmerksam für die Bedürfnisse des Kindes ist, während es gleichzeitig für einige unvermeidliche Frustrationen bei einigen Wünschen des Kindes sorgt. Die Stellung des Mondes im Geburtshoroskop kann uns darauf aufmerksam machen, daß es möglicherweise Störungen in der Mutter-Kind-Bindung gab, wie z.B. eine nachlässige, erstickende oder extrem strenge Beziehung zur wichtigsten Bezugsperson.

Es muß darauf hingewiesen werden, daß es nicht Ziel der Untersuchung dieser Beziehung sein kann, der Mutter die Schuld für alle Probleme des Kindes in die Schuhe zu schieben. Genausowenig charakterisiert die Mondstellung im Horoskop eines Kindes exakt dessen reale Mutter. Anhand der Mondstellung läßt sich jedoch immer beschreiben, wie ein Mensch die Beziehung zur Mutter subjektiv erfahren hat.

Mondaspekte

Die Hauptwinkel des Mondes im Geburtshoroskop können viel darüber enthüllen, welcher Art die Bemutterung war, die jemand als Kind erlebt hat, und auch darüber, wie der allgemeine emotionale Zustand im Erwachsenenalter ist. Jemand, dessen Mond in gespanntem Aspekt zu Merkur steht, könnte nervös, reizbar, kommunikativ, ängstlich oder gesprächig sein, und diese Eigenschaften könnten in der Beziehung zwischen diesem

Menschen und seiner wichtigsten Bezugsperson offensichtlich gewesen sein. Jemand, dessen Mond von Venus aspektiert wird, mag heiter, liebevoll und froh sein, oder er bringt seine emotionalen Bedürfnisse durch finanzielle Abhängigkeit oder einen Hunger nach körperlicher Berührung zum Ausdruck. Ein Mensch mit einem Trigon oder Sextil zwischen Mond und Mars ist vielleicht mutig, energiegeladen und unternehmungslustig, aber jemand, dessen Mond in Konjunktion, im Quadrat, in Opposition oder im Quinkunx zu Mars steht, könnte manchmal emotional reaktiv, reizbar oder impulsiv sein. Diese Eigenschaften mögen in einer hitzigen emotionalen Verbindung zwischen Elternteil und Kind offensichtlich gewesen sein. Folgt man der Astrologin Shelley Jordan aus Wisconsin[32], dann findet man Mond/Mars-Aspekte häufig in den Horoskopen von Leuten, die ihre Abhängigkeitsbedürfnisse sehr aggressiv ausdrükken oder die Ärger als Abwehrmaßnahme zum Ausdruck bringen, wenn ihre fundamentalen emotionalen Bedürfnisse nicht erfüllt werden.

Jemand mit einem Mond/Jupiter-Aspekt könnte von einer warmherzigen, geduldigen, ihn ermutigenden Mutter aufgezogen worden sein, was meistens eine positive, optimistische Einstellung im Erwachsenenalter fördert. Andererseits weist Jordan darauf hin, daß bei Winkelverbindungen von Mond-Jupiter manchmal ein starkes Gefühl von religiösem Eifer oder Moralismus den Ausdruck emotionaler Bedürfnisse färbt oder sich damit mischen kann. In einigen Fällen assoziiert Jordan Mond/Jupiter-Aspekte auch mit übertriebenen emotionalen Reaktionen und übermäßig großen Abhängigkeitsbedürfnissen. Menschen mit Mond im Aspekt zu Saturn können den Wunsch haben, sich verantwortlich und produktiv zu fühlen. Es sind häufig sehr ernsthafte, hart arbeitende, hochkompetente Menschen. Jemand mit einer Verknüpfung von Mond und Saturn könnte beispielsweise die mütterliche Fürsorge als streng, restriktiv oder abweisend erfahren haben, was im Erwachsenenalter manchmal zu Traurigkeit oder Depressionen führt.

Bei Mond/Uranus-Kontakten war die Mutter vielleicht distanziert, kühl oder unzuverlässig, oder sie mag unabhängig und dazu fähig gewesen sein, die Einmaligkeit und Individualität ihrer Kinder zu fördern. Bei Mond/Neptun-Winkeln gab es in einigen Fällen keine Grenzen zwischen Mutter und Kind, was häufig entweder große Hingabe zwischen den beiden anzeigt; oder es handelte sich um eine Beziehung, in die beide verstrickt waren und in der das Kind dazu ermutigt wurde, einem Elternteil, der hilflos oder unverantwortlich handelte, zu helfen oder ihn zu retten. Wenn der Mond einen Aspekt zu Pluto bildet, ist die emotionale Beziehung zur Mutter oder zur wichtigsten Bezugsperson meistens tief und intensiv; in manchen Fällen könnte die Mutter kontrollierend, gemein oder aufdringlich gewesen sein.

Mond und Elternschaft

Weil wir gerade beim Thema Mond und Elternschaft sind, lassen Sie mich darauf hinweisen, daß es dabei nicht nur um das Stillen lunarer Bedürfnisse und kuschelige Wärme geht. Es handelt sich auch um eine *saturnische* Erfahrung, bei der man diszipliniert wird und bei der man lernt, innerhalb von Strukturen zu leben und sich den gesellschaftlichen Normen anzupassen.[33] Die Kernfrage ist, ob die Eltern für genügend saturnische Struktur und Beständigkeit sorgen, ohne die natürliche Wärme und Fürsorge des Mondes einzuschränken, d.h. ohne allzu streng zu werden. Diese Einsichten gelten sowohl für das Verständnis der Entwicklungsthemen, die ein Individuum bezüglich dessen haben mag, wie es selbst erzogen wurde (oder jetzt gerade erzogen wird) als auch für das Verständnis des Entwicklungsdrucks, dem man begegnet, wenn man selbst Elternteil wird (und die lunaren, sorgenden und die saturnischen, disziplinierenden Eigenschaften in sich selbst aufeinander abzstimmen muß).[34] Bei Richard steht der Mond z.B. in Konjunktion zu

Saturn im Skorpion. Er berichtet, daß beide Elternteile bei der Bestrafung ihrer Kinder streng, rigide und ungeschickt waren. Als Richard im Alter von 36 Jahren das erste Mal selbst Vater wurde (während Saturn im Transit ins Quadrat zu seiner Radix-Mond/Saturn-Konjunktion lief), wurde ihm klar, daß er sich seinem Kind gegenüber genauso verhielt. Er begann, das Rollenmodell seiner Eltern genau zu analysieren und machte in der Therapie einen sehr intensiven emotionalen Wachstums-prozeß durch, so daß er mit seinen eigenen Gefühlen besser umgehen und es vermeiden konnte, sie an seinem Kind abzu-reagieren.

Mond und emotionaler Reifeprozeß

Wie ich bereits ausgeführt habe, dreht sich in meiner Arbeit als Therapeut viel um die Mondthemen meiner Klienten, indem ich ihnen helfe, sich wieder zu erinnern und erneut mit unbewuß-ten emotionalen Reaktionsmustern in Kontakt zu kommen, so daß sie sich ihrer Gefühle und Bedürfnisse bewußter werden können. Eine Untersuchung des Horoskops hilft uns zu erken-nen, wo unsere emotionalen Reaktionen in sich wiederholen-den Zyklen eingefroren sind, so daß wir uns selbst zum Emp-finden befreien können und weniger automatisch reagieren können.

Wichtige psychologische und emotionale Reifephasen treten oftmals während starker Transite zum Mond auf. Vor einigen Jahren befand sich der Transit-Saturn in Konjunktion zu mei-nem Radix-Mond. Da der Mond Gefühle, Erinnerungen und auch die Beziehung zur eigenen Mutter regiert, läßt einen dieser Transit häufig an Zeitperioden denken, in denen man depri-miert war, der Vergangenheit nachtrauert oder in denen Proble-me auftreten, die mit der Mutter zusammenhängen. Zwar traf einiges davon auch auf mich zu, trotzdem war dieser Transit eine reiche und wachstumsintensive Zeit für mich. Ich möchte gern meine Erfahrungen kurz beschreiben, nicht nur als Bericht über eine wichtige Phase emotionalen Wachstums, sondern auch, um zu zeigen, welcher Gewinn und welche konstruktiven Ergebnisse sich aus einem Transit ergeben, der traditionell in dem Ruf steht, ziemlich schwierig zu sein.

Auf der äußeren Ebene betrachtet war dies ein sehr anstrengendes Jahr mit harter Arbeit und beruflicher Weiterentwicklung. Zu dieser Zeit erforderte meine Arbeit als Berater einen großen inneren Reifeprozeß und emotionales Wachstum. Ich sollte darauf hinweisen, daß es mir nie sehr leicht gefallen ist, meine Gefühle zu zeigen. Ich bin ein eher intellektueller Mensch und daher etwas kühl, distanziert und unpersönlich (im Radix bildet mein Mond einen genauen Aspekt zu Uranus). Während des Saturntransits über meinen Mond wurden mir bezüglich meiner Neigung, emotional distanziert und unnahbar zu sein, viele schmerzhafte Lektionen vorgesetzt. Als Saturn eine Feinabstimmung meines emotionalen Wesens vornahm, begann ich, eine neue Bereitschaft zu spüren, die Gefühle anderer Menschen anzuerkennen und ernst zu nehmen. Fühlen zu lernen, Tränen zuzulassen, größere Anteilnahme, Einfühlungsvermögen und Sensibilität für andere zu entwickeln, war für mich ein bedeutender Schritt vorwärts.

Der Mond ist Hüter und Gefäß der persönlichen Erinnerungen, und er regiert auch unsere emotionalen Komplexe. Folglich löste dieser Transit viele Gefühle aus, die mit der Familie zusammenhingen, denn mein Radix-Mond steht im 4. Haus (Heim, Familie). Mir wurde klar, daß ich einige wichtige Dinge mit meinen Eltern klären mußte, die sich zu dieser Zeit gerade zur Ruhe setzten. Zu meinem Erstaunen wurden unsere familiären Beziehungen viel herzlicher, wir akzeptierten und unterstützten uns mehr. Ich glaube, das lag zu einem großen Teil daran, daß ich mir einzugestehen begann, wie wichtig meine Eltern in meinem Leben waren, und daß ich anfing, sie liebevoller und respektvoller zu behandeln. Ich zog in eine neue Wohnung um und verbrachte viel Zeit damit, ein neues Büro einzurichten.

Wenn der Radix-Mond in einem anderen Haus steht, hängen die aktivierten Erinnerungen, Gefühle und Unsicherheiten mit Themen dieses speziellen Hauses zusammen – zum Beispiel mit Freundschaften und Beziehungen, falls der Mond im 7. Haus steht; mit Karriere und beruflichen Verpflichtungen, wenn der Mond sich im 10. Haus befindet; mit einer Sehnsucht nach Reisen oder Bildung, wenn der Mond im 9. Haus steht; bei Mond im 11. Haus mit politischen Angelegenheiten und dem Engagement in Gruppen oder in politischen Organisationen.

Damals bekam ich Probleme mit Nahrung und Verdauung – beides wird vom Mond regiert. Unerklärlicherweise konnte ich nicht mehr kochen und alles, was ich zubereitete, schmeckte wie Sägemehl. Nahrung verlor immer mehr ihren Reiz für mich, und ich führte häufig Streitgespräche mit mir selbst, ob ich essen sollte oder nicht. Manchmal plagten mich auch leichte Magenschmerzen. Nach einiger Zeit wurde mir klar, daß meine Verdauungsstörungen durch viele starke und nicht zum Ausdruck gebrachte Emotionen verursacht wurden. Langsam erkannte ich, daß meine Probleme mit Nahrung und Kochen zum großen Teil darauf zurückgingen, daß ich mich nach jemandem sehnte, der für mich sorgte, und darauf, daß ich mich darüber ärgerte, daß es niemand tun würde. Nach und nach nahm ich eine sehr bedürftige, kindische Seite an mir wahr. Ich fühlte mich von meiner Partnerin nicht umsorgt und wurde mißmutig, weil ich meinte, daß sie sich nicht genügend um mich kümmerte. Über mehrere Monate hinweg lernte ich die Lektion, daß ich aufhören mußte, darauf zu warten, daß jemand anderes meine Mutti sein würde! Als Saturn sich seinem letzten genauen Aspekt zu meinem Mond näherte, erkannte ich, daß ich eine Wahl treffen mußte – entweder weiterhin launisch und ärgerlich zu sein oder mich selbst zu nähren und zu umsorgen.

Weil dem Mond auch das Prinzip der Symbiose zugeordnet wird, der Erfahrung gegenseitiger Abhängigkeit und Unterstützung, kam ich paradoxerweise dazu, auf neue Weise das Bedürfnis zu akzeptieren, mich auf andere Leute zu verlassen und dies auch umgekehrt zuzulassen. Meine Arbeit mit Jim (s. Kapitel 4) machte mir diesen Prozeß klarer. Jim beklagte sich, daß er niemals eine längere Beziehung gehabt hatte, glaubte aber, daß Männer sich völlig selbst genügen und sich auf niemanden verlassen sollten. Es spricht für sich, daß Jims Lieblingsschauspieler ein Mann war, der männliche Freiheit, Unabhängigkeit und Abenteuer verkörperte. Jung hat häufig darauf hingewiesen, daß Differenzierung und Individuation eine innere Trennung von der Mutter (Mond) erfordern.[35] Jim jedoch wies einen klassischen negativen Mutterkomplex auf, wobei seine zornige Zurückweisung der Mutter (Radix-Mond in Konjunktion mit Mars in Skorpion) zu einer Unfähigkeit führte, als Erwachsener stabile und dauerhafte Bindungen in Beziehungen zu entwikkeln. Als er begriff, inwieweit seine sorgsam gehütete Freiheit von Bindungen mit tiefsitzenden Gefühlen von Leere, Einsamkeit und Isolation zusammenhing, begann auch er, die Fürsorge und Hilfe der in seinem Leben wichtigen Menschen wertzuschätzen. Dieser wichtige innere Wachstumsprozeß fand statt, als Saturn im Transit ein Quadrat zu Jims Geburts-Mond bildete.

Als Saturn wieder direktläufig wurde und sich zum dritten Mal der exakten Konjunktion zu meinem eigenen Radix-Mond näherte, war ich einige Tage lang sehr emotional. Ich weinte viel und war voller Traurigkeit und Angst. Kurz gesagt: Ich jammerte, quengelte und war heillos durcheinander. Dann, am Tag als Saturn zum letzten Mal einen exakten Aspekt zu meinem Radix-Mond bildete, befand ich mich gerade in einem Lebensmittelgeschäft, als ich plötzlich feststellte, daß ich völlig ruhig all meine Emotionen beobachten konnte. Ich sah, daß ich *nicht* meine Gefühle verkörperte. Dies erinnerte mich an den großen indischen Weisen Ramana Maharishi, der eine Form meditativer Erforschung gelehrt hatte, bei der wir erkennen, daß unsere wahre Identität nicht unser Körper, unsere Gedanken oder Emotionen sind. Er lehrte vielmehr, daß unser wahres Wesen reines Bewußtsein ist, das beobachtende Selbst, das sagte »Ich

119

habe dieses Gefühl oder diesen Gedanken oder diesen Körper.« Als ich spontan in den Zustand des beobachtenden Bewußtseins kam, erfuhr ich tiefen Frieden, Fülle und Weite. Plötzlich war ich emotional zentriert. Ich versuchte nicht, meine Emotionen zu kontrollieren oder zu unterdrücken, war aber nun fähig, in der Mitte meiner ständigen Gefühlsschwankungen festen Halt zu finden. Ich konnte jede Emotion vollständig fühlen, während ich gleichzeitig als Bewußtsein selbst innerlich fest blieb.

Für mich ging dieser Prozeß der emotionalen Zentrierung nicht mit einer kühlen Distanz einher, sondern vielmehr mit einem inneren Wandel, der zu größerem Mitgefühl mit mir selbst führte. Äußerst liebevoll begann ich mit mir selbst zu sprechen, so wie ich mir meine Mutter manchmal vorgestellt hatte, wenn sie mich beruhigte und mir Sicherheit gab. Ich fing an, mich selbst zu beruhigen, so als hätte ich eine »innere Mutter«. Mein geistiger und emotionaler Aufruhr legte sich, und ich fühlte mich von aller Traurigkeit und Depression befreit, die mein Leben beinahe den gesamten Transit über subtil beeinflußt hatten.

Durch die astrologische Untersuchung von Prozessen wie diesem können wir unseren Klienten dabei helfen, einen inneren Mond zu entwickeln, indem wir uns mehr um andere und um uns selbst kümmern und emotional sensibler, geerdeter und bewußter werden. Transite zum Geburts-Mond, wie der, den ich hier beschrieben habe, sind immer Lektionen im emotionalen Reifeprozeß, sie sind eine Gelegenheit, Gefühle und Erinnerungen zu bearbeiten und unsere wahren Bedürfnisse klarer zu erkennen. Es sind die richtigen Zeiten, um uns mit einigen unserer grundlegenden emotionalen Kernstrukturen direkt auseinanderzusetzen. Deshalb erleben Leute im Zustand emotionalen Aufruhrs, der sie häufig eine Psychotherapie aufsuchen läßt, oftmals gerade wichtige Transite zum Geburts-Mond. Das Geburtshoroskop kann uns eine unschätzbare Hilfe sein, unsere Klienten zu größerem emotionalen Bewußtsein, der Wurzel innerer Ganzheit, zu führen.

Venus, Mars
und die astrologische Dynamik
in Beziehungen

Viele Menschen, die bei Beratern Hilfe suchen, haben drängende Fragen über ihre Beziehungen: Werden sie jemals einen Partner finden? Sollen sie ihren aktuellen Schatz gegen ein neueres, besseres Modell eintauschen? Warum ist die Person, die sie einmal so geliebt haben, ihnen gegenüber jetzt so intolerant? Beziehungen sind für uns manchmal wie ein Ort der Zuflucht und der Freude und dann wieder wie eine Falle, ein Ort der Verstrickung. Allzuoft lassen wir es an Wertschätzung oder Dankbarkeit für die Menschen in unserem Leben fehlen. Wir beklagen uns, daß unsere Eltern, unsere Liebsten oder unsere Kinder uns wohl aus Versehen geschickt worden sein müssen. Aber obwohl wir vielleicht manchmal darum kämpfen, aus diesen Verbindungen auszubrechen, ist hinter dem Gespinst unserer Beziehungen eine evolutionäre, eine auf Wachstum gerichtete Intelligenz am Werk, die durch Reflexion über das Geburtshoroskop, besonders über die Stellung von Venus und Mars, wahrgenommen werden kann.

Nebenbei gesagt: Viele Leute benutzen die Astrologie dazu, ihre Phantasien darüber, wie sie die ideale Beziehung oder den perfekten Partner finden, zu nähren. Wir geben möglicherweise bei Partnern auf, mit denen unser Composit nicht günstig zu sein scheint oder mit denen wir herausfordernde, problematische Aspekte in der Synastrie teilen. (Kürzlich rief mich ein Mann an und sagte, er hätte seine Freundin abgeschoben, weil ihre »Sonnenzeichen unvereinbar« waren.) Vielleicht finden wir die Aussicht, mit jemandem zu leben, der gerade die emotionalen Krisen und die Katharsis eines Plutotransits zu seinem Geburts-Mond durchmacht, nicht besonders verlockend. Zweifellos ist diese hysterische Person nicht in jener Form, in der unser »Seelengefährte« erscheinen würde! Die Astrologie lehrt uns, daß jede Situation und Person in unserem Leben eine perfekte Manifestation der universellen Energien ist, die von den Planeten symbolisiert werden. Folglich ist die himmlische Kunst weniger ein Mittel, um die ideale Beziehung zu finden, sondern vielmehr ein Weg, um die realen Beziehungen zu verstehen und wertzuschätzen, die wir *tatsächlich* haben.

Astrologische Studien können für uns und für unsere Klienten die Komplexität und Schwierigkeit von Beziehungen erhellen und auch die Reife und die Geduld, die sie erfordern. Sie helfen uns zu wissen, wann wir zusammenkommen, wann wir auch in schweren Zeiten zusammenhalten und wann wir verschiedene Wege gehen. Wenn wir allein leben, helfen sie uns zu verstehen, wann es am besten ist, uns um andere Angelegenheiten zu kümmern und wann es wahrscheinlicher ist, jemanden Neues kennenzulernen. Die Astrologie lehrt uns, mit den sich verändernden Zeiten und den Phasen von Beziehungen mitzugehen und vor allem in Beziehungen einen Sinn für Humor zu entwickeln[36].

Im Horoskop gibt es eine Reihe von Symbolen, die die Beziehungsfähigkeit eines Individuums beschreiben. Am wichtigsten sind Zeichen- und Hausstellung von Venus und Mars und deren Aspekte sowie Planeten, die sich im 7. Haus befinden oder es regieren. Transite und Progressionen können uns erfassen helfen, wann Beziehungen wahrscheinlich beginnen oder sich vertiefen und wie sich ihre »Jahreszeiten« verändern.

Venus, der Planet der Liebe, des Eros und des Herzens, ist äußerst wichtig, um Beziehungen verstehen zu können. Venus symbolisiert, wie wir interagieren, was wir attraktiv oder ästhetisch finden und welche Art von Menschen wir mögen. Sie zeigt, wie wir sozial mit anderen in Beziehung treten und wie wir deren Art mögen, sich auf uns zu beziehen. Ebenso verdeutlicht sie die Qualität der Liebe, die wir ausdrücken und die uns in Beziehungen widergespiegelt wird. Die Zeichenstellung von Venus zeigt, wie wir uns auf die Welt und andere Menschen einlassen, ein Thema, das sehr ausführlich in Stephen Arroyos Buch *Astrologie und Partnerschaft* behandelt wird.

Die Radixposition von Venus und auch die ersten Transite in der Kindheit zu Venus können dem Berater viel über Entwicklung und Reifung der sozialen Fähigkeiten des Klienten offenbaren. Dazu kann auch das Material aus der frühen Kindheit gehören: welche Erfahrungen der Betreffende machte, als er lernte, mit anderen Kindern zu spielen, zusammenzuarbeiten und kulturell angemessenes geschlechtstypisches Verhalten zu übernehmen. Transite zu Venus während der Pubertät können hilfreich sein zu verstehen, wie dieser Mensch sich den heftigen hormonellen Veränderungen und Verhaltensanforderungen anpaßte, die Teenager durchmachen. Ein Beispiel: Ein Mann durchlebte im Alter von 14 bis 15 Jahren eine sehr schwierige Zeit, als Saturn im Transit in Opposition zu seiner Venus/Saturn-Konjunktion im Radix lief. Er bemühte sich sehr darum, neue soziale Fähigkeiten zu erlernen, als er anfing, sich mit Mädchen zu verabreden. Er erinnert sich noch lebhaft daran, wie verlegen er war und wie sehr er sich um seine Kleidung, seine Haare und seine körperliche Erscheinung sorgte. Eine Erfahrung der Zurückweisung während dieser Phase bereitete den Boden für spätere romantische Enttäuschungen vor. Wichtige Aspekte im Geburtshoroskop oder Transite zu Venus erfordern in der Beratung beinahe immer Aufmerksamkeit bezüglich der Erfahrungen eines Menschen im sozialen Leben und in Beziehungen.

Die Entwicklung des sozialen, venusischen Selbst hängt auch eng mit dem Planeten Mars, dem Symbol des triebhaften Selbst, zusammen. In der Kindheit wird die Marsenergie im allgemeinen durch die motorische Entwicklung, durch körperliche Erziehung und wettkampforientierte Betätigungen sublimiert.

Hingegen beginnt man in der Pubertät, Mars durch sexuelle Aktivitäten auszudrücken. Wenn Mars im Geburtshoroskop eindeutig betont ist, dann deutet dies häufig darauf hin, daß es in diesem Lebensbereich Probleme gibt oder Erfüllung gefunden wird und daß mit der Sexualität zusammenhängende Themen im Erwachsenenalter ein wichtiger Brennpunkt in der therapeutischen Arbeit sein können.[37] Zum Beispiel hatte ein 23jähriger Mann mit einer Mars/Saturn-Konjunktion viele Ängste und Komplexe bezüglich seiner Sexualität und mußte in der Therapie darüber reden.

Ein 57jähriger Mann mit Radix-Sonne und -Mars in Widder (regiert von Mars) kam in Panik zur Beratung, weil er seinen sexuellen Antrieb verloren hatte. Zum ersten Mal in seinem Leben spürte er keinen Wunsch, sexuell aktiv zu sein. Zu dieser Zeit stand Saturn im Transit im Quadrat zu seinem Radix-Mars und sein progressiver Mars im Quadrat zu Saturn. Beides wies darauf hin, daß eine Zeit sexueller Zurückhaltung und eine Neuorientierung bezüglich seiner Lebensenergie vielleicht ganz angemessen war. Anstatt seine vorgebrachte Klage als pathologisches Symptom anzusehen, zeigte die Untersuchung seines Geburtshoroskopes die Möglichkeit auf, daß sein fehlendes Verlangen auf die Entfaltung einer natürlichen Intelligenz in ihm selbst zurückzuführen war. Es kam zum Vorschein, daß er sich in diesem Stadium seines Lebens anderen Aufgaben zuzuwenden hatte, als seine Sexualität ständig nur nach außen zu richten. Diese Perspektive ermöglichte es ihm, seine Situation ruhig zu betrachten und zuzulassen, in dem Wissen, daß sich im Leben alles verändert und daß auch Leidenschaft und Verlangen ganz eigenen Gezeiten unterliegen.

Radixaspekte von Venus und Mars sind besonders wichtig. Mars ist der Planet der Durchsetzung, mit ihm folgen wir unserem Verlangen und streben nach für uns begehrenswerten und attraktiven Personen, Objekten oder Zielen. Wenn Mars im Aspekt zu Venus steht, dann verstärkt er Venus' Geselligkeit. Ein Mensch, dessen Horoskop einen solchen Aspekt aufweist,

ist oft ziemlich kontaktfreudig, beliebt und in der Lage, leicht Beziehungen zu potentiellen Partnern zu knüpfen. Weil Mars Venus' Wärme intensiviert, neigt dieser Mensch dazu, zärtlich und leidenschaftlich zu sein. Ein Aspekt zwischen diesen beiden Planeten symbolisiert die romantische Liebe.

Jeder Transit zu einem Venus/Mars-Aspekt im Radix oder zur Venus/Mars-*Halbsumme* kann eine Erfahrung von Liebe, Leidenschaft und romantischer Liebe auslösen. Hier nähern sich Liebe (Venus) und Sex (Mars) einander. Gelegentlich, wenn Venus und Mars ein Quadrat, ein Quinkunx oder eine Opposition bilden, erlebt der Horoskopeigner vielleicht einen Konflikt zwischen Freundschaft und sexueller Intimität. Er oder sie möchte vielleicht eine sexuelle Beziehung mit einem anderen Menschen, der möglicherweise nur an einer Freundschaft interessiert ist oder umgekehrt. Oder der sexuelle Trieb ist vielleicht stärker als die Fähigkeit, ganz unterschiedliche Beziehungen einzugehen, von denen einige nicht sexuell sind.

Wichtige romantische Liebeserlebnisse ergeben sich viel eher unter Transitwinkeln von Planeten wie Mars, Jupiter, Saturn, Uranus oder Pluto zur Radix-Venus, zum Radix-Mars oder zur Venus/Mars-Halbsumme. Besonders wichtig sind stationäre Phasen der Transitplaneten im Aspekt zu diesen Punkten. Die Dauer dieser Kontakte kennzeichnet häufig genau die Zeit, in der wir in den Genuß der romantischen Liebe kommen.

Es ist wichtig zu verstehen, daß dieser Moment in einer Beziehung *immer* vorübergeht, so daß wir uns dann mit anderen Seiten des Lebens befassen müssen. Wenn der Transit oder der progressive Kontakt zu Venus oder Mars oder zur Venus/Mars-Halbsumme vorüber ist, könnte unser Partner beispielsweise einen anderen wichtigen Transit wie die Saturnwiederkehr durchleben. Nun beschäftigt sich der Mensch, mit dem wir noch eben eine solch leidenschaftliche, leicht fließende Sexualität teilten, mit ernsten Lebensfragen, anstatt mit uns zu schmusen und zu kuscheln – mit Themen wie Beruf, Geld, Älterwerden oder der Erarbeitung einer stabileren Lebensgrundlage.

Dieser Mensch könnte körperlich oder emotional gestreßt sein, sich auf eine berufliche oder kreative Aufgabe oder auf die Wirren wichtiger Entscheidungen oder finanzielle Sorgen konzentrieren, und deshalb interessiert er sich vielleicht weniger für Sex oder ist auch nicht dazu bereit.

Wir neigen dazu, es zu pathologisieren, wenn jemand *kein* sexuelles Interesse hat, obwohl in Wirklichkeit eine gesunde Beziehung ein Gleichgewicht zwischen Leidenschaft und Zurückhaltung erfordert. Wie alles im Leben unterliegen auch Beziehungen Zyklen. Es gibt Zeiten, in denen man dreimal am Tag Liebe macht, und Zeiten, in denen man einander höchstens alle paar Tage, Wochen oder manchmal sogar Monate berührt. Zeiten, in denen die Partner dazu neigen, sich verliebter zu fühlen als gewöhnlich, decken sich häufig mit Transitaspekten zwischen Venus und Mars, Venus und Pluto, Mars und Sonne, Mars und Jupiter oder Mars und Uranus. Mars/Pluto-Aspekte entsprechen oftmals Phasen intensiver, heftiger Leidenschaften, die manchmal auch in Ärger oder Groll umkippen. Zeiten tiefer Erfüllung innerhalb der Beziehung ergeben sich häufig unter Transiten der äußeren Planeten zur Radix-Venus, zu Radix-Mars oder zur Venus/Mars- bzw. zur Sonne/Mars-Halbsumme. Wenn solche Konstellationen nicht vorhanden sind, mag der Versuch, Sex zu forcieren, gekünstelt und peinlich scheinen – jene Zeiten, in denen dies einfach nicht auf natürliche, entspannte Weise geschieht. Viele Menschen brechen die Beziehung an dieser Stelle ab, auf der Suche nach einem neuen Venus/Mars-Kick. Sehr oft ziehen die Betreffenden den Schluß, daß sie das Ende der Beziehung erreicht haben, wenn die Sexualität abkühlt, sie rangieren ihren Partner aus und sehen sich nach einem neuen Liebhaber um.

Weiser ist es, sich der Astrologie zu bedienen, um die sich verändernde Dynamik der Beziehung zu verstehen und alle Lebensveränderungen mit Mut, Humor und Glauben gemeinsam zu durchleben. Beide Partner können ein größeres Verständnis dessen gewinnen, was ihnen als Individuen geschieht, indem sie ihre Horoskope und die laufenden Transite untersuchen. Möglicherweise ist die Zeit reif, um andere Aspekte der Beziehung zu entwickeln. Vielleicht ist es Zeit, mehr Energie in den Garten zu stecken, Yoga zu praktizieren oder ganz eigene, individuelle Interessen und Projekte zu verfolgen.

Astrologie kann uns lehren, mit einem anderen Menschen durch das Leben zu reisen und zuzulassen, daß die Phasen lustvoller Leidenschaft und Freude abnehmen und wieder zunehmen, genau wie Ebbe und Flut, und niemals an einer Erfahrung auf Kosten einer anderen festzuhalten. Auf diese Weise lernen wir, den ständigen Veränderungen im Leben widerstandslos entgegenzutreten, ohne zu erwarten, daß unser Partner die gleiche Person ist wie gestern, letzten Monat oder letztes Jahr. Unser Leben und unsere Beziehungen verändern sich ständig. Wir haben keine Partnerschaften mit statischen, festgelegten und vorhersehbaren Wesen. Jeder von uns ist ein sich entwickelndes Bewußtsein, das die von den Planetenkonstellationen symbolisierten Lektionen durchlebt.

Die Astrologie ermöglicht uns zu erkennen, wie wir und unsere Partner uns entfalten. Sie lehrt uns, mit dem Teil zu kooperieren, den wir brauchen, um größere Ganzheit zu erreichen, selbst wenn dies nicht unseren eigenen Wünschen oder vorgefaßten Meinungen entspricht. Ralph zum Beispiel war ein 28jähriger Mann, dessen vorher sanfte und nachgiebige Freundin Laura gerade einen Plutotransit über ihren Radix-Mond erlebte. Laura mußte lernen, ihren Ärger zum Ausdruck zu bringen und sich weniger anderen anzupassen, auch wenn das Ralph einiges Unbehagen bereitete. Zu wissen, daß Laura dieses Erwachen durchleben mußte, half Ralph, ihre neue Stärke und Durchsetzungsfähigkeit willkommen zu heißen, anstatt sich darüber zu beklagen oder zu versuchen, sie zu unterdrücken.

Um ein Gefühl für die astrologische Dynamik von Beziehungen zu bekommen, wollen wir ein paar weitere Beispiele betrachten. Bruce hat eine Venus/Uranus-Konjunktion in den Zwillingen und Neptun im 7. Haus. Uranus ist das Symbol der

Freiheit, der Sehnsucht nach Experimenten und persönlicher Unabhängigkeit. Uranus im Aspekt zu Venus kann ein Hinweis darauf sein, daß man dazu neigt, sich von anderen zu distanzieren, oder daß man seine Liebe auf widersprüchliche, unbeständige Weise zum Ausdruck bringt. Liebe kann plötzlich entstehen und sehr aufregend sein, muß aber nicht unbedingt immer lange dauern. Bruce hatte große Schwierigkeiten, Beziehungen länger als ein paar Wochen aufrechtzuerhalten. Wenn er Frauen kennenlernte, strahlte er Unnahbarkeit aus, einen Hauch kühler Gleichgültigkeit.

Menschen mit Venus-Uranus brauchen in Beziehungen viel Unabhängigkeit und Freiheit. Im Gegensatz dazu suchen Leute mit Venus/Saturn-Aspekten verläßlichere, konventionellere Beziehungsformen mit ernsthafter Verpflichtung. Saturn ist kein schlechter Planet, wenn man Stabilität, Dauer und Vertrauen sucht. Eine Astrologin beklagte sich bei mir, daß Saturn im Transit gerade in ein Quadrat zu ihrer Geburts-Venus lief und fragte sich, ob sie die Beziehung zu ihrem Freund dann wohl beenden würde. Ich schlug ihr statt dessen vor, sich klar zu machen, daß sie sich eine stärkere Verpflichtung und mehr Stabilität in ihrer Beziehung wünschte und daß sie dies ihrem Freund gegenüber zum Ausdruck bringen könnte.

Bruce, bei dem außerdem Neptun im 7. Haus (Beziehungen) steht, neigt dazu, andere zu idealisieren. Neptun im 7. Haus oder im Aspekt zur Venus zeigt häufig hohe und manchmal unrealistische Erwartungen in der Liebe an. Während Saturn symbolisiert, was am greifbarsten und konkretesten ist, regiert Neptun Illusionen und unrealistische Wahrnehmungen. Bruce idealisierte spirituelle Lehrer und meinte weiterhin, er habe die perfekte Frau kennengelernt. Dann war er sehr enttäuscht, als beide es nicht schafften, seinen Erwartungen entsprechend zu leben. Er hatte eine lange Beziehung zu einem Guru, den er für ein perfektes, gottähnliches Wesen hielt. Als Jünger diente (Neptun) er dem Lehrer hingebungsvoll. Schließlich trennte er sich sehr wütend von ihm, denn Bruce hat in seinem Horoskop auch eine Mars/Pluto-Konjunktion im Löwen. Mars symbolisiert Aggression und Pluto Dinge, die verborgen oder unterdrückt werden. Er hatte viel Zorn unterdrückt, der ausbrach, als sein Lehrer ihn enttäuschte. Bruce begann über den Lehrer herzuziehen und ihn scharf zu kritisieren. Dabei kam sein leidenschaftliches Wesen (Mars-Pluto) nicht zum Ausdruck und verursachte beträchtliche sexuelle Spannungen. Es war eine schwierige Situation. Glücklicherweise war er mit der Astrologie vertraut und arbeitete hart daran, sich zu ändern, besuchte Kurse für Tantra-Yoga, was ihm half, einige seiner sexuellen Hemmungen zu überwinden und selbstsicherer zu werden. Als Bruce 52 Jahre alt war und Uranus im Transit ein Quadrat zum Radix-Neptun bildete, heiratete er schließlich eine außergewöhnliche und sehr gesprächige Frau (Venus-Uranus in Zwillinge), die ebenfalls spirituell ausgerichtet und dazu noch Filmemacherin war (Neptun im 7. Haus).

Dieses Beispiel zeigt, wie Astrologie uns helfen kann, unsere gesamte Beziehungsfähigkeit zu verwirklichen, wenn wir erst einmal unsere Ängste vor unseren Horoskopen überwunden haben. Jeder von uns kann für das, was in seinem Geburtshoroskop vorhanden ist – was immer es auch sein mag –, positive Ausdrucksmöglichkeiten finden.

Beispielsweise erzählte mir eine andere Astrologin einmal: »Meine Venus ist ein totales Wrack. Es ist hoffnungslos.« Das einzig Hoffnungslose war ihre Einstellung! Bei dieser Frau stand Venus im Quadrat zu Uranus und Pluto. Sie mochte es, viel zu feiern und mehrere Liebhaber gleichzeitig zu haben. Angesichts des in ihrem Geburtshoroskop enthaltenen Symbolismus, mag das vielleicht nicht ganz unpassend gewesen sein. Sie mußte lernen, sich nicht mehr selbst zu verurteilen und den intensiven Kreislauf der Planetenenergien, der ihre Erfahrungen mit Beziehungen prägte, wertzuschätzen und willkommen zu heißen.

Brian, ein Mann mit Mond, Merkur und Mars in der Jungfrau im 7. Haus, fühlte sich ständig von seiner Ehefrau kritisiert.

Brian mußte lernen, sich zu wehren, und als er dies tat, verwandelten sich ihre Auseinandersetzungen und ihr Gezänk (Merkur-Mars) in eine aktivere, klarere, präzisere (Jungfrau) Kommunikation. Das Paar begann, die Kunst der gepflegten Konversation miteinander wiederzuentdecken. Sie nahmen viele gemeinsame Interessen für die Gesundheit und für die Heilkünste (Jungfrau) wieder auf und begannen gemeinsam eine strenge Diät.

Für Anna, eine Frau mit einer Venus/Saturn/Neptun-Konjunktion in der Waage, war die Entwicklung ihrer Beziehungsfähigkeit ein sehr wichtiges Lebensthema. Mit Neptun im Aspekt zu Venus suchte sie die perfekte Liebe und hatte eine romantische Idealvorstellung, von der sie meinte, daß sie nie erfüllt werden würde. Archetypen können perfekt sein. Menschliche Wesen jedoch haben immer Saturn im Geburtshoroskop und folglich Blockaden, die aufgelöst werden müssen. Das ist der Hauptgrund dafür, daß wir uns inkarnieren! Der Saturnaspekt zu Venus symbolisierte, wie Annas romantische Illusionen ständig durch die Realität eines anderen Menschen in Frage gestellt wurden. Eine Beziehung nach der anderen endete in Enttäuschung. Bevor sie die Astrologie kennenlernte, beklagte sie sich, daß sie immer entweder strenge, rigide, eingebildete Männer bzw. dysfunktionale, alkoholabhängige oder drogensüchtige Poeten anzog. Wo war nur ihr strahlender Märchenprinz? Als Anna über diese Konjunktion nachdachte, faßte sie den Entschluß, daß es einen Weg geben mußte, die gesunde Seite von Saturn und Neptun zu erfahren, und zwar in einer einzigen Person. Sie beschloß, daß sie einen Mann mit Geist, Freundlichkeit und Phantasie (Neptun) brauchte, der gleichzeitig ein stabiler, verläßlicher Mensch (Saturn) war. Sie gewöhnte sich an die Verpflichtungen und Verantwortlichkeiten, die Beziehungen erfordern und war schließlich auch eher dazu bereit, die Fehler anderer Menschen zu tolerieren – deren schlechten Scherze, schlechten Atem, Niedergeschlagenheit, grundlose Wut, Eifersucht und so fort. Anna lernte, ein Gleichgewicht zwischen der neptunischen Suche nach Perfektion und der reifen, erwachsenen Einstellung von Saturn herzustellen, der uns lehrt, innerhalb der Begrenzung der Form zu leben und der uns einen Anker zur Erde gibt.

Das Horoskop von Peter, bei dem Saturn im 7. Haus im Trigon zu Venus und in Opposition zu Mars im 1. Haus steht, weist auf eine ähnliche Dynamik hin. In seiner Jugend hielt Peter sich selbst für eine Art Zuchthengst (Mars im 1. Haus). Aber zu seiner großen Bestürzung landete er, wenn er nur einmal mit einer Frau geschlafen hatte, sogleich in einer fünf oder zehn Jahre andauernden Beziehung. Seine Partnerschaften waren immer dauerhaft und ernst (Saturn). Obwohl er befürchtete, daß Verpflichtung den freien Ausdruck seiner Sexualität einschränken würde, fühlte er, daß es darum ging, seinen Mars innerhalb der Struktur stabiler Beziehungen auszudrücken (Mars in Opposition zu Saturn im 7. Haus). Wo auch immer Saturn in unserem Horoskop stehen mag – dort gehen wir Verpflichtungen ein, die dauerhafte Verzweigungen haben. In diesem Bereich müssen Strukturen aufgebaut werden, die Bestand haben und unserem Leben Stabilität und ein Zentrum geben können. In Peters Fall spielte sich dieser Prozeß im Bereich der Beziehungen (7. Haus) ab. Zu Beginn seiner Saturnwiederkehr geriet er in Panik und mühte sich ab, aus einer Verbindung herauszukommen. Aber am Tag des rückläufigen Saturntransites über seinen Radix-Saturn erfuhr Peter, daß seine Geliebte schwanger war. Beim dritten Übergang des Transit-Saturns über seinen Geburts-Saturn waren sie bereits verheiratet. Jetzt ist die Ehe Mittelpunkt seines Lebens.

Im Gegensatz zu dieser Geschichte steht die von Linda, einer Frau, deren Geburtshoroskop eine Sonne/Venus-Konjunktion und Uranus in Konjunktion mit dem Deszendenten aufweist. Mit ihrem Sonne/Venus-Aspekt war sie eine attraktive, liebevolle Frau. Aber Uranus in ihrem 7. Haus symbolisierte Bindungsangst und viele Turbulenzen in Partnerschaften. Solche Menschen können sich bei zuviel Nähe unbehaglich fühlen und es schwer finden, konventionelle Verhältnisse zu haben. Möglicherweise werden sie unruhig und sind unzufrieden mit dauerhaften Verbindungen. Lange andauernde Beziehungen sind möglich, aber es ist hilfreich, wenn die Partner ihnen viel Freiheit geben, sie regelmäßig in Ruhe und ihnen ihren eigenen Raum lassen oder die Freiheit, andere Freunde zu haben.

Bei der Geburt hatte die Sonne/Venus-Konjunktion einen weiten Orbis. In der Sekundärprogression waren beide Planeten nun in eine sieben Jahre dauernde Konjunktion gelaufen, und Linda befand sich nun im vierten Jahr. Während einer progressiven Sonne/Venus-Konjunktion ist es wahrscheinlich, daß der Horoskopeigner eine aktive romantische Phase erlebt und möglicherweise sogar heiratet. Wenn wir die Wirkungen von Transiten oder Progressionen beurteilen wollen, müssen wir jedoch immer das Geburtshoroskop berücksichtigen. Lindas Uranus im 7. Haus zeigte an, daß sie darauf geeicht war, Fremdheit, Instabilität oder Experimente in der Liebe zu erleben. Es stellte sich heraus, daß sie während der vergangenen vier Jahre fünfmal geheiratet und sich wieder scheiden lassen hatte! Aufgrund der Uranus-Stellung im 7. Haus wollte sie sich nie sehr lange an jemanden binden. Diese Geschichte veranschaulicht, daß wir das *gesamte* Horoskop untersuchen müssen, wenn wir verstehen wollen, welche Erfahrungen jemand in Beziehungen macht. Hier stellt sich auch die Frage (die bereits diskutiert wurde), ob wir in der Lage sind, mit einer Klientin wie Linda zu arbeiten, ohne sie zu verurteilen oder ihr unsere eigenen Normen und Werte aufzuzwingen. Selbstverständlich mußte Linda in der Beratung viele Probleme bezüglich Beziehungen und Intimität bearbeiten, und sie hatte selbst das Gefühl, daß etwas an der Art und Weise, wie ihr Liebesleben ablief, nicht ganz richtig war. Aber grundsätzlich *wollte* sie nicht in einer konventionellen Ehe mit einer Person häuslich werden.

Frühere Therapeuten hatten versucht, Linda die Wichtigkeit der saturnischen Werte einer ehelichen Verpflichtung, von Treue und Dauerhaftigkeit aufzudrängen – vergeblich. Ich ging anders an ihre Situation heran, denn ich erkannte, daß der Gott Uranus durch Lindas Suche nach totaler Freiheit innerhalb von Beziehungen geehrt und besänftigt werden wollte. Daher schlug ich ihr vor, sich selbst die Erlaubnis zu geben, unbeständig und promiskuitiv zu sein, anstatt gegen sich selbst anzukämpfen – solange sie Safer Sex praktizierte und sich des Risikos bewußt blieb, sich und anderen emotionalen Schaden zuzufügen. Diese Strategie wandte sie sieben Monate lang an. Dann verkündete sie eines Tages, daß sie diese ständigen Experimente satt habe und für etwas anderes bereit sei. Wenige Wochen später ging sie eine Beziehung zu einem klugen Wissenschaftler mit wildem, krausem, orange gefärbtem Haar ein, der Uranus perfekt zu verkörpern schien. Sie entwickelten eine sehr exotische, offene Beziehung, in der sie einander genügend Freiheit ließen, um Verbindungen mit anderen Menschen zu erforschen. Beide waren mit diesem Arrangement sehr glücklich.

Transite und Beziehungen

Transite zu Venus oder durch das 7. Haus zeigen, zu welcher Art von Beziehungen mit welcher Art von Person wir zu einem bestimmten Zeitpunkt bereit sein könnten und auch welche Veränderungen in Partnerschaften, Werte oder Bedürfnisse betreffend, anstehen könnten. Wenn Merkur durch das 7. Haus läuft oder einen Aspekt zur Venus bildet, könnte sehr viel Kommunikation stattfinden, gute Gespräche oder eine Aussprache mit einem Freund. Bei einem Venustransit durch das 7. Haus haben wir vielleicht einige angenehme, ästhetische oder gesellschaftliche Erlebnisse mit anderen. Wenn Mars durch dieses Haus läuft, könnte die Beziehung stärker in den Mittelpunkt rücken, sexuelle Aktivitäten könnten zunehmen oder vielleicht könnten zwischenmenschliche Spannungen zunehmen. Jupiter verleiht einen Drang nach Abenteuer oder nach Beziehungen auf einer intellektuelleren Grundlage. Saturns Transit durch das

7. Haus (oder Hauptaspekte zu Venus) pflegt sehr gewichtige, bedeutende Beziehungen mit sich zu bringen, und Partnerschaft hat nun oberste Priorität. Möglicherweise suchen wir einen älteren, seriöseren Partner, jemanden, der bereit ist, eine feste Bindung einzugehen. Während eines Uranustransites verändern wir eine Beziehung oder wir brechen aus. Wir könnten neue und ungewöhnliche Partner finden oder unkonventionelle Beziehungsformen ausprobieren. Unter Neptuntransiten fühlen wir uns möglicherweise zu spiritueller orientierten Menschen hingezogen oder zu einer spirituelleren, hingebungsvolleren Liebe. Plutotransite entsprechen Beziehungen, in denen tiefe Leidenschaft, besessene Lust, Eifersucht oder das Gefühl, betrogen zu werden, entfacht wird.

Wenn wir unsere Horoskope gründlicher untersuchen, wird deutlicher, welche Art von Partnerschaft wirklich das Richtige für uns ist. Linda erkannte, daß sie keine Versagerin war, nur weil sie nicht mit jemandem verheiratet bleiben wollte. Sie akzeptierte, daß sie in der Liebe frei sein und viele Geliebte haben wollte und daß ihr aufregende und Affären von kurzer Dauer mehr lagen als eine Ehe. Als sie dies erst einmal für sich akzeptiert hatte, veränderte sich ihre Erfahrung. Es ist wichtig, weder uns noch unsere Klienten zu bekämpfen oder zu verurteilen. Ganz gleich, welche planetaren Winkel jemand haben mag, es gibt einen Weg, in Beziehungen jene Erfüllung zu finden, die mit den Geburtskonstellationen in Einklang steht.

Merkur und Jupiter: Kognitive und moralische Entwicklung

Merkur und Jupiter symbolisieren zwei miteinander zusammenhängende Entwicklungsbereiche: die kognitive und die moralische Entwicklung. Merkur repräsentiert die Fähigkeit eines Menschen zu lernen, klar zu denken und Meinungen und Vorstellungen zu vermitteln. Seine Stellung im Geburtshoroskop zeigt einen Bereich an, der unsere Gedanken beschäftigt und auf den sich unsere Aufmerksamkeit häufig konzentriert. Ein Beispiel: Eine Frau mit Merkur in Konjunktion zu Saturn im 2. Haus (Geld) managt das Jahresbudget ihrer Firma in Höhe von 17 Millionen und wägt ständig verschiedene Optionen für persönliche Investionen gegeneinander ab. Ein Mann mit Merkur im 4. Haus denkt dauernd über seine Familie nach. Eine Frau mit Merkur im 1. Haus ist von Beruf Rednerin und Schriftstellerin und bezieht sich häufig auf ihre eigenen Erfahrungen (1. Haus). Ein Mann mit Merkur in Konjunktion zu Uranus im 11. Haus ist Wissenschaftler mit einem scharfen Bewußtsein für soziale Themen und mit vielen originellen politischen Ansichten.

Merkur ist der Planet, der mit kognitiver Entwicklung assoziiert wird, der Entwicklung mentaler Fähigkeiten, die eingehend von dem berühmten französischen Psychologen Jean Piaget beschrieben wurde.[38] Piaget behauptete, daß die mentale Entwicklung das Resultat der sich ständig verändernden Interaktionen zwischen dem Organismus und seiner Umgebung ist, was schrittweise zu immer höher entwickelteren Denkformen führt. Wenn sich unser Geist einer Erfahrung anpaßt, interagieren wir von da an anders mit unserer Umgebung. Piaget nennt den Prozeß der Veränderung unserer Wahrnehmung *Akkommodation*. Im Gegensatz dazu ist die *Assimilation* ein Prozeß, bei dem wir versuchen, unsere Erfahrungen unseren bereits bestehenden geistigen Vorstellungen anzupassen. Wenn die Assimilation nicht mehr effektiv ist – d.h. wenn zuviel dagegen spricht, daß unsere aktuelle Wahrnehmung eines Objekts, einer Person oder einer Situation richtig ist – müssen wir unsere Überzeugungen außer Kraft setzen und umformen. Durch Akkommodation verändern und regulieren wir unsere geistigen Vorstellungen, damit sie der Realität besser entsprechen und damit wir mehr von der Welt um uns herum aufnehmen können.

Merkurs Stellung im Geburtshoroskop zeigt die kognitiven Strukturen und Filter, durch die wir unsere Erfahrungen gewöhnlich aufnehmen. Merkur in Stier beispielsweise ist ausgesprochen pragmatisch und gemächlich, wenn er über irgendein Problem oder eine Situation nachdenkt, während Merkur in Schütze dazu neigt, der Welt in hochfliegenden philosophischen Begriffen zu begegnen, wobei er seine Erfahrung nach seinen hohen Idealen beurteilt. Merkur in Waage sucht nach den angenehmsten Seiten jeder Situation und wägt seine eigenen Wahrnehmungen und Überzeugungen immer gegen die Ansichten anderer ab. Merkur in Skorpion ist allzeit wachsam und immer auf der Suche nach versteckten Fakten oder verborgenen Motivationen. Transite zu Merkur fordern uns auf, die Art und Weise, wie wir die Welt wahrnehmen, zu verändern und den neuen Gegebenheiten anzupassen. Ein Saturntransit zu Merkur beispielsweise erfordert eine Anpassung an die Realität, indem wir in unserem Denken reifer, sensibler und organisierter werden. Im Gegensatz dazu erkennen wir bei Uranusaspekten zu Merkur, daß die Welt nicht so ein begrenzender Ort ist und daß es uns freisteht, auf neue, noch nie dagewesene Weise zu denken.

Spannungsaspekte zu Merkur im Geburtshoroskop (besonders zu Saturn, Uranus und Neptun) findet man manchmal in den Horoskopen von Menschen, die in ihrer kognitiven Entwicklung unter Lern-, Sprach- und Konzentrationsstörungen oder unter anderen Problemen litten. Ein Beispiel: Eine Frau mit Merkur in Konjunktion zu Uranus war als Kind schwer legasthenisch und hatte viele Probleme mit Sprache, Grammatik, Schreiben und Mathematik. Als Erwachsene vermochte sie bedeutende Fortschritte in der Überwindung dieser Probleme zu machen, als Saturn im Transit eine Opposition zu ihrer Merkur/Uranus-Konjunktion im Radix bildete. Sie begann, auch andere Literatur zu lesen, z.B. Romane und Bücher über politische Wissenschaft. Es war für sie eine faszinierende Zeit des Lernens und Studierens.

Ein Mann mit Merkur in Konjunktion zu Saturn im 3. Haus litt als Kind unter starkem Lispeln und arbeitete hart daran, dies abzustellen. Im Erwachsenenalter wurde er Lehrer und Dozent.

Einer Frau mit Merkur im Quadrat zu Neptun fällt es schwer, ihre Gedanken zu ordnen. Dieses Problem hat ihr viele Schwierigkeiten in ihrer Ausbildung und im Beruf eingebracht, wo öffentliches Reden und Schreiben wesentliche Fertigkeiten sind.

Lenore, mit Merkur in Fische im 5. Haus, wurde als Kind als autistisch diagnostiziert und mehrere Monate lang institutionalisiert. Wie sich herausstellte, war sie gar keine Autistin, sondern sehr begabt und wurde später Dichterin. Sie war keine hochintellektuelle Person, doch ihr Geist war klar und ruhig und ihre Stimme hypnotisierend (Fische), was die Aufmerksamkeit des Publikums bei ihren Lesungen steigerte. Sie sagte, daß viele ihrer poetischen Bilder im Traum oder während ruhiger Meditation zu ihr kamen, wenn ihr Geist ohne Aufruhr und frei von konzentrierten, rationalen Gedanken sei.

Ich will nicht darauf hinaus, daß Astrologie dazu eingesetzt werden kann, Lern- und Sprachstörungen zu behandeln. Sie kann uns jedoch helfen, neue Perspektiven über die Person zu gewinnen und es uns manchmal ermöglichen, das Lernproblem in einem anderen Licht zu sehen. Die Eltern eines Jugendlichen kamen einmal wegen ihres Sohnes Jeremy zu mir in die Beratung. Ihm war die Diagnose gestellt worden, daß er unter ADHS (Aufmerksamkeitsdefizit und Hyperaktivitätsstörung) litt. In Jeremys Geburtshoroskop standen Merkur und Sonne in den Zwillingen (in Merkurs eigenem Zeichen) im Quinkunx zu Uranus im Skorpion und in Opposition zu Neptun im Schützen. Er hatte eine sehr aktive Phantasie (Neptun) und eine Begabung für Wissenschaft und Computer (Uranus). Sein Geist war extrem schnell und ruhelos und der Junge hatte Schwierigkeiten, sich dem langsamen Tempo im Klassenraum und der traditionellen Unterrichtsweise anzupassen. Als der laufende Pluto in Konjunktion zu Uranus und im Quinkunx zu Merkur stand und Saturn im Transit ein Quadrat zum Radix-Merkur bildete, begann er, sich in der Schule merkwürdig zu verhalten – er mißachtete trotzig Regeln und weigerte sich, seine Hausaufgaben zu machen, die ihn langweilten, wie er sagte. Sein Arzt wollte ihm Ritalin verschreiben, eine Droge, die man gewöhnlich in Fällen von ADHS einsetzt und die Nebenwirkungen wie Ausschläge, Brustschmerzen, Kopfschmerzen, Schwindel und Appetitverlust haben kann. Ich ermutigte seine Eltern, sich nach einer speziellen Schule umzusehen, die eine unkonventionelle (Uranus) Lernumgebung bot, einen strafferen Lehrplan und fachmännischen Unterricht für Jugendliche mit speziellen Bedürfnissen. Sie fanden solch eine Schule für Jeremy, und dort entwickelte er sich prächtig, ohne Medikamente zu benötigen.

Piaget hat ein detailliertes Modell der Stadien mentaler Entwicklung vorgestellt, die ich mit Merkur assoziiere. Im *sensorisch-motorischen Stadium* ist sich das Kind nur plötzlicher Gefühle bewußt, wenn es mit Objekten experimentiert und beobachtet, wie sie auf seine Handlungen reagieren. Dieser Prozeß findet am Ende des ersten Lebensjahres seinen Höhepunkt mit dem Erreichen der *Objekt-Permanenz*: der Erkenntnis, daß ein verstecktes Objekt noch existiert, selbst wenn es nicht unmittelbar präsent ist. Das Kind entwickelt nun eine primitive Fähigkeit, sich die Folgen von Handlungen vorzustellen oder sie vorherzusagen.

Während des *präoperationalen Stadiums* (von 18 bis 24 Monaten bis sieben Jahre) wird die mentale Aktivität begrifflich und symbolisch. Das Kind entwickelt mentale Bilder, Vorstellungen und Worte und vermag besser, über äußere Objekte und Ereignisse zu sprechen und nachzudenken. Es lernt, daß Worte Symbole sind, die es möglich machen, über abwesende Objekte oder Personen oder über vergangene oder zukünftige Ereignisse zu sprechen und nachzudenken. Die innere Vorstellung von der Welt ist noch primitiv. Es fehlt ihr an ordnenden Konzepten wie Kausalität, Zeit, Umkehrbarkeit, Vergleich, Perspektive. Ein Kind in diesem Stadium ist egozentrisch und unfähig, sich vorzustellen, wie die Dinge aus einer anderen Perspektive heraus aussehen. Aber allmählich setzt eine *Dezentration* der Sichtweise ein, in der das Kind lernt, die Welt aus der Perspektive anderer Menschen zu sehen.

Im Alter von sieben bis zwölf Jahren befindet sich das Kind in dem Stadium, das Piaget *konkrete Durchführung* nennt: Nun entwickelt sich eine kompetentere Denkweise, zu der das Zählen, das Klassifizieren und die Fähigkeit, Vorgänge geistig umzukehren, gehören. Das Kind erkennt jetzt auch, daß äußere Ereignisse Ursachen haben, die außerhalb von ihm oder ihr selbst liegen. Und im allgemeinen vermag das Kind sich nun besser vorzustellen, wie die Dinge aus einer anderen Perspektive aussehen und wie andere Menschen denken und fühlen.

Von astrologischer Warte aus gesehen bringt der Reifeprozeß zahllose Dezentrationen des Bewußtseins mit sich, wenn jede einzelne Planetenfunktion erwacht. Venus zum Beispiel macht uns die Gegenwart anderer Menschen bewußt, deren Schönheit und die Art, wie sie sich von uns unterscheiden. Jupiter öffnet uns für die umfassenderen Sphären der Philosophie, für moralische Werte oder religiöse Lehren. Saturn weckt unser Bewußtsein für gesellschaftliche Institutionen und das Bedürfnis, sich ihnen anzupassen. In jedem einzelnen Fall erweitert sich das Bewußtsein stetig, um etwas außerhalb des Selbst aufzunehmen und es zu einem Teil des Selbst zu machen. Merkurs Aufgabe besteht darin, unsere Gedanken und Wahrnehmungen dieser vielen Aspekte des Lebens zu integrieren.

Das letzte kognitive Stadium, wie es von Piaget beschrieben wurde, ist das der *formalen Operation*, das wir normalerweise in der Pubertät erreichen. Hier lernen wir, über abstrakte Verhältnisse wie zum Beispiel Ratio und Wahrscheinlichkeit nachzudenken, Algebra zu verstehen und wissenschaftlich zu denken. Nun können wir eine Hypothese formulieren, Theorien aufstellen und Möglichkeiten, Wahrscheinlichkeiten und Unwahrscheinlichkeiten untersuchen und über die Zukunft, die Gerechtigkeit und Werte reflektieren.

Diese Fähigkeit zu abstraktem Denken hat zentrale Bedeutung für eine weitere wichtige Dimension menschlicher Entwicklung: für die Entwicklung moralischen Denkens etwa, das mit dem Planeten Jupiter in Verbindung gebracht wird. Lawrence Kohlberg behauptete, daß unser Moralgefühl sich in sechs Hauptstadien entwickelt.[39] Das erste Stadium ist eine Phase von naivem moralischem Realismus, in der unsere Handlungen auf Regeln basieren und auf der Vermeidung von Bestrafung. Das zweite Stadium ist der pragmatische Moralismus, bei dem das Handeln auf dem Wunsch nach Maximierung unserer eigenen Belohnung oder unseres Vorteils und nach Minimierung jeglicher negativer Konsequenzen für uns selbst basiert. Das dritte Stadium ist sozialer Moralismus, bei dem unsere Handlungen darauf basieren, vorauszuberechnen, was andere Leute denken könnten und ihre mögliche Zustimmung oder Mißbilligung einzuschätzen. Das vierte Stadium ist die Moral des gesellschaftlichen Systems: Hier basieren unsere Handlungen auf einem Pflichtgefühl und auf der Angst vor gesellschaftlicher Schande, nicht nur vor Mißbilligung.[40] Das fünfte Stadium ist eine Phase der Menschenrechte und der Ethik sozialer Fürsorge oder rationaler Moralität, in der unser Handeln sich auf die

Werte und Rechte stützt, von denen wir glauben, daß sie in einer moralischen Gesellschaft existieren sollten. Im sechsten Stadium definieren wir universale ethische Prinzipien, und Moralität definiert sich durch die Sichtweise, von der wir glauben, daß alle Menschen sie voneinander haben sollten. Folglich wird unser Handeln von Werten wie Gleichheit, Fairneß und Sorge um den Erhalt unserer eigenen moralischen Überzeugungen bestimmt.

Damit Sie sehen, wie der Planet Jupiter mit diesen Stadien der moralischen Entwicklung zusammenhängen kann, lassen Sie uns das Beispiel von Ruth betrachten, einer Frau Anfang sechzig, in deren Geburtshoroskop Jupiter in der Jungfrau in Konjunktion zu Mars und dem Aszendenten sowie im Quadrat zur Sonne in den Zwillingen steht. Sie suchte eine Beratung auf, weil es ihr schwerfiel, die Werte und die Lebensweise ihrer Tochter zu akzeptieren. Ruth beschrieb sich selbst als fromme Christin, die die Morallehren der katholischen Kirche streng befolgte. Sie meinte, daß Gott ihre Tochter Ann dafür bestrafen würde, daß sie nicht in die Kirche ging, vom Glauben abfiel und mit einem Mann »in Sünde« lebte, der unehelich geboren war. Sie war ziemlich besorgt darum, was ihre Freunde und Nachbarn denken und sagen würden, denn alle gehörten zur selben Gemeinde, und in der Kleinstadt, wo Ruth lebte, verbreiteten sich Klatsch und Tratsch schnell und erbarmungslos. Also warnte Ruth Ann vor Mißbilligung und Verachtung, der beide ausgesetzt sein würden, wenn Ann nicht ihre Lebensweise änderte, wieder in die Kirche ging und den Freund heiratete. Ruth befürchtete vor allem, daß Ann sogar aus der Kirche ausgeschlossen werden könnte, wenn sie schwanger würde – die furchtbarste Konsequenz, die Ruth sich vorstellen konnte.

Für die Dauer eines Jahres, während der laufende Saturn eine Opposition zu ihrem Radix-Jupiter bildete, erlebte Ruth eine äußerst interessante Transformation ihres Moralgefühls. Zuerst begann sie, sich Anns Begründungen, die für sie zu diesem Zeitpunkt gegen eine Ehe sprachen, genauer anzuhören. Sie beschloß, daß, wenn Ann und ihr Freund sich liebten, zusammenlebten, aber ihre Beziehung nicht legalisieren wollten, dies ihre Sache sei, und daß die Kirche sich aus deren Privatangelegenheiten heraushalten sollte. Das war das allererste Mal, daß Ruth die Lehren der Kirche in Frage stellte. Dann ging sie noch einen Schritt weiter, indem sie anfing, sich für eine progressive Bewegung innerhalb des Christentums zu interessieren, die als Befreiungstheologie bekannt ist und bei der religiöse Lehren die Grundlage für einen politischen Befreiungskampf bilden, statt als Rechtfertigung für die Unterdrückung solcher Bewegungen herhalten zu müssen. Ruth wurde eine glühende Kämpferin (Mars) für soziale Gerechtigkeit (Jupiter) und Menschenrechte, und sie setzte sich als aktive Lobbyistin für Reformen innerhalb ihrer Kirche ein. Beachten Sie, daß ihre Sonne, die im Geburtshoroskop ein Quadrat zu Jupiter und Mars bildet, ihr 11. Haus (politisches Bewußtsein und Engagement) regiert. Diese Geschichte veranschaulicht eine deutliche Entwicklung zu reiferen, individuelleren moralischen Prinzipien.

Jupiter regiert unsere Sehnsucht nach Expansion, nach Wachstum, neuen Zielen sowie einer kultivierteren, fundierteren Perspektive. Eine Frau mit Jupiter im 9. Haus (Bildung) im Trigon zur Sonne ging mit Mitte dreißig wieder zur Schule, nachdem der laufende Uranus ein Quadrat zu ihrem Radix-Jupiter gebildet hatte. Sie interessierte sich brennend für philosophische Themen, für Gesetz und Ethik (Jupiter). Sie verreiste auch das erste Mal außerhalb der Vereinigten Staaten, eine Erfahrung, die durch den Kontakt mit einer fremden Kultur ihren Horizont stark erweiterte.

Der Austausch zwischen Merkur und Jupiter, sowohl im Geburtshoroskop als auch im Transit, ist äußerst wichtig. Jupiter verleiht Merkurs Ansichten und Informationssuche philosophische und intellektuelle Tiefe. Piagets Theorie besagt, daß dieses abstrakte, rationale, logische Denken das höchste Stadium kognitiver Entwicklung ist, das ein Mensch erreichen kann. Es ist jedoch wichtig zu erkennen, daß es andere Denkweisen, andere Arten intellektueller und geistiger Aktivität gibt, die nicht auf lineare, rationale Denkprozesse ausgerichtet sind – wie bildhafte, außersinnliche oder mystische Wahrnehmungsformen. Eine Entwicklung dieser Formen ist besonders wahrscheinlich, wenn die äußeren Planeten Merkur beeinflussen. Uranusaspekte zu Merkur rufen häufig originelle, oftmals revolutionäre Ideen, Erfindungen und Entdeckungen hervor. Andererseits wecken Neptunaspekte zu Merkur bildhaftes Denken, Dichten, ein Interesse für metaphysische Vorstellungen, Symbole, Mythen und Religion oder ein erweitertes Bewußtsein für das unendliche Universum, das kosmische Bewußtsein. Eine Einstimmung auf Neptun führt uns zu Stadien mentaler Entwicklung, die weit über jene hinausreichen, die Piaget beschrieben hat.

Der Merkurzyklus

Ich möchte in diesem Zusammenhang noch eine weitere Dimension von Merkur erörtern. Als Berater werde ich oft aufgefordert, Klienten bezüglich ihrer Schwierigkeiten beim Studieren und Schreiben von Referaten, Berichten oder persönlichem kreativem Schreiben zu helfen. Ich empfehle ihnen oft zu lernen, ihre Aktivitäten mit dem Transitzyklus von Merkur abzustimmen. Viele Astrologen wissen zwar, wie wichtig der Mondzyklus für das Verständnis der Lebensrhythmen ist, aber nur sehr wenige erkennen die Wichtigkeit des Merkurzyklus, einem der bedeutendsten und praktisch anwendbaren Planetenzyklen. Merkur regiert Sprache, Sprechen, Kommunikation, Schreiben, Entscheidungsfindung, Informationssammlung und geistige Klarheit. Wer bewußt auf Merkur eingestimmt bleibt, erlangt die Fähigkeit, effizient zu arbeiten, zu wissen, wann es gilt, wohlüberlegte Anstrengungen zu unternehmen, um Fortschritte in Lesen, Schreiben und in Forschungsprojekten zu machen, und wann es am besten ist, sich zu entspannen und geduldig darauf zu warten, daß neue Ideen, Einsichten und Lösungen auftauchen (diese Zeiten nenne ich geistige *Diffusion*). Berater können die folgenden Informationen dazu nutzen, sich selbst und ihren Klienten bei der Planung von Aktivitäten zu helfen, die konzentrierte geistige Anstrengung erfordern. Diese Information ist besonders hilfreich für jeden, der aktiv mit Schreiben oder Denken beschäftigt ist. Das Wissen um diesen Zyklus kann jedem helfen, eine Schreibblockade oder Lernschwierigkeiten zu überwinden sowie effektivere und genauere Entscheidungen zu treffen.

Diesen Zyklus zu verstehen kann auch helfen, die allgemein verbreitete, aber völlig irreführende Vorstellung, daß Merkurs rückläufige Phase »schlecht« oder »schwierig« sei und daß man in dieser Zeit keine Entscheidungen treffen sollte, aus der Welt zu schaffen. Es ist wahr, daß wir wahrscheinlich alle Entscheidungen, die wir während Merkurs rückläufiger Phase treffen, überdenken und revidieren müssen. Doch Merkurs Rückläufigkeit hat – wie alle astrologischen Transite und Symbole – einen Zweck und eine Absicht, die wir zu unserem Vorteil nutzen können. Wir steigern unser Eingestimmtsein auf den Weg des Universums, indem wir in Übereinstimmung mit allen Phasen von Merkurs Zyklus leben – dazu gehört auch seine rückläufige Phase.

Ich habe festgestellt, daß Merkur in vier Hauptformen agiert, die ich *Ermittlung, Erkenntnis, Unterscheidung* und *Diffusion* nenne. *Ermittlung* ist der Prozeß des Sammelns von Informationen, die nötig sind, um eine Frage zu beantworten oder ein Problem zu lösen. *Erkenntnis* ist die Entdeckung der Bedeutung oder eines wichtigen Musters innerhalb der gesammelten Informationen und seine Erklärung in Form einer klaren Theorie, eines Konzepts oder einer Überzeugung. *Unterscheidung* ist der Prozeß des Analysierens der Lösung oder des Konzeptes, das während der Erkenntnis entwickelt wurde. Zugleich wird mit kritischem Urteilsvermögen und mit Genauigkeit die Angemessenheit dieses Vorganges getestet. *Diffusion* schließlich ist jener Zustand geistiger Aktivität, in dem wir über Konzepte und Theorien hinausgehen, das kritische Auge des Unterscheidungsvermögens schließen und unseren Verstand unkonzentriert und ungerichtet sein lassen – indem wir uns nach innen wenden und manchmal Kontakt zur Quelle des Bewußtseins selbst aufnehmen. Gleichgültig, welches Tierkreiszeichen Merkur gerade durchläuft, wechselt er während der verschiedenen Phasen seiner Beziehung zur Sonne (von der Erde aus betrachtet) ständig zwischen diesen vier Funktionsweisen.

Merkurs Transit definiert einen Zyklus geistiger Aktivität, der sich mehrmals im Jahr wiederholt. Die wichtigsten Phasen des Zyklus sind die Konjunktionen von Merkur zur Sonne oder seine Richtungswechsel, wenn er entweder rückläufig oder direktläufig wird. Traditionell gesehen galten Zeiten, in denen Merkur in Konjunktion zur Sonne stand, als ungünstig, weil man sagte, Merkur sei dann »verbrannt« und durch die Nähe zur Sonne sei sein Denkvermögen und sein logisches Denken absorbiert und verringert. Während man in solchen Phasen häufig dazu neigt, sich Sorgen zu machen, ängstlich zu sein und sich von der geschäftigen, hektischen, beschleunigten Lebensqualität überwältigt zu fühlen, ist es ebenso möglich, in dieser Zeit bedeutende kreative Durchbrüche im eigenen Denken zu erleben.

Es gibt zwei Arten von Merkur/Sonne-Konjunktionen: die »untere« Konjunktion, die auftritt, während Merkur rückläufig ist, und die »obere« Konjunktion, die sich ereignet, wenn Merkur direktläufig ist. Während Merkurs rückläufiger Phase besetzen Merkur und Sonne irgendwann denselben Grad: das ist die untere Konjunktion.

Von dem Zeitpunkt an, wenn Merkur, während er noch direktläufig ist, am Himmel langsamer wird und dann rückläufig wird, beginnt ein ungelöstes Problem unsere Aufmerksamkeit in Anspruch zu nehmen. Das kann man symbolisch als 12. Haus-Phase oder Schlußphase des vorherigen Merkurzyklus betrachten. Dann, nur wenige Tage nachdem Merkur rückläufig geworden ist, beginnt für uns ein Prozeß der vertieften Suche nach einer Lösung für dieses Problem. Denken Sie daran, daß das Leben unruhiger zu sein scheint, wenn Merkur rückläufig wird, und daß wir nun häufig mehr Besorgnis und Anspannung empfinden. Sie können aber sicher sein, daß eine Lösung oder Klärung des Problems im rechten Moment auftauchen wird. Jetzt ist die richtige Zeit, um uns selbst in ein Nachdenken über dieses Problem zu vertiefen, es von allen Seiten zu beleuchten, neue Informationen zu sammeln, zu lesen und uns provisorisch Notizen zu machen. In diesem Stadium ist es jedoch noch nicht an der Zeit, unsere Gedanken zu einer schlüssigen oder definitiven Entscheidung zu ordnen, eine endgültige Aussage zu machen oder ein Schriftstück abzufassen. Jetzt eignet sich die Zeit vielmehr dazu, einfach zu versuchen, etwas in Bewegung zu setzen und unsere Ideen fließen zu lassen. Ich nenne dies die Phase der *Ermittlung*. Für Studenten oder Schriftsteller ist jetzt die Zeit, zu lesen, sich Notizen zu machen und Ideen schriftlich festzuhalten und nicht zu versuchen, etwas Fertiges zu kreieren. Nun ist die richtige Zeit, um unsere Aufmerksamkeit auf unsere Aufgabe zu lenken.

Zur Zeit der unteren Sonne/Merkur-Konjunktion wird unser Verstand wieder klarer und fließt über vor Ideen. Ich nenne dies die Phase der *Erkenntnis*, weil dies der Zeitpunkt ist, an dem plötzliche Einsichten oder neue Problemlösungen im Bewußtsein auftauchen. Es ist, symbolisch gesehen, die Neumondphase eines neuen Merkurzyklus'. Am wichtigsten ist es nun zu versuchen, die Intensität dieser Periode aufrechtzuerhalten, indem man soviel Energie wie möglich auf Aufgaben richtet, die mit dem Verstand zu tun haben: aktives Denken, Schreiben, Tippen, alle Informationen sammeln, die wir benötigen, indem wir versuchen, alle literarischen Anstrengungen in eine glänzendere Form zu bringen. Während dieser Phase des Sonne/Merkur-Zyklus kommt es leicht zu geistigen Durchbrüchen und wir können tippen, schreiben und effizienter denken als zu irgendeiner anderen Zeit. Dies ist auch eine Phase, in der es möglich ist, klarer mit anderen zu kommunizieren als sonst.

Die Zeichen- und Hausstellung einer unteren Sonne/Merkur-Konjunktion zeigt an, auf welchen Lebensbereich sich die geistige Aufmerksamkeit und Anstrengung nun am meisten konzentrieren muß. Während einer Sonne/Merkur-Konjunktion im 4. Haus beispielsweise können wir mehr Energie auf Entscheidungen verwenden, die unser Heim, unsere häusliche Umgebung, den Garten oder die Kommunikation mit unserer Familie betreffen. Eine Sonne/Merkur-Konjunktion im 9. Haus drängt vielleicht nach Ausdruck durch intellektuelle Aktivität, die sich auf die Suche nach Wahrheit und Bedeutung durch Studium oder Reise richtet. Mit der Konjunktion im 10. Haus verlangen berufliche Anforderungen nach konzentrierter Aufmerksamkeit und neuen Einsichten. Ein Mann nahm mit 34 Jahren während einer Sonne/Merkur-Konjunktion im 3. Haus zum ersten Mal Fahrstunden. Eine Texterin und Komponistin erlebte während einer Sonne/Merkur-Konjunktion in ihrem 5. Haus einen Kreativitätsschub. Eine Frau ordnete ihre persönlichen Finanzen während einer Konjunktion in ihrem 2. Haus.

Dies ist ein kurzer Zyklus, der einigen der sich am schnellsten verändernden Gezeiten des Alltags entspricht. Zur Zeit der unteren Konjunktion erreichen die mentalen Kräfte ihren Höhepunkt. Üblicherweise haben wir dann unglaublich viel zu tun und sind mit unseren eigenen Angelegenheiten beschäftigt. Das liegt daran, daß Merkurs Einfluß nun so stark ist, daß sich all unsere »mentalen Schaltkreise« hochaktiv anfühlen.

Dies ist jedoch nicht dasselbe wie die Aussage, daß jetzt alles gelöst oder zu einem Abschluß gebracht werden kann. Ganz im Gegenteil, zwischen der Zeit der unteren Konjunktion von Sonne-Merkur und dem Moment, wenn Merkur stationär direktläufig wird, liegt eine Phase der Reflexion, der Neubewertung, des Überdenkens, der Prüfung aller Entscheidungen, Denkansätze oder Analysen, die zur Zeit der unteren Konjunktion auftauchten. Ich nenne das die Phase der *Unterscheidung*, weil wir unsere Arbeit nun editieren, überarbeiten und ihr eine Struktur geben können, die der zu lösenden Aufgabe voll und ganz entspricht. Jetzt ist die richtige Zeit, um ein Schriftstück, eine Forschungsarbeit oder eine Entscheidungsfindung zu irgendeiner Lösung und zu einem Abschluß zu bringen und ihr eine Form zu geben, durch die sie am besten zum Ausdruck kommen kann.

Wenn Merkur schließlich die Sonne wieder einholt und die obere Konjunktion mit ihr bildet, erreicht der Merkurzyklus symbolisch gesehen seine Vollmondphase. Nun können wir wahrscheinlich die Ergebnisse der neuen Denkweise oder der Entscheidung, die zur Zeit der letzten unteren Konjunktion und kurz danach getroffen wurde, erkennen. Weil das Leben aber ständiges Wachstum und permanente Evolution mit sich bringt, werden sich um die Zeit herum, wenn Merkur wieder rückläufig wird, unvermeidlich neue Fragen ergeben, andere Probleme auftauchen und Entscheidungen bedacht werden müssen, und so wird ein neuer Zyklus geistiger Aktivität seinen Anfang nehmen.

In diesem nie zu Ende gehenden Lernprozeß, bei dem wir unsere Intelligenz entwickeln, unsere Meinungen bilden und unsere Ideen zum Ausdruck bringen, kann es uns und unseren Klienten helfen, die Aufmerksamkeit auf den Merkurzyklus zu richten.

Saturn und Uranus:
Soziale Anpassung
und persönliche Freiheit

Saturn ist vielleicht der wichtigste Planeteneinfluß in unserer gesamten Entwicklung. Wenn Jupiter unser Interesse an der Definition einiger allgemeingültiger ethischer, philosophischer oder religiöser Wahrheiten symbolisiert, dann steht Saturn für den Prozeß, sich beruflich zu etablieren, sich niederzulassen und seinen Platz in der Gesellschaft zu finden. Saturn regiert die berufliche Entwicklung, Reife und die Stadien des Erwachsenwerdens, einen Prozeß, den die meisten von uns irgendwann durchmachen. Dieser Reifeprozeß setzt sich während unseres gesamten Lebens fort, wenn wir uns den gesellschaftlichen Strukturen und den Überlebensbedingungen in der materiellen Welt (Saturn) anpassen. Dieser Prozeß wird vor allem mit den Saturntransiten in Verbindung gebracht – z.B. zur Sonne, zum Mond oder zum Aszendenten –, aber auch mit den wichtigsten Phasen von Saturns Transitzyklus, den wir in diesem Kapitel genauer untersuchen werden.

Der saturnische Reifeprozeß entfaltet sich im ständigen Gegensatz zur Suche nach persönlicher Freiheit und dem Ausdruck unserer Individualität, wie sie von Uranus symbolisiert wird. Dort, wo Uranus im Geburtshoroskop oder im Transit steht, sucht die Person nach Experimenten, Innovationen oder nach einem unkonventionellen Lebensstil. Das Individuum, das auf Uranus eingestimmt ist, stellt die feststehenden Normen und Vorstellungen der Gesellschaft in Frage, indem es häufig Traditionen verachtet und nach Unabhängigkeit strebt.[41] Das astrologische Zusammenspiel zwischen Saturn und Uranus symbolisiert den mühsamen Reifeprozeß eines Individuums im Bemühen um persönliche Authentizität, während es sich gleichzeitig den Gesetzen und Institutionen einer bestimmten Kultur (Saturn) anpassen muß.

Saturn ist auch Symbol für Ängste und Hemmungen, und seine Radixposition (Zeichen, Haus und Aspekte zu anderen Planeten) verweist normalerweise auf Lebensbereiche, in denen wir früh im Leben Probleme haben, Fehlschläge erleiden und Enttäuschungen erleben. Jemand mit Saturn im 7. Haus z.B. könnte problematische oder belastende Erfahrungen in Beziehungen gemacht haben. Jemand mit Saturn im 4. Haus hat vielleicht Kämpfe mit seinen Eltern erlebt oder mußte früh Verantwortung für die Familie übernehmen. Saturn pflegt uns dazu zu zwingen, immer wieder bestimmten Aufgaben und Situationen ins Auge sehen zu müssen, solange, bis wir sie gemeistert haben. Dadurch, daß wir wiederholt mit den Saturnthemen konfrontiert werden und uns ihnen stellen, können diese Bereiche zu einer Quelle der Stärke, der Stabilität und der Sicherheit werden.

Saturn und der Vater

Häufig wird Saturn durch die Person des Vaters verkörpert, der, archetypisch gesehen, für Ordnung und Disziplin steht, für die Forderung, daß wir Verantwortung übernehmen und uns in unserem Verhalten in die Gesellschaft einordnen. Aspekte zu Saturn liefern häufig Informationen darüber, welche Beziehung ein Mensch zu seinem Vater hatte. In einigen Fällen, in denen Saturn unterstützende Aspekte (Trigone oder Sextile) zu Geburtsplaneten bildet, war der Vater des Betreffenden möglicherweise ein solider, verläßlicher Mensch, der das Verantwortungsgefühl und das Bewußtsein für das dem Kind eigene Potential stärkte. Andere Saturnaspekte können jedoch Probleme mit dem Vater anzeigen, die sich dauerhaft auf das Erwachsenenleben auswirken können. Solche Menschen arbeiten oft hart, um ihre Schüchternheit und ihre Angst vor Versagen zu überwinden, sich zu beweisen und ihre wahre Identität zum Ausdruck bringen zu können. Spannungsaspekte zwischen Mars und Saturn kennzeichnen häufig Menschen mit einer etwas angespannten, ärgerlichen, unharmonischen Beziehung zum Vater, der möglicherweise ständig die Wünsche des Kindes (Mars) behindert hat. Wenn sie jedoch ihre Frustration oder gedämpfte Wut überwinden, entwickeln die gleichen Personen häufig mächtige Antriebskräfte und Ehrgeiz sowie die Fähigkeit, erfolgreiche, gebieterische Menschen zu werden, die einen Hauch von Autorität in die Welt bringen.

Saturn/Neptun-Aspekte findet man häufig in den Horoskopen von Personen, deren Väter abwesend, schwach oder eine große Enttäuschung für sie waren; oder wenn die Väter kein Verantwortungsgefühl, keine Stärke und Sicherheit vermittelten. Somit fällt es diesen Menschen oftmals schwer, ein angemessenes Selbstwertgefühl zu entwickeln und auf ihre eigenen Fähigkeiten in der materiellen Welt vertrauen zu lernen.

Bei einem Mann namens Lawrence stand Radix-Saturn in Konjunktion zu Neptun im 6. Haus in der Waage und die Radix-Sonne in Konjunktion zu Venus. Lawrence, ein Mann in den Vierzigern, kämpfte immer noch mit Themen des körperlichen Überlebens. Er war ein begabter, autodidaktischer Künstler (Sonne-Venus, Saturn in Waage), doch er hatte nicht gelernt, sich mit seiner Kunst seinen Lebensunterhalt zu verdienen, und hing finanziell am seidenen Faden. An einem bestimmten Punkt in seinem Leben angekommen, schrieb er sich in einer Kunstschule ein, um sich professionelle Fertigkeiten anzueignen, die es ihm ermöglichen würden, eine Stelle zu finden (Saturn im 6. Haus). Die formale Disziplin, die nötig war, um die handwerklichen Techniken zu erlernen, ließen tiefe Unsicherheiten, Panik und ein beinahe überwältigendes Gefühl der Schwäche und Inkompetenz (Saturn-Neptun) in ihm aufsteigen. Lawrence fühlte sich von all seinen Lehrern kritisiert, die nie mit der Qualität seiner Arbeiten zufrieden waren (Saturn im 6. Haus). Ihre Kritik nahm er sich besonders schwer zu Herzen, weil sie ihn an die ständige Schelte seines Vaters, eines Alkoholikers, erinnerten (Saturn: der Vater, in Konjunktion zu Neptun: Alkoholiker), der seine Familie verlassen hatte, als Lawrence 14 Jahre alt war – während Saturn im Transit in Opposition zu Lawrences Radix-Saturn stand.

Lawrences Vater hatte ihm nie das stabile Vertrauen in seine Fähigkeiten entgegengebracht, das jedes Kind braucht. Lawrence war also mit einem sehr dürftigen Selbstkonzept und wenig Vertrauen in seine eigenen Fähigkeiten aufgewachsen. Mit Saturn im 6. Haus war er von seinen Fehlschlägen und seinen Mängeln besessen. Als er daran arbeitete, sein Handwerk als Künstler zu erlernen, neigte er dazu, sich emotional abzusondern; er war verwirrt, verzweifelt und unfähig, zurechtzukommen, zu funktionieren oder zu arbeiten.

Als ich über sein Geburtshoroskop nachdachte, spürte ich, daß Lawrence seine Saturnfunktionen entwickeln mußte, die Härte, die es ihm ermöglichen würde, Neptuns Empfindsamkeit zu lenken. Also half ich Lawrence zu lernen, ausgeglichener zu werden, so daß er nicht schon bei der leichtesten Herausforderung oder Widrigkeit durcheinanderkommen würde, sondern sich weniger zerbrechlich fühlen konnte. Ich spielte für ihn die Vaterrolle, indem ich ihn ermutigte und mein Vertrauen in seine Fähigkeit, Erfolg zu haben, zum Ausdruck brachte. Wir erarbeiteten Sätze, die er sich immer dann ins Gedächtnis rufen konnte, wenn er Bestätigung brauchte, und er erlaubte diesen positiven Gedanken, sich über seine selbstkritische innere Stimme hinwegzusetzen. Er lernte, seine Ängste und sein Schwächegefühl zu meistern (Saturn in Konjunktion zu Neptun) und organisierte seine Arbeit besser, so daß er seine Kunst mit größtmöglicher Effizienz (6. Haus) ausüben konnte.

Saturn und der Lebenszyklus

Saturn ist ein äußerst wichtiger Planet, der unser Streben nach Verdiensten und die Fähigkeit, das Gebäude unseres Lebens zu errichten, symbolisiert. Er ist der Planet der konstruktiven Anstrengungen. Saturn repräsentiert die Fähigkeit zu arbeiten, uns auf Projekte zu konzentrieren und diese zu vollenden, uns selbst zu organisieren, um unsere Ziele und Ideale zu erreichen. Um diese Fähigkeiten zu meistern, müssen wir viele bedeutende Entwicklungsstadien durchlaufen. Der Psychologe Erik Erikson, der den Entwicklungsprozeß über die gesamte Lebensdauer hinweg untersucht hat, beschrieb diese Stadien sehr anschaulich.[42] Er erkannte, daß das menschliche Wachstum ein lebenslanger Prozeß ist, in dessen Verlauf das Individuum eine Reihe psychologischer Kämpfe durchmacht, die jeweils ein bestimmtes Lebensstadium kennzeichnen. Weil Erikson den lebenslangen Reifeprozeß betonte, werde ich sein Modell verwenden, um den Zyklus des Saturn zu erklären, desjenigen Himmelskörpers, der mit dem Reifeprozeß und dem Strom der Zeit assoziiert wird.

Erikson glaubte, daß die wichtigste Herausforderung innerhalb der kindlichen Entwicklung der Kampf *Vertrauen versus Mißtrauen* ist, in dem das Kind durch den Kontakt mit der beruhigenden, beschützenden Anwesenheit der Mutter ein dauerhaftes Vertrauen in die Welt entwickelt. In der frühen Kindheit erleben wir den Konflikt von *Autonomie versus Scham* oder Selbstzweifel. Die erfolgreiche Bewältigung dieser Phase führt zu Willenskraft, Unabhängigkeit, freier Wahl und Selbstkontrolle. Während des Spielalters erleben wir den Konflikt *Initiative versus Schuld*, dessen erfolgreiche Lösung Zielbewußtsein verleiht. Im Schulalter (zwischen sechs und zehn Jahren) kämpft sich das Kind durch eine Phase von *Fleiß versus Minderwertigkeit*. Das erfolgreiche Durchlaufen dieser Phase führt zu einem Gefühl grundlegender persönlicher Kompetenz. Einige der wichtigsten Ereignisse dieser Phase treten gewöhnlich dann auf, wenn der laufende Saturn zum ersten Mal ein Quadrat zu seiner Radixstellung bildet (im Alter von sieben bis acht Jahren), zu einer Zeit, in der Kinder häufig mit Grenzen konfrontiert werden und lernen, daß ihre Handlungen Konsequenzen haben und von Eltern und Lehrern bestraft oder belohnt werden. Frühe Mißerfolge in diesem Stadium (meistens in einem der Lebensbereiche, die von Saturns Haus- und Zeichenstellung und seinen Hauptaspekten angezeigt werden) pflegen die persönliche Identität einige Zeit lang zu beherrschen und dann einen Komplex zu bilden. Saturn im 7. Haus oder im Aspekt zu Venus kann zu Komplexen bezüglich Zurückweisung und Mangel an sozialer Anerkennung führen. Saturn im 4. Haus oder Saturn/Mond-Aspekte bedeuten möglicherweise Mutterkomplexe. Saturn im 8. Haus oder im Aspekt zu Pluto kann sich in Komplexen äußern, die mit Sexualität, einem Trauma oder Gewalt zusammenhängen. Wünschenswerterweise sollten alle Probleme oder Ängste, die in dieser Zeit auftreten, während der folgenden Phasen des Saturnzyklus gelöst werden können. In einigen Fällen werden sie aber bis zur Saturnwiederkehr oder sogar noch später nicht gelöst.

Die nächste Entwicklungskrise, die Erikson beschreibt, steht in direktem Zusammenhang mit der folgenden wichtigen Phase des Saturnzyklus, der Opposition im Alter zwischen 14 und 15 Jahren. In der Pubertät durchleben wir den Konflikt *Identität versus Rollenkonfusion*, durch den wir idealerweise ein klareres Selbstwertgefühl entwickeln. Nun sehen wir unsere Eltern und die Gesellschaft objektiver, doch wir erleben häufig einige Spannungen zwischen unserem Wunsch, gesellschaftlichen und familiären Erwartungen zu entsprechen und dem Bedürfnis, *non*konform zu sein, indem wir uns den Werten, den Kleidungsregeln und den Sprachmustern unserer Peer-group anpassen. Diese Spannung findet ihre Entsprechung darin, daß zur Zeit der Saturnopposition gleichzeitig der laufende Uranus ein Sextil zu seiner Geburtsstellung bildet. Jetzt kämpfen Jugendliche darum, ihre Einzigartigkeit und Freiheit von gesellschaftlichen Konventionen und Traditionen klarzustellen, und sie nehmen häufig jenes rebellische, verrückte, aufsässige und vorhersagbar unberechenbare Verhalten an, an das wir bei Teenagern sofort denken. Dies ist der Beginn einer für manche Leute anhaltenden Spannung zwischen Saturn und Uranus.

In der Adoleszenz werden alle bisher erreichten Entwicklungsziele überprüft. Die mentalen Fähigkeiten (Merkur) entwickeln sich schnell, und eine neue moralische Sensibilität, ein Gefühl dafür, was richtig oder falsch ist, beginnt sich herauszubilden (Jupiter). Sexuelles Begehren und Verhalten (Mars) erwachen, und unsere sozialen Fertigkeiten (Venus) entwickeln sich. Am wichtigsten ist aber, daß die Zeit der Opposition Saturns zu seiner Radixstellung von einem Ringen um mehr Disziplin gekennzeichnet ist, von dem Kampf um persönliche Kompetenz und Selbstvertrauen. Häufig müssen wir wichtige Entscheidungen treffen, z.B. ob wir das Gymnasium beenden oder nicht, einen Arbeitsplatz suchen oder auf die Universität gehen. In dieser Zeit konzentrieren wir uns oft stärker auf Ziele, wie z.B. gute Noten zu bekommen, und wir lernen, Verantwortungsbewußtsein zu entwickeln. Außerdem erreichen Selbstwertprobleme und Ängste, Schüchternheit und persönliche Hemmungen in der Pubertät ihren Höhepunkt.

Als ob dies alles nicht schon kompliziert genug wäre, erleben wir während der Adoleszenzphase auch noch das Erwachen der Neptunfunktion, was sich häufig dadurch ausdrückt, daß wir phantasieren, tagträumen oder Drogen und Alkohol konsumieren. In einigen Fällen kann es zu einem frühen spirituellen Erwachen kommen. Übertriebene Formen von Religiosität oder moralischem Eifer sind nun nicht selten, was Neptuns Halbsextil zu seiner Geburtsstellung entspricht.

Beim Übergang von der Adoleszenz in das frühe Erwachsenenalter werden wir mit dem nächsten Entwicklungsschritt konfrontiert, den Erikson *Intimität versus Isolation* nennt. Hier besteht das Ziel letztlich darin, sich in der Liebe eines anderen Menschen sicher zu fühlen. In seiner Beschreibung die-

ses Entwicklungsstadiums ist Eriksons Modell nicht ganz vollständig, doch wir können zusätzliche Einsichten in den Druck
und die Kämpfe des frühen Erwachsenenalters gewinnen, wenn
wir es aus dem astrologischen Blickwinkel heraus betrachten.
Im Alter von 21 bis 22 Jahren durchleben wir gleichzeitig bedeutsame Phasen in den Zyklen zweier wichtiger Planeten: Saturn und Uranus. Saturn bildet sein abnehmendes Quadrat zu
einer Zeit, in der Uranus in sein erstes Quadrat zu seiner Radixstellung läuft. Einerseits ist dies eine Phase, in der wir danach
streben, eine provisorische Struktur für das Erwachsenenalter
zu kreieren (Saturn Quadrat Radix-Saturn).[43] Gewöhnlich
kämpft man zu dieser Zeit mit Themen wie Überleben, Arbeit,
dem Leben innerhalb der Strukturen, wie sie einem durch die
Anstellung und neue Verantwortlichkeiten wie Ehe oder das
Aufziehen von Kindern auferlegt werden. Es ist Zeit, groß zu
werden, erwachsen zu sein und in der Gesellschaft zu funktionieren. Wenn wir anfangen, finanziell unabhängig zu sein, müssen wir uns in gewissem Maß vielleicht auch von unserer Peer-
group trennen und für uns selbst stehen, was manchmal zu Isolation führt. Dave, über den wir schon bei der Beschreibung des
Zeichens Fische gesprochen hatten, zog sich in dieser Zeit in die
Abgeschiedenheit zurück und blieb allein, wobei er sich auf
eine persönliche Suche begab, für die seine Freunde kein Verständnis hatten. Wie Erikson korrekt beobachtete, besteht eine
Hauptaufgabe nun darin, stabile emotionale Beziehungen zu
schaffen, ohne die man sich zweifellos einsam fühlen wird.
   Aufgrund des Uranustransits streben andererseits einige
Menschen in unserer Kultur zu dieser Zeit auch danach, sich
von der elterlichen Kontrolle zu befreien (Uranus) und sich ihr
eigenes Leben aufzubauen – ganz unabhängig von den Werten,
Erwartungen und Ansprüchen ihrer Eltern und der Gesellschaft (Saturn). Meiner Ansicht nach ist diese Periode häufig
durch Themen von *Verantwortung versus Rebellion* geprägt.
Eine wichtige Frage ist nun, wie wir in die Welt passen und
überleben (Saturn), ohne unsere Individualität, Originalität und

Einzigartigkeit (Uranus) zu verlieren. Selbstverständlich sind die meisten jungen Erwachsenen mehr auf Saturn eingestimmt als auf Uranus und konzentrieren sich folglich stärker darauf, eine berufliche Karriere zu beginnen und ihren Platz innerhalb der Gesellschaft zu finden. Der uranische Einfluß ist aber immer vorhanden, selbst wenn er nicht bewußt wahrgenommen wird. Somit könnten einige Leute, die sich den gesellschaftlichen Strukturen anpassen, indem sie Vollzeitbeschäftigungen ausüben, ihre Bildung fortsetzen oder Familien gründen, in diesem Lebensstadium beträchtliche innere Spannungen und Unzufriedenheit erleben, wenn sie das Gefühl haben, daß ihre Verpflichtungen es ihnen nicht erlauben, einige wesentliche Anteile ihrer selbst zu leben oder zum Ausdruck zu bringen. Andere, die heftig auf den Einfluß von Uranus reagieren, versuchen vielleicht, sich von rigiden gesellschaftlichen Strukturen – wie es beispielsweise ein Acht-Stunden-Job mit sich bringt – freizuhalten, indem sie Teilzeit arbeiten, höchst ungewöhnliche Berufe ausüben oder eine exzentrische Lebensweise pflegen. Manche Menschen in diesem Stadium könnten fahrende Dichter oder Musiker werden, vagabundierende »Blindgänger« oder chronisch arbeitslose »Bummelanten«. Es sind Menschen, die nach alternativen Identitäten suchen und denen es widerstrebt, vom kulturellen Mainstream absorbiert zu werden, und die deshalb nach Wegen suchen, sich ihren jugendlichen Idealismus und ihre Sehnsucht nach Freiheit zu bewahren.

Jene, die sich von kulturellen Normen zu befreien versuchen und einen unkonventionellen Lebensstil pflegen, kämpfen oftmals gegen das Gefühl, daß sie zu einer sozialen Randgruppe gehören. Möglicherweise wünschen sie sich, sich besser in die Gesellschaft einzufügen und sich kulturell mehr anzupassen, indem sie ihren Beruf wechseln, wieder zur Schule gehen oder eine Familie gründen. Sehr häufig findet dieser Prozeß seinen Höhepunkt in wichtigen Entscheidungen, die getroffen werden, wenn Saturn im Alter zwischen 28 und 30 Jahren an seine Geburtsstellung zurückkehrt (Saturnwiederkehr). Zu dieser

Zeit können auf Uranus eingestimmte Menschen stabiler werden und lernen, die saturnischen Überlebensanforderungen zu erfüllen, ohne ihre entschiedene Verpflichtung zu opfern, ihrem eigenen, ungewöhnlichen Weg treu zu bleiben.

Lance z.B. verbrachte in seinen Zwanzigern die meiste Zeit damit, in einer Bäckerei Teilzeit zu arbeiten, Flöte zu spielen und verschiedene Heilkünste zu erlernen. Mit 29 Jahren wurde ihm langsam bewußt, daß all seine Kleidungsstücke Löcher hatten und er beruflich mit seiner Musik nicht vorankam, seine Freunde jedoch jedesmal von seinen zwanglosen Sitzungen in Körperarbeit begeistert waren. Während seiner Saturnwiederkehr entschied sich Lance dafür, eine Schule für Chiropraktik zu besuchen, die es ihm ermöglichen würde, eine berufliche Tätigkeit zu entwickeln, die mit seinen Interessen für das Heilen in Einklang stand und die ihm die finanzielle Sicherheit geben würde, weiter Musik zu machen.

Die Zeit der Saturnwiederkehr eignet sich dafür, reife, auf umfangreichen Informationen gründende Veränderungen vorzunehmen und Verpflichtungen einzugehen, die unserem Leben einen Mittelpunkt und Stabilität geben. Dieser Transit stellt den wahren Übergang ins Erwachsenenalter dar, den Beginn des Zyklus von echter Produktivität innerhalb der Gesellschaft.[44] Wir fangen an, innerhalb neuer Grenzen und neuer Strukturen zu leben, die unsere Existenz für lange Jahre definieren werden.

Die kritische Frage lautet, ob unsere Wahl nun eine Anpassung an die Gesellschaft darstellt, die mit unseren persönlichen Neigungen und Interessen übereinstimmt, oder ob wir unsere Individualität aufgeben, um uns den Institutionen, Normen und Einstellungen unserer Gesellschaft anzupassen. In dieser Zeit ist es möglich, sowohl uranische als auch saturnische Impulse zu integrieren: den Drang, frei zu sein und den Drang, ein geregeltes Leben zu führen. Aus der Saturnwiederkehr können wir als bewußt individualisierte Menschen hervorgehen, indem wir effektiv in unserer eigenen Kultur funktionieren und uns dennoch deutlich unserer persönlichen Talente, unserer wahren Identität und unserer kreativen Berufung bewußt sind. Weil Uranus inzwischen ein Trigon zu seiner Radixposition bildet, kann alles, was einzigartig an uns ist, nun beginnen, sich in der Welt zu manifestieren (Saturn). Das kann aber nur geschehen, wenn wir sowohl die uranische Kühnheit besitzen, unseren eigenen Weg zu gehen als auch die nötige saturnische Reife, um in unserer kulturellen Umgebung zu überleben. Die Zeit zwischen 28 und 30 Jahren ist also eine kritische Phase, weil sich nun herausstellt, inwieweit wir als Mensch sozialisiert und gleichzeitig individualisiert sind.

Mit 36 Jahren, wenn Saturn ein Quadrat zu seiner Radixposition bildet, unternehmen wir weitere Schritte, um unsere wahre Identität zu erkennen und zum Ausdruck zu bringen, während wir innerhalb der Gesellschaft funktionieren. Wir fangen an, uns nach stabileren, dauerhafteren Lebensstrukturen (Arbeit, Heim, Beziehung) zu sehnen, da wir reifer und uns unseres Alterns bewußter werden und das Altern oder den Tod unserer Eltern mit ansehen. Dieses Stadium nennt Daniel Levinson *ein selbständiger Mann oder eine selbständige Frau werden.*[45] Dazu mag es manchmal erforderlich sein, daß wir eine frühere berufliche Stellung, Beziehung oder angesehene Position zurückweisen, um uns einem Lehrer oder Mentor anzuschließen. Wir treffen nun strategisch wichtige Entscheidungen, die es uns ermöglichen, ein Gefühl von echtem Fortschritt in unserer Karriere und beim Vorwärtskommen in Richtung unserer persönlichen Ziele zu empfinden.

In der »Midlife-crisis«, im Alter zwischen 40 und 45 Jahren, ist der Saturnzyklus wieder mit dem Uranuszyklus verbunden, was eine der dramatischsten Lebensphasen zur Folge hat. Saturn ist nun zum zweiten Mal in Opposition zu seiner Radixstellung gelaufen, während Uranus eine Opposition zu seiner eigenen Radixstellung bildet. Wegen der Saturn-Opposition können wir Erfüllung und Aufstieg erleben oder aber eine Zeit der Frustration, der Rückschläge oder der Unzufriedenheit mit unserer Arbeit oder mit unseren Beziehungen. Während dieses

Stadiums mögen wir durchaus dabei sein, unsere Träume zu verwirklichen. Es ist jedoch auch eine Zeit wichtiger Neubewertung, in der wir unsere eigenen Ziele, Werte und Ambitionen gegen die Erwartungen unserer Familie, unserer Peergroup oder der Gesellschaft abwägen. Aufgrund der Uranus-Opposition empfinden wir möglicherweise eine wachsende Spannung zwischen der gesellschaftlichen und der familiären Verantwortung einerseits und der Sehnsucht, einen neuen Anfang in eine völlig andere, unabhängigere Richtung andererseits zu machen. Ich nenne diesen Entwicklungskonflikt *Freiheit versus Frustration*. Wir stellen alles in Frage, was uns daran hindert, unsere Einzigartigkeit und wahre Identität zum Ausdruck zu bringen, und vielleicht revoltieren wir gegen die uns auferlegten Verpflichtungen – was zu beruflichen Veränderungen und Scheidungen führt, wie sie nun manchmal vorkommen. Es kann auch eine höchst produktive Phase sein, in der sich unsere kreativen Kräfte voll entfalten. Richard Tarnas hat das Auftauchen und den Ausdruck des persönlichen Genius, der Brillanz und Originalität während der Uranus-Opposition im Leben vieler großer Denker, Künstler und Wissenschaftler belegt.[46]

Im Alter von 44 und 59 Jahren, zwischen der zweiten Saturn-Opposition und der zweiten Saturnwiederkehr, bauen wir durch ausdauerndes Bemühen und stetiges Engagement unsere stabilsten Strukturen und verläßlichsten Fertigkeiten weiter aus. Alexander Ruperti hat jedoch darauf hingewiesen, daß wir vielleicht resignieren und uns den kollektiven Normen unterordnen, falls die Lücke zwischen unseren Idealen und der Realität unseres Lebens zu groß sein sollte.[47] Erfüllung oder eine Krise können dadurch entstehen, daß die Kinder erwachsen sind und wegziehen, daß die Jahre des Kinderkriegens vorbei sind und die körperliche Vitalität abnimmt. Berufliche oder familiäre Verpflichtungen oder unser eigenes Lebenswerk haben gewöhnlich Vorrang, und unser Wunsch, einen positiven gesellschaftlichen Beitrag zu leisten, mag nun am stärksten sein. Eine andere Möglichkeit besteht darin, daß wir uns aus Mangel an sozialem Aufstieg oder bedeutenden Leistungen als Versager fühlen. Dennoch ist immer noch genug Zeit, um einen Neubeginn zu wagen, indem wir uns beruflich stark verändern, neue geschäftliche Unternehmungen oder kreative Aktionen starten. Saturn verlangt jetzt von uns taktisch gut durchdachte Handlungen: daß wir nun die Strukturen errichten, innerhalb derer wir älter werden können und daß wir ein Gefühl der Zufriedenheit mit dem, was wir in unserem Leben geleistet haben, erlangen können. Nach Erikson konzentrieren wir uns im mittleren Erwachsenenalter auf den Kampf *Generativität versus Stagnation*. In diesem Kampf versuchen wir, unsere Fürsorge für andere auszudrücken und einen dauerhaften Beitrag für zukünftige Generationen zu leisten, und das mag vielleicht auch unsere Unsterblichkeit sicherstellen. Besonders die Zeit zwischen 56 und 60 Jahren, was der zweiten Saturnwiederkehr und dem abnehmenden Uranus-Trigon entspricht, ist für die Produktivität und Kreativität äußerst wichtig. In einigen Fällen entspricht die zweite Saturnwiederkehr einem Höhepunkt an Autorität, Verdiensten und Anerkennung in der Gesellschaft. Man kann eine neue Größe und Bekanntheit auf dem eigenen Spezialgebiet erlangen. Andere werden sich bewußt, wie erschöpft sie sind und freuen sich auf den Ruhestand. Auf jeden Fall merken wir jetzt, daß wir wirklich älter werden, und wir müssen unser Denken und unsere Aufmerksamkeit auf höhere Dinge richten – ganz gleich, ob man diese mit religiösen, philosophischen, ethischen oder mystischen Begriffen erklärt. Wir beginnen nun, nach einem Bezugsrahmen und der Quelle der Bedeutung zu suchen, die unsere spezielle Lebensgeschichte, unsere Leistung und Identität transzendiert. Saturns Lektion lautet: Jeder einzelne Moment ist kostbar. Im alten Indien war dies die Zeit, um sich aus der Welt der Ambitionen und des Strebens zurückzuziehen und sich der Meditation und dem spirituellen Leben zu widmen. Nun, da wir unsere individuellen Ziele erreicht und unsere gesellschaftlichen Verpflichtungen erfüllt haben, können wir anfangen, ruhiger zu werden und uns auf die innere Suche zu begeben, auf einen Pfad der Meditation, der Kontemplation oder der künstlerischen Entdeckungen. Am wichtigsten ist, daß wir beginnen, das Leben aus einer Perspektive zu betrachten, die über persönliche Ambitionen und gesellschaftlichen Status hinausreicht.

Nach der zweiten Saturnwiederkehr im Alter von ungefähr 59 Jahren rückt der Alterungsprozeß vielleicht immer stärker ins Zentrum unserer Aufmerksamkeit. Die Herausforderung besteht nun darin, den körperlichen Verfall, die Pensionierung und den Tod von Ehepartner und Freunden gefaßt mitanzusehen, indem wir die Veränderung friedlich hinnehmen. Das Saturn-Quadrat im Alter von 65 bis 66 Jahren geht häufig mit einer Krise einher, weil wir darum kämpfen, uns auf die Erfüllung unserer verbleibenden Ziele zuzubewegen. Die Opposition im Alter von 73 bis 74 Jahren markiert einen Höhepunkt – die Aussöhnung mit unserem Leben und mit anderen, oder aber tiefsitzende Gefühle von Verzweiflung oder Versagthaben. Obwohl unsere Kräfte nun schwächer werden mögen, ist dies eine Zeit, in der echte Reife erworben und gezeigt wird. Körperliche Gebrechlichkeit kann jetzt Realität werden, doch die Weisheit als Ernte eines erfüllten Lebens schenkt uns neue Kraft zum Weitermachen.

Menschen, die bis zur Uranuswiederkehr im Alter von 84 Jahren und zur dritten Saturnwiederkehr mit 88 Jahren bewußt leben, verfügen über das Potential, in der Welt Transformation zu verkörpern, indem sie die Werte früherer Generationen in ihrem Gedächtnis und in ihrem Erfahrungsschatz aufbewahren. Diese weisen Alten können uns daran erinnern, woher wir kommen, an unsere Wurzeln und unseren Ursprung, an die Stimmen unserer Ahnen. Sie sind stark in ihren Überzeugungen, obwohl sie oftmals ruhig und selbstgenügsam leben müssen, während die Jüngeren und weniger Weisen den Tag beherrschen. Jetzt ist die Zeit, den Tanz des Lebens ruhig mitanzusehen, wie ein Panther, der an einem Sommermorgen vollkommen ruhig und zufrieden im Schatten liegt.

Uranus: Der Raum jenseits von Saturn

Wenn wir erfolgreich jedes wichtige Entwicklungsstadium durchlaufen, wie es von Saturns Transitzyklus symbolisiert wird, erreichen wir in unserer Gesellschaft Integration. Doch wir haben auch gesehen, daß der Einfluß von Uranus uns in jeder Lebensphase mit einem Drang nach Freiheit und Rebellion erfüllen kann. Zu solchen Zeiten zeigen wir zwar manche gesellschaftlich unangepaßten Verhaltensweisen, Interessen oder Impulse, aber unsere ungewöhnlichen, oft kontroversen Bestrebungen repräsentieren auch soziale, intellektuelle, moralische oder künstlerische Durchbrüche, die eines Tages die gesamte Kultur beeinflussen können. In solch einem Fall wird die Anpassung an die Gesellschaft (Saturn) von dem Gefühl begleitet, daß wir mit unserem persönlichen Leben einen kreativen Beitrag zur gesellschaftlichen Verbesserung und zur kulturellen Entwicklung leisten. Jeder bewußte Mensch, der auf die entwicklungsmäßigen Herausforderungen von Uranus reagiert und ein freies Individuum wird, hilft der Menschheit, sich voranzubewegen, indem er die mentalen Konditionierungen der Tradition durchbricht und die Welt neu erfindet. Ein solcher Mensch mag sich politische Befreiung und Freiheit von Unterdrückung vorstellen oder neue Technologien entdecken, um Probleme besser lösen und menschlichen sowie planetaren Bedürfnissen dienen zu können. Das uranische Individuum kann künstlerisch ein Genie sein, das mit allem bisher Dagewesenen bricht und einen einzigartigen Stil prägt, oder ein Mensch, der versucht, in der Erziehung seines Kindes progressive Werte umzusetzen oder sich seinen Lebensunterhalt unabhängig als Selbständiger zu verdienen.

Die Lektion von Uranus lautet, daß es jenseits von Saturn freien Raum gibt. Wir können neue Strukturen kreieren, neue Werte, neue selbstbestimmte Rollenmodelle. Uranus ist die Freiheit von kultureller Konditionierung und die Kraft, Entdeckungen zu machen. Auf Uranus eingestimmte Menschen sind die Saatmänner und Saatfrauen, deren Leben uns einen kurzen Blick auf die Zukunft erhaschen läßt. Wenn wir auf Uranus reagieren, besteht natürlich immer die Gefahr, im Exil zu leben, lächerlich gemacht zu werden oder außerhalb der Gesellschaft zu stehen. Aber da ist auch ein Hochgefühl, das daraus resultiert, Risiken auf sich zu nehmen, Annahmen in Fragen zu stellen, unseren eigenen Weg zu gehen und unseren Einfallsreichtum zu demonstrieren. Wir können das produktiv tun, wenn wir die richtige Mischung finden zwischen dem abenteuerlustigen, innovativen Geist von Uranus einerseits und Saturns Pragmatismus, dem Respekt vor gesellschaftlichen Institutionen und dem gesunden Überlebensinstinkt andererseits.

Während der laufende Uranus ein Quadrat zu seiner Radix-Sonne bildete, befand sich Dr. Jackson, ein angesehener Arzt, in einem tiefen Dilemma. Seine wahren Interessen lagen zunehmend in Richtung Pflanzenheilkunde, Homöopathie und anderen alternativen Behandlungsmethoden. Seine Kollegen drängten ihn, »in die Realität zurückzukehren« und aufzuhören, sich mit diesen grotesken Ideen zu befassen. Sie rieten ihm, doch zumindest seinen Ruf zu schützen, indem er nicht öffentlich mit »Verrückten«, »Quacksalbern« und »gesellschaftlichen Randgruppen« verkehren sollte. Obwohl seine neuen medizinischen Methoden seine Kollegen schockierten, wußte Dr. Jackson, daß er diese Interessen weiterverfolgen mußte, wenn er sich selbst treu bleiben wollte. Er forderte die unflexiblen (Saturn) Ansichten und Lehrmeinungen seiner Berufskollegen heraus und referierte auf großen Versammlungen und Konferenzen über die Notwendigkeit, die westliche Medizin zugunsten einer ganzheitlicheren Perspektive zu reformieren. Diese Aktionen verursachten große Kontroversen. Trotzdem war Dr. Jackson von Begeisterung erfüllt, weil er wußte, daß er an einem Trend teilhatte, der auf lange Sicht die Gesellschaft und die Medizin von Grund auf verändern würde. Er nahm weiter aktiv an den Veranstaltungen seiner Berufsverbände teil, praktizierte als verantwortungsbewußter Mediziner und präsentierte seine Ergebnisse in wissenschaftlich fundierter Weise. Infolgedessen begannen einige seiner Kollegen, ihm zuzuhören und manche seiner Ansichten und Erkenntnisse in ihre eigene Arbeit zu integrieren. Wenn wir auf Uranus eingestimmt sind, verschiebt sich der Brennpunkt unserer Entwicklung von der einfachen Anpassung an die Welt, in der wir leben, hin zu dem aktiven Interesse daran, wie unsere Handlungen die Welt *von Grund auf verändern* können. Die Lektion von Uranus lautet, daß wir die Instrumente sind, mit denen die Welt erneuert werden kann.

Neptun, Pluto
und transpersonale Stadien
der Selbstentwicklung

Im letzten Kapitel sahen wir, wie Uranus uns zu Innovation und Individualisation inspiriert, damit wir der Evolution der Menschheit dienen. Das Individuum mit diesem Bewußtseinsstand empfängt Inspiration für Experimente und Entdeckungen, die über die persönliche Bedeutung hinausreichen. Uranus symbolisiert den Beginn des Übergangs in den Bereich jenseits des Ego. Inspiriert vom universellen Geist und vom Erfindungsgeist beginnt das Individuum, sich von der Kraft des Universums elektrisieren zu lassen. Mit Neptun erreichen wir eine Ebene, auf der wir die körperlichen und mentalen Begrenzungen des egozentrierten Bewußtseins überschreiten, und wir fangen an, unsere Grenzenlosigkeit zu erfahren. Neptun erweckt neue Bewußtseinskräfte und zieht uns weiter zu transpersonalen Stadien der Selbstentwicklung.

In den vorangegangenen Kapiteln sahen wir, daß neben unserem Bedürfnis nach Erfüllung von Liebe, Sexualität und Beziehungen (Venus und Mars) mit emotionaler Zufriedenheit (Mond) und der Entwicklung von Scharfsinn und intellektueller Tiefe (Merkur und Jupiter) im Laufe der Entwicklung zwei wichtige Herausforderungen zu bestehen sind, um Stabilität innerhalb der gesellschaftlichen Ordnung (Saturn) und Freiheit zu erlangen, damit wir unsere Individualität (Uranus) zum Ausdruck bringen können. Mit diesen verschiedenen Entwicklungsprozessen ist aber die Sehnsucht des Menschen nach Transzendenz verwoben, nach jenem Frieden, der nur solchen Erfahrungen entspringt, die man am besten als zeitlos, ekstatisch, heilig oder mystisch beschreibt. Diese außergewöhnlichen Zustände bringt man mit Neptun in Verbindung.

Neptun ist das Planetensymbol für Inspiration, jenes unerwartete und unerklärliche Einfließen von Visionen und kreativen Einsichten, das Schriftstellern, Künstlern, Musikern, Unternehmern oder kreativen Menschen aller Lebensbereiche manchmal widerfährt. Die bedeutendsten menschlichen Errungenschaften in Kunst und Wissenschaft entstammen dem Reich der Intuition und Imagination – beides wird von Neptun symbolisiert. Seine Bedeutung für die menschliche Entwicklung ist unübersehbar.

Neptun repräsentiert die Ausdehnung unseres Bewußtseins in Dimensionen jenseits der profanen Welt der Materie – ganz gleich, ob durch Imagination, Träume oder religiöse Erfahrungen. Er symbolisiert unsere Sehnsucht nach spiritueller Entfaltung hin zu einem Zustand der Erleuchtung oder der Selbstverwirklichung. Ein Schritt in diese Richtung ist, daß Neptun meistens einen alchimistischen Prozeß in Gang setzt, in dessen Verlauf wir fühlen, wie wir uns auflösen. Häufig geht dies mit einer Angst vor Kontrollverlust einher oder mit dem Gefühl, keine Grenzen zu haben. Wenn wir unsere Angst vor Auflösung zu überwinden vermögen, kann das Bedürfnis, jemand besonderes zu sein, plötzlich weniger wichtig scheinen und zu weichen beginnen, wenn wir uns eines großen Lichts in uns selbst gewahr werden. Unter Neptuns Einfluß transzendieren wir unsere Gedanken, unsere Wünsche und Vorstellungen von uns selbst. Unser Geist wird atemberaubend klar und ruhig, und unser eigenes Wesen geht über in reines Bewußtsein, die göttliche Anwesenheit, das ewige Leben. Indem wir lernen, in diesem unermeßlichen inneren Schweigen zu verweilen, beginnt sich ein strahlendes, formloses, unendliches Bewußtsein zu manifestieren – das *Atman*, das Selbst. Neptun gewährt uns einen kurzen Einblick in diesen Zustand, der, wie uns so viele spirituelle Traditionen lehren, das Ziel unseres Daseins ist; ein Zustand, in dem wir uns bewußt werden, daß wir grenzenlos und voller Licht sind und daß wir Zugang zu Intuition und inneren Visionen haben.

Neptun wird mit der Erforschung außergewöhnlicher Bewußtseinszustände in Verbindung gebracht, die ausführlich von transpersonalen Psychologen untersucht worden sind. Autoren wie Ken Wilber, Michael Murphy und Frances Vaughan haben aufgezeigt, daß die meisten Theorien der westlichen Psychologie das Entstehen eines reifen, stabilen Egos für das höchste Entwicklungsstadium halten, das erreicht werden kann, wobei sie riesige Bereiche unseres menschlichen Entwicklungspotentials übergehen.[48] Es gehört zu den Aufgaben der transpersonalen Psychologie, Erfahrungen, die über das normale Ego-Bewußtsein und die Grenzen von Raum und Zeit hinausgehen, zu beschreiben und zu verstehen. Nach Ansicht von Dr. Stanislav Grof umfassen diese transpersonalen Zustände die Identifikation mit anderen Menschen, mit Gruppen oder ganzen Nationen, sogar mit anderen Spezies oder der Biosphäre selbst; Erinnerungen an frühere Leben; Erinnerungen an die Geschichte der Erde; Erinnerungen aus den Leben unserer Eltern oder Ahnen; das Erwachen der Kundalini; die Kommunikation mit Verstorbenen; die Fähigkeit, die Aura zu sehen; Hellsichtigkeit, Telepathie oder andere Phänomene; Kontakt mit Tiergeistern; Channeling; Besuche von UFOs; die intuitive Entzifferung universaler Symbole und Erfahrungen von Schöpfer und kosmischem Bewußtsein.[49] Neptun ist das Symbol dafür, daß die Bewegung in transpersonale Bereiche, wie sie von Mystikern und Sehern beschrieben wurden, ganz natürlich zu unserer Evolution gehört, selbst wenn nur wenige sich bewußt auf diesen Prozeß einlassen.

Unter Neptuns Einfluß können wir uns in einen Zustand spiritueller Befreiung, innerer Erleuchtung oder der Vereinigung mit Gott versetzt fühlen, wie sie in vielen mystischen Traditionen beschrieben wird. Aber Neptun kann sich symptomatisch auch als Abhängigkeit äußern oder in Form von Schwierigkeiten, in der materiellen Welt zu bestehen, als Versunkenheit in Phantasien, Wahnvorstellungen und Halluzinationen oder als seltsame Vorstellungen. Neptun ruft zwar manchmal Phasen bewußten spirituellen Wachstums hervor, in anderen Fällen kann er einen Menschen jedoch auf einen Zustand der Desorientierung, Hilflosigkeit, Passivität, Sucht, Rückzug oder die Unfähigkeit zu funktionieren, reduzieren. Berater müssen darauf vorbereitet sein, daß Klienten manchmal Symptome von unerklärlicher Schwäche, einen Verlust an Lebenskraft oder Konzentrationsmangel an den Tag legen, die oftmals in direktem Zusammenhang mit Transiten oder Progressionen von Neptun stehen.

Ein klassisches Beispiel für einen solchen Prozeß ist vielleicht C. G. Jung, der eine ernste psychologische und berufliche Krise durchlebte, als Neptun im Transit über seinen Deszendenten und seine Radix-Sonne lief – er nannte diese Periode seine »Konfrontation mit dem kollektiven Unbewußten«.[50] Jung wurde von Visionen, bizarren und oft prophetischen Träumen und übersinnlichen Phänomen überflutet. Sein Phantasieleben wurde so aktiv, daß er gezwungen war, sich für längere Zeiträume in seinen Turm in Bollingen, in der Schweiz, zurückzuziehen, wo er seinem Unterbewußtsein mittels Zeichnen, Malen, Traumarbeit, mythologischen Studien und dem Bauen mit Steinen freies Regiment gab. Er erlebte Besuche eines uralten, gnostischen, spirituellen Lehrers namens Philemon, und er verfaßte in einem Prozeß automatischen Schreibens ein Buch mit dem Titel »Sieben Predigten an die Toten«.[51] Es war zwar eine sehr stürmische und verwirrende Lebensphase für Jung, es war jedoch auch die Zeit seiner wichtigsten Entdeckungen und Erkenntnisse.

Neptun und der Ort der Kontrolle

Damit man die entwicklungsmäßigen Herausforderungen, die mit Neptun zusammenhängen, verstehen kann, ist es hilfreich, eingehend Julian Rotters Konzept des *Ortes der Kontrolle*, der in zwei Formen erscheint, zu betrachten. Ein *äußerer* Ort der Kontrolle ist der Glauben, daß das, was uns widerfährt, von äußeren Kräften regiert wird. Ein *innerer* Ort der Kontrolle ist der Glaube, daß, was mit uns geschieht, von unseren eigenen Anstrengungen und Fertigkeiten bestimmt wird, was auf ein Gefühl der Kontrolle über die Ereignisse hinweist.

Unser Sinn für einen Ort der Kontrolle beeinflußt unser Verhalten sehr stark. Menschen mit einem inneren Ort der Kontrolle neigen dazu, höhere Schulabschlüsse zu erreichen, besser für sich selbst zu sorgen, und sie sind im allgemeinen erfolgreicher. Jene mit einem äußeren Ort der Kontrolle sind eher für die »erlernte Hilflosigkeit« anfällig, wie es Psychologen nennen, ein Begriff, der die Not von Menschen beschreibt, die hoffnungslos, passiv und unfähig sind, Anstrengungen zu unternehmen, um mit ihren Problemen zurechtzukommen, selbst wenn sie genügend Fähigkeiten und Mittel besitzen. Erlernte Hilflosigkeit ist der Glaube, daß nichts, was wir tun, eine Rolle spielt oder unsere Situation verbessern kann. Sie hängt eng mit der Depression zusammen, die sich häufig auf das Gefühl zurückführen läßt, daß wir die Umstände nicht beeinflussen können. Das ist ein Neptunproblem. Neptun kann unsere Motivation (Mars) und persönliche Effektivität (Saturn) lähmen, wobei er uns häufig das Gefühl gibt, daß wir hilflos sind und keine Kontrolle haben. Während Neptun über seinen Radix-Saturn lief, war David (s. Kapitel 3) unfähig, seine Ziele innerhalb der Gesellschaft zu definieren oder irgendwelche Verantwortung zu übernehmen. In dieser Zeit war er verwirrt und sich nicht im klaren, welche Richtung er einschlagen sollte, und er war unfähig, Entscheidungen zu treffen, die seinen Arbeitsplatz oder seinen beruflichen Weg betrafen.

Im vierten Kapitel habe ich bereits erörtert, daß viele Menschen die Astrologie mit einem äußeren Ort der Kontrolle gleichsetzen und der Ansicht sind, daß unser Erfolg und Mißerfolg allein auf das Schicksal und den Einfluß der Planeten zurückzuführen ist statt auf unsere eigene Intelligenz, unsere Begabungen und Anstrengungen. Aber letztlich lehrt uns die Astrologie, erlernte Hilflosigkeit zu überwinden und einen inneren Ort der Kontrolle zu entwickeln. Wir lernen, daß die Planeten in uns sind, indem sie Teile von uns selbst symbolisieren, und daß unsere eigenen Fähigkeiten, unsere Intelligenz und unsere Handlungen den Ausgang unserer Konfrontationen mit diesen Planetenkräften beeinflussen. Wir erfahren, daß das gesamte Drama der Entwicklung in unserer eigenen Psyche stattfindet. Jeder Planet evoziert bestimmte Arten von Ereignissen und Situationen, die uns auffordern, zu wachsen und uns zu verändern, indem sie es uns ermöglichen, ein neues Bewußtsein zu entwickeln und eine ausgeglichenere Persönlichkeit zu werden. Durch die Konfrontation mit äußeren Autoritätspersonen entwickeln wir beispielsweise unseren eigenen Sinn für Disziplin, Struktur und Verantwortung (Saturn). Neptuns Besuche enthüllen uns unsere lebendige Beziehung zum gesamten Kosmos, das eine Bewußtsein, das wir mit den Sternen, Wolken, Bergen, Enten, Schlangen und dem Wild teilen. Neptuns Entwicklungsziel ist es, dieses expansive Gefühl der Kommunion mit allem Lebendigen zu erwecken.

Neptun, Glaube und Selbstweihe

Durch Neptuns Einfluß erkennen wir schließlich, daß es eine höhere Ordnung, eine höhere Intelligenz oder Absicht gibt, die unserem Leben eine Richtung gibt. Wir können dies den Willen des Großen Geistes, die Entfaltung des Karmas oder das Tao, den natürlichen Lauf der Dinge, nennen. Ganz gleich, wie wir es bezeichnen, diese Erkenntnis erweckt Glauben, ein Vertrauen in die Entfaltung des Lebens. Diese Haltung ist als Hingabe bekannt. Während Neptun in Opposition zu ihrer Sonne stand, war eine Frau namens Vicki nicht mehr fähig, sich auf ihre Büroarbeit zu konzentrieren. Schließlich kündigte sie, um sich ihrem neuen Beruf als spirituelle Heilerin und Erzieherin zu widmen. Trotz der prekären finanziellen Situation, in die sie diese Entscheidung brachte, fühlte sie sich dazu gezwungen, diese Wahl zu treffen, so als sei sie ihr von einem höheren Gesetz befohlen worden – von ihrem wahren Selbst. Es schien zwar ein sehr unpraktischer (Neptun) Weg zu sein, aber Vicki fühlte sich von innen her geführt, diese Arbeit anzustreben, denn sie spürte, daß diese Arbeit anderen Menschen wahrhaft nützlich sein würde.

Während der Transite oder Progressionen, an denen Neptun beteiligt ist, zählt am meisten, daß wir uns selbst wirklich vollkommen hingeben. Im Zustand der Verwirrung, der häufig mit Neptun in Zusammenhang gebracht wird, wissen wir nicht, was richtig ist. Wir sind im unklaren, und wir sind häufig unfähig, unseren Handlungswillen zu mobilisieren. Wenn wir jedoch lernen, festen Halt zu finden, indem wir einen Glauben entwickeln, der über die Sorgen unseres rationalen Verstandes hinausreicht, können wir erfahren, wie sich unser Wille bewußt mit dem Willen des Universums vereint. In solchen Phasen merken wir, daß wir von unsichtbaren, geheimnisvollen Kräften mitgerissen werden, die viel größer und intelligenter sind als wir selbst. Mit der Zeit wächst unsere Bereitschaft, loszulassen und auf den Lauf unseres Schicksals zu vertrauen. Neptuns ozeanische Gezeiten spülen einiges aus unserem Leben hinaus in die See, in das Nichts; doch in ihrem Sog ist alles frisch und sauber. Wir fangen an, der Güte des Lebens, der Gnade und dem geheimnisvollen Beistand zu vertrauen, den wir manchmal aus unsichtbaren Quellen empfangen.

Eine Frau, in deren Horoskop der laufende Neptun in Konjunktion zum Deszendenten stand, spürte, daß ihre Ehe sich auflöste und daß sie und ihr Partner auseinanderdrifteten und echte Nähe vermieden (Neptun). Sie wartete eine Zeitlang und dachte daran, ihren Ehemann zu verlassen, aber irgendwie war ihr Wille nicht stark genug, um diesen Kurs einzuschlagen. Sie wünschte sich einfach nur, daß, ganz gleich was nun passieren mochte, es zum Besten für sie beide sowie für alle anderen sein möge. Mitten in diesem Stadium der Ungewißheit setzte sie sich eines Tages hin, um zu meditieren, und hatte die deutliche Vision, daß es zwischen ihrem Ehemann und ihr keinen grundsätzlichen Unterschied gab. Sie waren im Kern ein Wesen. Sie gab sich der Ehe hin, indem sie sich ihrem Mann widmete, und sie fühlte, wie sie beide begannen, auf den tiefsten Ebenen ihrer siebzehnjährigen Ehe einzuwerden. Sie fingen an, einander mehr zu lieben als je zuvor, und gemeinsam erreichten sie einen Zustand der Ekstase, Neptuns größtes Geschenk.

Neptuns Einfluß bringt eine wichtige Veränderung in den persönlichen Verpflichtungen mit sich, denn in dem Moment, in dem wir unser egoistisches Streben und Wünschen aufgeben, fangen wir an, unser Leben auf natürliche Weise dem Dienen zu weihen. Dane Rudhyar nannte diesen Akt »sich dem Ganzen weihen« und betrachtete ihn als wesentlichen Wendepunkt auf dem Pfad der transpersonalen Lebensweise.[52]

Ich selbst machte diese Erfahrung vor vielen Jahren, als ich in einer lauten, überfüllten, dreckigen Stadt lebte. Eines Tages, als der laufende Saturn genau in Konjunktion zu meinem Radix-Neptun stand, ging ich auf der Suche nach einem Job die Straße entlang. Irgendwann stieß ich innerlich ein Gebet aus: »Laß mich etwas mit meinem Leben tun, das zur Heilung der Erde beiträgt!« Genau in diesem Augenblick fühlte ich, wie eine Welle von Glückseligkeit über mich kam, als mein Gebet sofort Antwort erhielt – in Form von Segen aus dem Universum. In solchen Momenten erleben wir, wie unser Herz weicher wird und sich wandelt, was häufig zu Visionen, Träumen und Vorahnungen darüber führt, auf welche Weise unser Leben und unsere Handlungen allen Lebewesen von größtmöglichem Nutzen sein können.

Viele Psychologen und Therapeuten betrachten die Vorstellung von Hingabe oder Selbstweihe als Verirrung, als Zeichen einer übersteigerten Religiosität, eine Schwächung des Ego oder die Vermeidung des Kampfes, durch eigene Willensanstrengungen zu einem Individuum zu werden. Im Gegensatz dazu lautet die astrologische Perspektive, daß es Entwicklungsstadien gibt, in denen wir bereit sind, über den Überlebenskampf, das Streben nach sozialem Status, die Suche nach Liebe von anderen Menschen hinauszugehen – Zeiten, in denen wir Zustände jenseits von Form und Zeit und jenseits von uns selbst probieren. Neptun ist ein Symbol dafür, daß wir auf diese anderen Dimensionen des Menschheitserbes Anspruch erheben können, auf diese unermeßlichen Potentiale von Geist und Bewußtsein, die die meisten von uns niemals zuvor anerkannt haben. Neptun lehrt uns den Wert der inneren Umkehr und der Öffnung für die Berührung durch den Geist, die Ausgießung der Gnade. Seine Lektion besteht darin, daß es eine Intensität der Heilung gibt, die nur aus der Reise zu den höchsten Orten der Vision entspringt, aus der Einstimmung auf überbewußte Reiche und aus dem Erwachen eines friedlichen, altruistischen Herzens, das gefüllt ist mit dem, was die Buddhisten *Maitri* oder *universelle Freundlichkeit* nennen.

Plutonische Initiation und transpersonales Wachstum

Neptuns Lektionen können wir nur begreifen, wenn wir seine Aktivität mit der von Pluto abstimmen. Denn um Einheit mit dem Universum zu erfahren, müssen wir zunächst geprüft werden, um zu sehen, ob wir selbst mit unserem schlimmsten Feind ein Einssein wahrnehmen können. Pluto und Neptun operieren als Paar, indem sie die beiden wichtigsten Facetten der transpersonalen Entwicklung symbolisieren. Wenn Neptun die Offenbarung des Lichts verkörpert, dann ist Pluto die Offenbarung, die aus der Konfrontation mit der dunklen, verborgenen Seite des Lebens stammt. Neptun ist das transpersonale Ideal, die Vision von Einheit, Erleuchtung und universellem Mitgefühl. Pluto ist die Feuerprobe, die uns in Vorbereitung auf das transpersonale Leben prüft, indem sie uns von selbstzentrierten Absichten und Motivationen reinigt.

Neptun gewährt uns kurze Einblicke in die Perfektion und das Erwachen weitreichender Ideale, doch er läßt auch große Bereiche unserer Persönlichkeit unperfekt und im Verborgenen zurück. Pluto wirkt Neptuns Tendenz zu leugnen entgegen, indem er uns zeigt, welche Dinge in unserem eigenen Inneren uns daran hindern, unsere größten Potentiale zu verwirklichen. Pluto bringt die drei Gifte[53] Gier, Haß und Illusion zum Vorschein und eliminiert sie, denn diese Gifte verdunkeln unsere natürliche Klarheit und Offenheit: die heitere Ruhe, den visionären Weitblick und die durch Neptun symbolisierte Sorge um das Universum. Pluto regiert die Fixierung. Er zeigt uns, worauf unser Bewußtsein fixiert ist, so daß wir uns davon befreien können. Er kann enthüllen, wie wir von Reichtum oder einem anderen Objekt der Begierde besessen sind; er kann besitzergreifende Eifersucht heraufbeschwören. Dadurch, daß Pluto dieses Material ans Licht des Bewußtseins bringt, versucht er, die Verfeinerung und Verbesserung unseres Charakters herbeizuführen.

Isabel Hickey schrieb, daß Pluto der Katalysator für einen Prozeß ist, durch den der Mensch »zum Diener des wahren Selbst« wird »und seinen richtigen Platz als ein Kanal einnimmt, durch den die Kraft des wahren Selbst fließen kann«[54]. Ihrer Ansicht nach »ist Pluto der Tod des abgespaltenen Selbst.« Er lehrt uns, »zum Selbst hin zu sterben und in ein Selbst hineingeboren zu werden.« Dieser Planet fordert uns dazu auf, »gewillt zu sein, auf der persönlichen Ebene nichts zu sein«, Demut erwachen zu lassen und unseren Willen angemessen einzusetzen. Sie beobachtet, daß »jede Saat in der Dunkelheit der Erde begraben sein muß, bevor sie aus ihrer Schale hervorbrechen und ans Licht kommen kann.« Folglich pflegt Plutos Einfluß extremes Licht und extremen Schatten mit sich zu bringen: Aufbau oder Zerstörung; Erleuchtung oder Besessenheit; Weisheit oder Kampf. Hickey schreibt, daß wir häufig erst durch schmerzhafte Erfahrungen zum Licht hin wachsen können.[55]

Für mich ist Pluto der Planet der tiefen Reintegration, Metamorphose, radikaler Bewußtseinsveränderungen und Wiedergeburtserfahrungen. Sein Ziel ist die Meisterung des Selbst und die Zunahme unserer persönlichen Macht und Effektivität. Als Pluto im Transit in Opposition zu ihrer Sonne lief, verließ eine junge Frau zum ersten Mal ihr Elternhaus, um aufs College zu gehen und ihre alte Identität als zynischer, entfremdeter Teenager abzustreifen, indem sie zu einer hoffnungsvollen, energiegeladenen Frau mit einem aktiven gesellschaftlichen Leben und genau festgelegten beruflichen Zielen wurde. Als der laufende Pluto ein Quadrat zu seiner Radix-Sonne bildete, verdiente ein Rechtsanwalt mehr Geld als je zuvor und gewann einen Fall mit hoher Publicity, bei dem er einen korrupten Rechtsanwalt der gegnerischen Seite in die Knie zwang. Letzteres Beispiel veranschaulicht, daß Pluto uns zuweilen dazu auffordert, sich Korruption oder kriminellen Handlungen entgegenzustellen.

Manchmal manifestiert sich Pluto aber auch in weitaus extremerer Weise, nämlich dadurch, daß wir mit schwierigen Umständen konfrontiert werden. Indem ich diese Zeilen schreibe (Oktober 1995), bilden Mars und Pluto eine Konjunktion. In der letzten Woche wurde in mein Haus eingebrochen, das Auto meines Nachbarn wurde mutwillig beschädigt, ein anderer Nachbar wurde mit vorgehaltener Pistole ausgeraubt und ein weiterer war in einen Akt häuslicher Gewalt verwickelt. Ein großer Waldbrand hat gerade ein beträchtliches Gebiet des schönen Parks in Point Reyes in Marin County (Kalifornien) vernichtet. Diese Ereignisse sind für Pluto nicht ungewöhnlich: Verbrechen, Trauma, Verletzung persönlicher Grenzen und zerstörerische Naturkatastrophen. Hinzu kommt, daß mein Klärbehälter explodierte und der Inhalt sich über meinen gesamten Vorgarten ergoß; Pluto regiert Abwasser, die Rückkehr des Unterdrückten und den Zusammenbruch aller Strukturen, die nicht mehr tragfähig sind.

Was die Entwicklung angeht, so weist Pluto darauf hin, in welcher Weise ein Mensch auf die Tragödien reagiert, die unvermeidbare Bestandteile der Geschichte und der menschlichen Existenz sind. Pluto regiert eifernde Borniertheit und Rassismus. Unter seinem Einfluß erleben wir vielleicht historische Ereignisse mit, die Manifestationen von uraltem Haß sind, der jahrhundertealte Fehden am Leben erhält, beispielsweise die gegenseitigen Feindseligkeiten mancher Juden und Araber oder der Haß, der den Krieg in Bosnien-Herzegowina anheizte. Pluto beeinflußte meinen Vater sehr stark, der zu der Generation von Soldaten gehörte, die in den Schlachten des 2. Weltkrieges kämpften, von denen die meisten zwischen 1915 und 1925 geboren waren und in deren Horoskopen Pluto auf den ersten Graden von Krebs stand. Der Pluto meines Vaters besetzte 10° Krebs. 1945, bei Kriegsende, lief Saturn im Transit gerade über die ersten Grade von Krebs und damit auch über seinen Radix-Pluto sowie den seiner gesamten Generation. Sein Blickwinkel veränderte sich radikal und unwiderruflich, als der Horror und die Greueltaten des Völkermordes, den die Nazis begangen hatten, und deren Massenverbrennungen entdeckt wurden und als die ganze Welt Zeuge des vernichtenden Atombombenabwurfs auf Japan wurde. Durch die Konfrontation mit Grausamkeit und Brutalität, faschistischer Politik, Gewalt und den Tod lehrt Pluto uns, unsere Freiheit und die Kostbarkeit des Lebens wertzuschätzen. Jedoch können die Situationen, die mit Pluto in Zusammenhang gebracht werden, häufig ebenso anhaltende Bosheit und Mißtrauen hervorrufen, Gefühle, die uns vergiften können, wenn sie nicht ausgeschieden und losgelassen werden.

Technisch gesehen symbolisiert Pluto kein bestimmtes Entwicklungsstadium. Er ist Symbol für eine andauernde, gesamtmenschliche Initiation, in der wir vor die Wahl zwischen Haß und Liebe gestellt werden; zwischen Machtstreben und persönlichen Vorteilen auf Kosten von anderen einerseits und Zusammenschluß mit anderen in Einheit und gegenseitiger Verpflichtung andererseits. Als Reaktion auf Neptun möchten wir selbstlos, liebevoll und versöhnlich sein. Aber wenn Pluto uns testet, werden wir häufig mit Situationen konfrontiert, in denen es unmöglich scheint, zu lieben und zu vergeben, während es einfach ist, verletzt und ärgerlich zu sein. Plutos Initiationen rufen häufig solche Gefühle hervor, als Versuch, uns damit aus unserer animalischen Natur herauszuheben, die dem Gesetz des Dschungels folgend auf das Leben reagiert: Kampf oder Flucht, Fressen oder Gefressenwerden, Auge um Auge. Pluto zeigt uns, was dabei herauskommt, wenn wir dem Leben auf folgende Weise begegnen: gegenseitige Zerstörung, Zorn und Verzweiflung, schäumende Wut, der Tod im Leben. Pluto bietet uns die Gelegenheit, einem höheren Gesetz gemäß reagieren zu lernen: nämlich Neptuns Mitgefühl und seine Fähigkeit zur Vergebung.

Manchmal bringen Plutos Prüfungen schmerzliche Ereignisse mit sich – Todesfälle und traurige Verluste, Mißhandlung durch andere, materielle Rückschläge oder den Verlust des Ansehens. Eine Frau mit Pluto im 2. Haus in Krebs wurde bei einem Immobilienkauf um ihr Geld gebracht, als der laufende Transit-Saturn in Opposition zu ihrem Radix-Pluto stand. Ein Mann namens Richard mit Pluto im 4. Haus verlor seine gesamte Familie im Holocaust. Richard machte einen langwierigen Kampf durch, in dessen Verlauf er den Schmerz über seine Verluste in den Griff bekam. Als Pluto im Transit über den Aszendenten eines Mannes namens Benjamin lief, starben sieben seiner engsten Freunde und Verwandten in einem Zeitraum von zehn Monaten. Solche plutonischen Situationen sind Teil unseres menschlichen Daseins. Obwohl wir uns vielleicht nur neptunisches Licht, Visionen und innere Reisen wünschen mögen, zerschmettern Plutos Torturen unser Ego schonungslos. Häufig sind es die Wunden, die durch Ereignisse wie die eben beschriebenen geschlagen wurden, – ganz gleich, ob in Gegenwart oder Vergangenheit –, die die Aufmerksamkeit eines Klienten in Anspruch nehmen.

George und Betty, ein Paar Anfang Vierzig, kamen zu mir, während George sich aufgrund einer Krebserkrankung einer Chemotherapie unterzog. Weil sie nur ein Jahr auseinander waren, erlebten beide gleichzeitig einen Plutotransit in Skorpion im Quadrat zu ihrem Radix-Pluto in Löwe und einen Saturntransit in Wassermann in Opposition zum Radix-Pluto. Bei George stand der um den Sonnenbogen dirigierte Pluto in Konjunktion zum Radix-Saturn, und Bettys progressive Sonne bildete ein Quadrat zum Radix-Pluto. George kämpfte gerade um sein Leben, und Betty mußte sich damit auseinandersetzen, daß sie ihren Mann möglicherweise verlieren würde. Es war das erste Mal, daß ihnen beiden etwas in dieser Größenordnung widerfuhr. Keiner von beiden war jemals zuvor schwerkrank gewesen oder mit dem Tod eines nahestehenden Menschen konfrontiert worden. George fing an, die Sinnlosigkeit seines Strebens nach Macht und Status während seiner beruflichen Laufbahn zu erkennen. Er fühlte sich vollkommen leer.

Die unerwartete Konfrontation mit Krankheit und möglichem Tod stellte sie vor eine äußerst wichtige Entscheidung: entweder in Verzweiflung zu versinken oder ihr Leben vollkommen neu zu bewerten. Zuerst wollten beide einfach nur all ihre Bitterkeit darüber kundtun, daß das Leben ihnen solch einen grausamen Schlag versetzt hatte. Die potentielle Endgültigkeit der Situation zwang George jedoch darüber nachzudenken, inwieweit er sein Leben niemals wirklich in dessen ganzer Fülle gelebt hatte. Daraus resultierten ein paar wichtige Veränderungen. Erstens fing George an, regelmäßig und begeistert Sport zu treiben. Zweitens beschlossen George und Betty, eine ausgedehnte Reise nach Europa zu unternehmen und eine weitere nach Hawaii. Sie erkannten, daß sie *jetzt* leben mußten, wo sie noch Zeit dazu hatten. Sie begannen, Yoga zu praktizieren und verspürten das erste Mal innere Freiheit. Sie heilten in ihrer Beziehung einige seit langem schwelende Kontroversen, die eine Quelle von Disharmonie und Mißtrauen gewesen waren.

Geheimnisvollerweise und wie durch ein Wunder bildete sich Georges Krebs zurück, als die Plutotransite vorbei waren. Er hatte dem Tod ins Auge geblickt und dessen Hauch der Endgültigkeit gespürt. Das machte ihm die Unbeständigkeit des Lebens bewußt und die Notwendigkeit, es voll und ganz auszuschöpfen. Seine Begegnung mit Pluto endete schließlich damit, daß er beschleunigt grundlegende Erneuerung erfuhr. Diese Geschichte veranschaulicht, daß wir zwar die *Ursache* solch unergründlicher Ereignisse nicht verstehen mögen, es aber immer in unserer Macht steht, mutig zu reagieren und die in jeder Krisensituation vorhandenen Möglichkeiten zur Transformation willkommen zu heißen.

Ein weiteres Beispiel für eine plutonische Situation, die zu einer positiven Transformation und Ermächtigung führte, ist das von Gwendolyn, bei der Radix-Pluto im 10. Haus stand und Pluto im Transit gerade eine Konjunktion zu ihrer Skorpion-Sonne bildete. Zu dieser Zeit stand Gwen unter dem Druck, anläßlich der Übernahme durch eine Konkurrenzfirma und einer wichtigen Neuorganisation innerhalb ihrer Firma eine Zurückstufung hinzunehmen, was schon für sich genommen recht plutonische Ereignisse sind. Gwen kämpfte heftig gegen die Übernahme und entschloß sich dann schließlich, eine Stellung bei einer anderen Konkurrenzfirma anzunehmen, die ihr ein bedeutend höheres Gehalt und ein größeres berufliches Prestige bot. Eine von Plutos Aufgaben ist es, uns falls nötig zu lehren, wie wir uns geschickt einen Weg durch die Welt der Macht bahnen können.

Durch Pluto gewinnen wir ein Bewußtsein dafür, wie gesellschaftliche Macht, besonders durch Regierungsvertreter, Banken, Unternehmen und andere einflußreiche Interessengruppen funktioniert. Während die progressive Sonne in Opposition zu seinem Radix-Pluto im 11. Haus stand, durchlief ein Mann hinsichtlich seiner gesellschaftlichen Ziele (11. Haus) einen Transformationsprozeß, als er sich an einer gerichtlichen Klage gegen eine große Firma beteiligte, die Umweltgifte in die Atmosphäre freigesetzt hatte. Zuerst war er wütend und zynisch, als ihm klar wurde, daß diese Firma überhaupt kein soziales Verantwortungsgefühl hatte und alles nur Mögliche unternehmen würde, um nicht für ihre Handlungen bezahlen zu müssen. Dies ging sogar so weit, daß sie versuchten, den Ruf der wichtigsten Zeugen in diesem Fall zu schädigen. Diese Situation brachte ihn schließlich dazu, sich dauerhaft einer einflußreichen, aus einer Bürgerinitiative hervorgegangenen politischen Organisation anzuschließen (Pluto im 11. Haus).

Der Machtmißbrauch, mit dem wir häufig durch Plutos Einfluß konfrontiert werden, ist nicht nur auf Mißbrauch solch großen Ausmaßes begrenzt, sondern kann auch aus Konfrontationen mit den verletzenden, ungerechtfertigten Handlungen einzelner Menschen resultieren – zum Beispiel durch die Erfahrung, verraten zu werden. Ein Zahnarzt wurde vor die staatliche Lizenzierungsbehörde zitiert, weil ihn ein Angestellter nach einer kurzen Unterhaltung, in der der Zahnarzt erwähnt hatte, daß er gelegentlich Marihuana rauche, angezeigt hatte. Der um den Sonnenbogen dirigierte Mars bildete gerade eine Konjunktion mit seinem Radix-Pluto. Während der laufende Pluto im Quadrat zu ihrer Radix-Venus stand, entdeckte eine Frau, daß ihr Freund mit ihrer besten Freundin schlief. Eine Frau rief das Gericht an, nachdem ihr Mann sie geschlagen hatte, während Pluto im Transit über ihren Deszendenten lief. Ein Mann, der kurz davor stand, eine beträchtliche Geldsumme von seiner Mutter zu erben, war schockiert, als sein Onkel ihr Testament vor Gericht anfocht, was zu einer langwierigen gerichtlichen Auseinandersetzung führte. Der laufende Saturn stand gerade in Opposition zu seinem Radix-Pluto.

Plutos Lektion lautet, daß wir, wenn wir Zeuge einiger der schlimmsten Handlungen werden, die zu begehen menschliche Wesen fähig sind, zu der Erkenntnis gezwungen werden, daß diese unsere eigenen Schatten sind – daß auch wir zu solchen Handlungen fähig sind. Durch die Konfrontation mit solchen Situationen erkennen wir die verborgenen Seiten unserer eigenen Persönlichkeit – unsere beleidigenden oder verletzenden Neigungen, unsere Obsessionen und unsere zwanghaften Verhaltensweisen. Pluto ist das Symbol für das tiefe persönliche Wachstum, das aus der Integration dieses Materials resultiert. Indem wir auf diese Weise mit unseren eigenen unbewußten Anteilen konfrontiert werden, werden wir uns nicht nur selbst bewußter; wir sind auch weniger darauf aus, andere zu dämonisieren oder sie von Natur aus für minderwertig oder unmenschlich zu halten, eine Haltung, die der eigentliche Grund für Bigotterie und Gewalt in der Gesellschaft ist. Pluto lehrt uns eine fundamental wichtige Lektion über das karmische Gesetz von Aktion und Reaktion, und zwar, daß wir selbst verletzt werden, wenn wir andere verletzen. Indem Pluto uns die Auswirkungen unlauteren, unethischen oder gefühllosen Verhaltens aufzeigt, stärkt er unsere Entschlossenheit, unsere Macht und unsere Fähigkeiten korrekt, ehrfürchtig und ohne jeden Wunsch, anderen zu schaden, zu gebrauchen. Doch Pluto zeigt uns auch, daß wir es uns nicht leisten können, naiv zu sein, daß wir manchmal auch für das, was richtig ist, kämpfen müssen.

Ein klassisches Beispiel für eine plutonische Krise ist der Fall von Doug und Patricia. Doug war viele Jahre Geschäftsmann. Eine Zeitlang war er Geschäftspartner von William, einem Mann, dessen Arbeitseinstellung sich beträchtlich von seiner eigenen unterschied. William nahm jedes Jahr zehn bis zwölf Wochen Urlaub und arbeitete Teilzeit. Doug nahm jährlich nie mehr als zwei Wochen und arbeitete zehn Stunden am Tag, manchmal sechs Tage die Woche. Doch beide Männer teilten sich den Geschäftsgewinn. Endlich entschloß sich Doug, den Erlös nicht mehr in zwei gleiche Teile zu teilen, da William offensichtlich nicht genausoviel arbeitete wie er. Anschließend verkaufte William seinen Geschäftsanteil. Nun, sechs Jahre später, verklagte William Doug und dessen Ehefrau Patricia wegen Betrugs und Unterschlagung. Er versuchte, ihnen einen großen Geldbetrag abzunehmen und verwickelte sie in ein langwieriges Gerichtsverfahren, in dessen Verlauf Doug und Patricia gezwungen wurden, all ihre Finanzunterlagen der letzten zwanzig Jahre offenzulegen – eine Höllenqual. Sie fühlten sich zu Unrecht angeklagt und meinten, William versuche aus reiner Habgier und Bösartigkeit ihr Leben zu ruinieren. Sie hatten bereits mehr als 50.000 Dollar für den Rechtsanwalt ausgegeben. Zu dieser Zeit stand der laufende Uranus in Opposition zu

Patricias Mond/Pluto-Konjunktion in Krebs in ihrem 7. Haus (offene Feinde) im Radix. Patricia befand sich in emotionalem Aufruhr (Mond) und fürchtete, daß sie ihr Haus (Krebs) verlieren könnten und alles, wofür sie gearbeitet hatten. Es war eine noch nie dagewesene Ehekrise (Pluto im 7. Haus). Doch Patricia und Doug lernten, daß, ganz gleich wie dieses Gerichtsverfahren ausgehen würde, sie immer noch einander hatten. Nichts außer der Tod selbst konnte ihnen ihre Liebe nehmen. Indem sie während der härtesten Zeit ihres Lebens zusammenhielten, fühlten sie sich einander noch viel tiefer verbunden.

Bei Doug lief Pluto im Transit gerade in Opposition zu seiner Stier-Venus im 7. Haus. Das Gerichtsverfahren bedrohte ihre ehelichen Finanzen (Stier, 7. Haus) und brachte sie in eine Auseinandersetzung über Geld mit einem alten Freund, der nun zum Gegner geworden war. Dougs Radix-Sonne in Widder bildete ein genaues Quadrat zu Pluto im Krebs, und beide Planeten wurden gerade exakt vom laufenden Uranus im Steinbock aspektiert. Während dieses Uranusaspekts zu Pluto traf Doug einen skrupellosen Menschen, der versuchte, seinen finanziellen Erfolg auszubeuten. Mit Neptun nahe am MC war Doug ein zutiefst spiritueller Mensch, der als freiwilliger Helfer mit Drogenabhängigen und Sterbenden arbeitete. Er verstand nicht, was er getan haben sollte, daß er diese schreckliche Zwangslage verdiente. Als frommer Christ setzte er sich für Liebe, Mitgefühl und Gewaltlosigkeit ein und kämpfte nun mit den ärgerlichen und rachsüchtigen Gefühlen, die durch Williams Gerichtsverfahren in ihm aufgewühlt wurden.

Während Patricia und Doug mich ursprünglich wegen einer astrologischen Vorhersage über den Ausgang des Gerichtsverfahrens aufsuchten, ermutigte ich sie, sich darauf zu konzentrieren, die *Bedeutung* und die *Absicht* dieser Ereignisse als eine Form von spiritueller Initiation zu begreifen. Wegen der Plutotransite, die beide gerade durchmachten, erklärte ich ihnen, daß sie zu einer Konfrontation mit der dunklen Seite der Menschheit gezwungen wurden, die in ihrem Fall als Wunsch einer anderen Person auftauchte, die sie absichtlich schädigen wollte. Das Ziel dieses Prozesses, so wie ich ihn verstand, lag für sie darin, das Böse anzusehen, ohne selbst böse zu werden und sich heftig zu verteidigen, ohne selbst dem Haß zu erliegen. Sie wußten, daß sie Grund genug hatten, bitter und voller Ressentiments zu sein, doch sie strebten nach einem höheren Ideal als zu hassen. Sie begannen, ihre Situation als ein Treffen mit dem kollektiven Schatten zu betrachten, der zwar das Ende der Unschuld bedeutete, doch auch tiefe Weisheit hervorbringen konnte.

Doug und Patricia ergründeten ihre Seelen, nahmen ihre eigenen Aktionen und Motivationen unter die Lupe und empfanden aufrichtige Reue über früher begangene Handlungen, die verletzend oder ungerecht gewesen waren. Sie wünschten William nichts Böses, sondern wollten einfach ihre Meinungsverschiedenheiten beilegen. Später einigten sie sich außergerichtlich auf eine große, aber nicht vernichtende Summe. Finanziell gesehen und was den emotionalen Streß sowie den Verlust an Zeit und Energie anging, hatten sie sehr viel verloren. Aber sie hatten eine größere Wertschätzung für ihr immer noch gutes Leben und ein stärkeres Gefühl der Nähe gewonnen. Vor allem waren sie mit einer Situation konfrontiert worden, die ihre Fähigkeit zu lieben auf die Probe gestellt hatte.

Durch Pluto lernen wir, daß unser Ziel nicht darin besteht, uns in neptunischer Ekstase und mystischen Erfahrungen zu verlieren. Statt dessen lautet Plutos Lektion, daß wir, nachdem wir sowohl eine höhere Ordnung der Einheit und die Uneinigkeit schaffenden Wirkungen des Hasses wahrgenommen haben, in der Welt mit der richtigen Motivation agieren können, ohne den Wunsch, andere zu kontrollieren oder zu verletzen; man ist machtvoll, aber nicht machthungrig. Pluto konfrontiert uns mit der Gewalt und Grausamkeit von Natur und Menschheit, damit wir davon frei werden. Pluto befreit uns von diesen Giften, so daß wir wahrhaft menschlich werden können.

Wie ich bereits erwähnte, läßt sich nicht bestreiten, daß unter

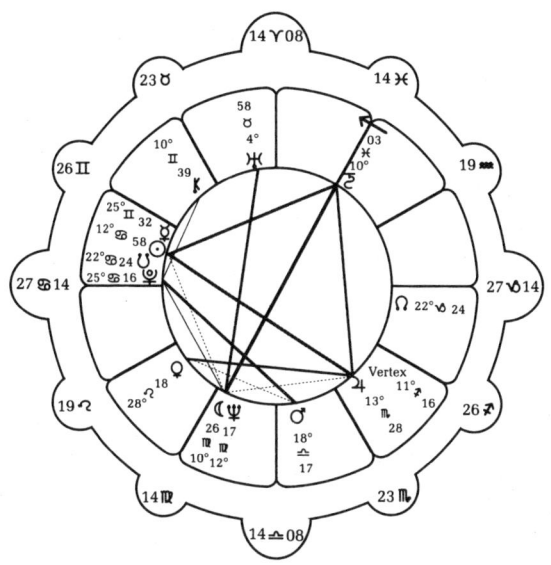

Abb. 6: Dalai Lama, 5.7.1935 (11:15 GMT, 36N32, 101 E 12)

gewissen Umständen Empörung gesund sein kann. In manchen
Fällen fordert Pluto uns auf, uns der Ungerechtigkeit zu stellen
und die Wahrheit ans Tageslicht zu bringen. Das Horoskop des
Dalai Lama[56] zeigt Pluto in enger Konjunktion mit dem Aszendenten und dem südlichen Mondknoten sowie in weiter Konjunktion zur Sonne. Er kämpft seit 1959 mutig gegen die chine-
sische Invasion und Besetzung Tibets, indem er die Welt auf die
Menschenrechtsverletzungen (Mord, Vergewaltigung, Folter)
und die Zerstörung von Tempeln und Klöstern – Monumenten
einer unschätzbaren kulturellen Tradition – aufmerksam macht.
Er tat dies jedoch immer, ohne für Gewalt einzutreten und ohne
das unabdingbare Menschsein der Chinesen außer Acht zu lassen, wie falsch ihre Handlungen und ihre Politik auch gewesen
sein mögen und es immer noch sind. Wenn ich seine Bücher lese
und seine Vorträge höre, bin ich immer wieder erstaunt darüber,

185

wie frei von Bösartigkeit, Bitterkeit und Haß er ist, obwohl doch sein ganzes Leben von der grausamen Dezimierung und dem Exil seines Volkes beherrscht wurde bzw. wird.

Der Dalai Lama hat auch eine enge Mond/Neptun-Konjunktion, ein Symbol für sein großes Mitgefühl, seine selbstlose Hingabe an den Dienst für sein Volk und Symbol für seine lebendige Verkörperung des Ideals der Buddhaschaft. Er ist ein Religionslehrer (Saturn in Fische im 9. Haus), ein politischer Führer und Aktivist (Uranus im 10. Haus) und ein Mönch, der sich hingebungsvoll seinen spirituellen Praktiken widmet (Sonne im 12. Haus). Mit der Sonne in einem großen Trigon mit Jupiter und dem Saturn im 9. Haus ist er ein Mann der Weisheit, der moralischen Stärke und eine spirituelle Autorität. Sein Leben zeigt, wie die schlimmsten Umstände manchmal das Beste in uns hervorbringen. Er veranschaulicht eine höhere Ebene psychologischer und spiritueller Entwicklung, die jeder von uns anstreben kann.

Lassen Sie mich zum Abschluß nebenbei bemerken, daß Pluto manchmal mit Erfahrungen von Tod und Wiedergeburt zusammenhängt, wozu auch die Passage durch die perinatalen Stadien gehört, wie sie von Stanislav Grof beschrieben wurden, einem der führenden Forscher auf dem Gebiet der transpersonalen Psychologie. Dr. Grof hat den Prozeß ausführlich dokumentiert, in dessen Verlauf ein Mensch erfahrungsgemäß erneut vier Stadien der biologischen Geburt und deren entsprechenden psychologischen und emotionalen Zustände durchlebt.[57] In den beiden ersten »perinatalen« Stadien erfährt der Mensch erneut den intrauterinen Zustand der Einheit mit der Mutter und dann ein Gefühl des Erstickens, des Eingeschlossenseins und des Verlustes, der mit dem Einsetzen der Wehen und der beginnenden Geburtswehen zusammenhängt. Im dritten perinatalen Stadium erlebt der Mensch eine Woge intensiver aggressiver und sexueller Impulse und Bilder, die mit dem heftigen Kampf zusammenhängen, der nötig ist, damit das Kind den Geburtskanal passieren kann. Grof zufolge geht dies mit einem psychologischen Zustand einher, der von intensiver Aufregung, Erregung, Todesangst und explosiver »vulkanischer Ekstase« gekennzeichnet ist. Grofs Ansicht nach erlebt man im vierten perinatalen Stadium bewußt den Tod des Ego und eine psychologische Wiedergeburt, die den Menschen in außergewöhnliche Bewußtseinszustände katapultieren kann – wie z.B. Reisen in pures Licht, die Erfahrung, sich in Gegenwart Gottes zu befinden, Engelschöre zu hören, die Identifikation mit allem menschlichen Leiden, Offenbarungen über das Universum und Visionen zorniger Dämonen und göttlicher Wesen. Obwohl ich glaube, daß Pluto den gesamten Prozeß von psychologischem Tod und anschließender Wiedergeburt regiert, scheint sein Einfluß doch besonders den Themen, Symbolen und dem heftigen Kampf des dritten perinatalen Stadiums zu entsprechen[58]. Ich kenne jemanden, der während eines Workshops in holotroper Atemarbeit unter Leitung von Dr. Grof seine Geburt bewußt wiedererlebte. Transit-Pluto stand damals gerade in Konjunktion zu seiner Sonne.

Gemeinsam machen uns Neptun und Pluto mit einigen höchst transformativen Stadien der Selbstentwicklung bekannt, die in der Psychotherapie angegangen werden können. Wenn wir verstehen, welche Prinzipien diese beiden Planeten symbolisieren, dann bekommen wir ein vollständiges Bild von der menschlichen Entwicklung und können das Auftauchen aller multidimensionalen Entwicklungsmöglichkeiten fördern.

TEIL III

Astrologie und spirituelle Beratung

Transpersonale Astrologie
und spirituelle Entwicklungskrisen

Die Transpersonale Astrologie ist ein neues Gebiet, dessen Entwicklung den Interessen einer wachsenden Anzahl von Leuten Rechnung trägt, die kontemplative, meditative Praktiken erforschen und die Transzendenz des Ego, eine spirituelle Metamorphose und höhere Bewußtseinsstadien erfahren. In meinem letzten Buch *Astrology and Spiritual Awakening* habe ich einige zentrale Merkmale der transpersonalen Astrologie beschrieben und auch, inwiefern sie sich von anderen Herangehensweisen an diese Himmelskunst unterscheidet. In diesem Kapitel führe ich meine Ideen zu diesem Thema näher aus und stelle weitere Fallbeispiele vor. Ich möchte mit ein paar allgemeinen Bemerkungen über die Begegnung der Astrologie mit dem umfassenderen Gebiet der Transpersonalen Psychologie beginnen, die sich in den vergangenen 25 Jahren entwickelt hat, um veränderte Bewußtseinsstadien, mystische Erfahrungen und die Phänomenologie der Meditation und anderer kontemplativer Disziplinen systematisch zu erforschen.

Die Transpersonale Psychologie entstand aus der Erkenntnis heraus, daß menschliche Wesen Fähigkeiten für religiöse, transzendente oder ekstatische Erfahrungen besitzen, die von den herkömmlichen Lehrmeinungen der Psychologie nur wenig verstanden werden. Als man sich einen Überblick über diese ungewöhnlichen Bewußtseinszustände verschafft hatte, begannen einige Forscher zu untersuchen, ob diese Zustände irgendeine Bedeutung für die Praxis der Psychotherapie haben könn-

ten, weil heutzutage viele Menschen nach einer spirituellen Er-
lösung suchen, die traditionelle Therapien nicht bieten. Die
Transpersonale Psychologie hat nicht nur den gesamten Umfang des menschlichen Bewußtseins beschrieben, sondern auch
aufzuzeigen versucht, daß der Zugang zu erweiterten Bewußtseinsstadien eine Quelle der Heilung für einige unserer hart-
näckigsten Leidensformen sein kann.[59] Auf diese Weise hielten
Lehren und Praktiken, die uralten mystischen, spirituellen Traditionen entstammten, Einzug in die moderne psychologische
Praxis.

Indem sie Elemente religiöser und heiliger Traditionen wie
Buddhismus, Sufismus, Christentum, Yoga und Schamanismus
– für viele Wissenschaftler ein Greuel – in die psychotherapeuti-
sche Praxis einbrachten, haben die Transpersonalisten viele be-
griffliche, philosophische und professionelle Grenzen über-
schritten. Viele traditionelle Psychologen fanden die transpersonalen Theorien und Methodologien ziemlich bedrohlich und
erhoben heftige Einwände gegen die Einführung solcher Praktiken wie Rückführung in frühere Leben, holotrope Atemarbeit, Meditation oder psychedelische Therapie.[60] Trotz dieses
Widerstands haben Transpersonale Psychologen die Forschung
in diesen Bereichen aktiv vorangetrieben.

Doch dieselben Forscher schrecken bei der Erwähnung von
Astrologie zurück, so als würde man die Grenzen der Glaub-
würdigkeit überschreiten, wenn man die Astrologie berücksichtigt. Merkwürdigerweise untersuchen transpersonale Psychologen zwar Channeling, frühere Leben, Kundalini, Nah-
Tod-Erfahrungen, Geistführer und die Aura, aber viele von ihnen distanzieren sich von der Astrologie, weil sie glauben, daß
die Berücksichtigung dieses Themas ihre Integrität als Wissenschaftler in Frage stellen könnte. Aber ebenso wie transpersonale Psychologen sich für die vernünftige, doch aufgeschlossene
Reflexion über solche Themen engagieren, ist es für sie auch an
der Zeit, die Astrologie erneut zu überprüfen und ihren großen
therapeutischen und spirituellen Wert anzuerkennen.

Seit kurzem besteht innerhalb der transpersonalen Psychologie zunehmendes Interesse an spirituellen Entwicklungskrisen, auch als spirituelle Notfallsituationen bekannt, bei denen ein Mensch eine körperliche, emotionale oder psychologische Krise durchlebt, die mit dem Übergang in ungewöhnliche Bewußtseinszustände verbunden ist.[61] Eine spirituelle Entwicklungskrise wird oft mit Phänomenen wie dem spontanen Erwachen der Kundalini, mystischen Zuständen von Ekstase und Verzückkung, Erkenntnis der Einheit allen Lebens oder übersinnlichen Wahrnehmungen wie Telepathie oder Präkognition in Verbindung gebracht. Sie kann von somatischen Veränderungen und Symptomen wie Schütteln, Zittern, Sich-Wiegen, Weinen oder dem erneuten Durchleben vergangener körperlicher Traumata begleitet sein. Sie kann auch mit Phänomenen wie Channeling, vorgeburtlichen Zuständen, Nah-Tod-Erfahrungen, medialer Heilung, angeblicher Entführung durch Außerirdische oder visionären Erfahrungen infolge der Einnahme psychoaktiver Drogen einhergehen. Immer mehr Berater und Angehörige von Berufen, die mit geistiger Gesundheit zu tun haben, lassen sich inzwischen in speziellen Methoden wie z.B. Meditation, Mandala-Malen, Hypnose und holotroper Atemarbeit ausbilden. Diese Methoden können in der Begleitung von Klienten eingesetzt werden, die gerade eine psychospirituelle Krise durchmachen. Ich glaube, daß die Astrologie eine nützliche Ergänzung dieser Methoden sein und die gut informierte Behandlung spiritueller Krisensituationen erleichtern helfen kann, die einer optimalen Lösung förderlich ist. Astrologie hilft uns, Ereignisse im Licht himmlischer Symbole neu zu deuten oder in ein neues Bezugssystem einzuordnen, was in spirituellen Krisensituationen besonders wichtig ist, wo es für Menschen darauf ankommt, die *Bedeutung* und den *potentiellen* Ausgang des transpersonalen Wachstumsprozesses zu verstehen, den sie gerade durchlaufen.

Die zeitliche Auslösung psychospiritueller Krisen

Die Transpersonale Psychologie beschreibt eine breite Palette möglicher Bewußtseinsstadien des Menschen, aber sie hält keine *individuelle Karte* des Prozesses bereit, mit der wir in diese anderen Bewußtseinszustände eintreten können. In dieser Hinsicht kann die Astrologie besonders nützlich sein. Das Geburtshoroskop hilft uns, die zeitliche Auslösung von Ereignissen zu verstehen, zum Beispiel, wann eine psychospirituelle Krise beginnt und wie lange sie voraussichtlich dauert. Diese Krisen korrelieren häufig mit Transiten oder Progressionen, an denen Uranus, Neptun und Pluto beteiligt sind, oder mit Aktivitäten, die Planeten in den Fischen oder im 12. Haus betreffen – jene Bereiche des Horoskops, die am meisten mit Selbsttranszendenz und innerem Wachstum verbunden sind. Wenn diese Bereiche in einem Horoskop betont sind, dann besteht eine größere Wahrscheinlichkeit, daß in der Beratung Themen, die mit spirituellen Krisen zusammenhängen, angesprochen werden müssen.

Hierzu ein Beispiel: Eine 48 Jahre alte Frau namens Susan, deren Radix-Sonne/Merkur/Venus-Konjunktion in Fische im 12. Haus stand, hatte seit ihrer Kindheit das Gefühl, nicht definieren zu können, wer sie ist, weil sie tatsächlich grenzenloses Sein, die Quelle von allem, als ihre wahre Identität sieht. Ein begrenztes Selbstkonzept ist für sie nicht angemessen, weil sie ihrer Erfahrung nach mit allem eins ist, überall. Sie hat lange Zeit meditiert und sie hat viele Ebenen und viele Dimensionen der unsichtbaren Bereiche bereist. Diese Erfahrungen können die meisten Leute nicht verstehen. Daher lebt Susan recht zurückgezogen, manche würden sogar sagen einsiedlerhaft; sie bleibt auf sich konzentriert, losgelöst von äußeren Zielen und Belohnungen. Susans Pfad und einziges Ziel ist es, eine Gott verwirklichende Mystikerin zu werden, die Einheit mit dem unendlichen Licht zu suchen und ihre Wahrnehmungen der inneren Welten und ihre intuitiven und medialen Gaben dazu einzusetzen, anderen zu dienen.

In anderen Fällen mag eine eher situationsbedingte Krise auftreten. Ein Mensch, der von Natur aus weniger spirituell ausgerichtet ist und bei dem sich ein Neptuntransit auszuwirken beginnt, mag sich selbst plötzlich in unbekannte Wahrnehmungsbereiche geworfen finden. In einem solchen Fall kann ein plötzliches Erwachen stattfinden, das nicht mit den eigenen früheren Vorstellungen übereinstimmt. Als der laufende Neptun in Konjunktion zu ihrem Aszendenten stand, begann eine 72jährige Frau namens Rebecca nach mehreren mystischen Erfahrungen eine Beziehung zu Gott zu spüren, nachdem sie bis dahin immer Atheistin gewesen war. Frieden strömte in sie ein, und ein goldenes Strahlen erfüllte ihren Körper und ihren Geist. In dieser Zeit hatte sie auch mehrere lebhafte luzide Träume.

Ein weiteres Beispiel für einen Menschen, der einen Übergang zwischen verschiedenen Bewußtseinsstadien erfuhr, ist Barbara, zu deren Radix-Mars in Steinbock im 9. Haus der Transit-Neptun in Konjunktion lief. Mars regiert die Muskulatur des Körpers. Bei Barbara begannen seltsame Symptome aufzutreten, wie Taubheitsgefühle, Kribbeln, Energieströme, die ihr Rückgrat entlang aufstiegen, Müdigkeit, Erschöpfungszustände und Lähmungsgefühle. Sie suchte mehrere Ärzte auf, welche meinten, sie leide entweder an einer Nervenstörung, an chronischem Müdigkeitssyndrom oder an Multipler Sklerose. Verständlicherweise machten ihr diese Diagnosen große Angst. Dann ließ sich Barbara ihr Horoskop deuten, und sie fing an, die Bedeutung des transitierenden Neptun in Konjunktion zu Mars zu untersuchen; es bestand ganz klar eine Verbindung zwischen den Planetensymbolen und ihrer eigenen Erfahrung. Neptun wird mit eigenartigen, außergewöhnlichen Bewußtseinszuständen, Taubheit und der Wahrnehmung außerkörperlicher Bereiche assoziiert. Mars wird mit energetischen Phänomenen und auch mit Schmerz in Verbindung gebracht. Sie fing an, die Möglichkeit in Betracht zu ziehen, daß das, was sie gerade erlebte, kein Zufall war. Sie entschloß sich zu versuchen, ihre inneren Wahrnehmungen zu erklären, anstatt dem Prozeß Widerstand entgegenzusetzen oder ihn lediglich einer Krankheit zuzu-schreiben. Nun fing sie an, ihre Symptome als Widerspiegelungen eines Prozesses des Erwachens für Energieströme und Wahrnehmungen von *Prana, Chi,* den subtilen Dimensionen der Lebenskraft (Mars), zu betrachten. Ein Qi-Gong-Lehrer brachte ihr Übungen zur Wahrnehmung von Energieströmen bei, und sie lernte, heilende Energie mit ihren Händen zu übertragen. Dieser Transit war für diese Frau das Tor zu einem spirituellen Wachstumsprozeß. Indem die Astrologie ihr half, ihre Symptome in einen neuen Bezugsrahmen einzuordnen, eröffnete sie ihr die Erkenntnis, daß sie eine bedeutsame Entfaltung, eine spirituelle Krise durchlebte.

Natürlich sind nicht alle seltsamen körperlichen und geistigen Phänomene Anzeichen eines mystischen Erwachens. Einige davon sind wirklich Symptome für körperliche und geistige Krankheit. Wenn jemand vermutet, daß er oder sie verrückt wird oder ungewöhnliche körperliche Symptome aufweist, sollte er sich von einem geeigneten Fachmann untersuchen lassen.

Wie man aktuelle Entwicklungsthemen erkennt

Durch den Einsatz der Astrologie kann man wunderbar erkennen, welche Entwicklungsthemen ein Mensch zu einer bestimmten Zeit gerade durchlebt, und dadurch ist die Astrologie für Menschen in spirituellen Krisen äußerst nützlich. Ein kluger Astrologe kann unterscheiden, ob eine Person es eher mit äußeren Aufgaben wie z.B. beruflicher Entwicklung zu tun bekommt oder ob er eher von einem Prozeß innerer Evolution hin zu mystischen, transpersonalen, erweiterten Bewußtseinsstadien in Anspruch genommen ist.

Eines der Dinge, die mich die Astrologie gelehrt hat, ist, daß die Entwicklung kein linearer Prozeß ist, bei dem ein Stadium ordentlich dem anderen folgt. Statt dessen scheint sich menschliches Wachstum gewöhnlich unvorhersehbar von einer zur anderen Ebene fortzubewegen, und sie vollzieht sich auf mehreren Ebenen gleichzeitig. Wie ich bereits erwähnte, ist die menschliche Entwicklung multidimensional, weil sie auf vielen Ebenen gleichzeitig abläuft. Rudhyars Beobachtung, daß das Bewußtsein und die Entwicklung des Menschen »polyphon« sind, bedeutet, daß wir uns auf vielen verschiedenen Ebenen gleichzeitig entwickeln, was von den miteinander verbundenen Aktivitäten der Planeten symbolisiert wird. Der Transformationsprozeß ist sehr komplex! In der guten alten Zeit konnten wir in einen Ashram, in ein Kloster oder in einen Tempel gehen und uns einweihen lassen, meditieren und Schutz finden vor der Welt. Unter solchen Bedingungen, mit dem richtigen Training und ausdauernder Anstrengung, war zu erwarten, daß wir direkt zum Ziel, der Erleuchtung, fortschreiten konnten. Aber heutzutage entfaltet sich Spiritualität für die meisten von uns im Alltag, inmitten von anstrengenden Beziehungen, familiären Bindungen, beruflichen Verpflichtungen, künstlerischen oder kreativen Beschäftigungen und dem Streben nach Zielen. Wir brauchen also eine Astrologie, die das multidimensionale Wesen unserer Entwicklung widerspiegelt.

Die Astrologie lehrt uns, daß es Phasen gibt, um aus der Zeit herauszutreten und über die Welt der Objekte, Formen, Institutionen und Konflikte hinauszugehen, und daß es Phasen gibt, um in die Zeit zurückzukehren und in ihrem Reich effektiver zu sein. Bei Susan zum Beispiel (bereits früher erwähnt) bildet Saturn im Transit eine Konjunktion zu ihrer Sonne/Merkur/Venus-Konjunktion in den Fischen im 12. Haus. Sie empfindet ein starkes Rückzugsbedürfnis. Ihr Wunsch ist nun, so wenig wie möglich zu arbeiten, um Zeit in Abgeschiedenheit fern von ihrem Ehemann und ihren Freunden zu verbringen und ihr Bewußtsein nach innen zu richten. Für sie ist dies eine Phase, um die Wasser des spirituellen Wachstums und des höheren Bewußtseins zu erforschen, durch intensive Traumarbeit, Meditation und Gebet.

Im Gegensatz dazu öffnen sich andere vielleicht umfassende spirituelle oder psychische Ebenen, die sich nun aber »abwärts« bewegen müssen zu dem, was der transpersonale Psychologe Ken Wilber »das Spektrum des Bewußtseins«[62] nennt, um sich selbst zu erden, Unvollendetes abzuschließen oder die Energien des erwachenden Bewußtseins durch irgendein kreatives Projekt zum Ausdruck zu bringen. Die Frage ist immer, was *tun* wir mit der Erfahrung spirituellen Erwachens? Wie drücken wir es aus? Selbst wenn wir über die individualistische Sorge um uns selbst hinauswachsen, müssen wir immer noch als zentralisiertes Bewußtsein funktionieren, als Sonne – als leuchtende, Strahlung erzeugende, schöpferische Lichtquelle.

Lassen Sie uns zu Jims Beispiel aus Kapitel 4 zurückkehren. Jim machte in seiner Jugend viele spirituelle, religiöse, visionäre Erfahrungen und versuchte dann viele Jahre lang, diese »Highs« zu reproduzieren, vergeblich. Mit der Sonne/Merkur-Konjunktion in Wassermann im 9. Haus und Jupiter im 10. Haus war Jim in weit entfernte, exotische Länder gereist und hatte bei vielen Gurus gelernt. Aber er fühlte sich zunehmend frustrierter dadurch, daß er niemals seine Berufung gefunden oder in einer stabilen Beziehung zur Ruhe gekommen war. Während er sich nach Gott und Erleuchtung sehnte, hatte er andere, dringendere Entwicklungsaufgaben nicht vollendet, wie z.B. seine Ausbildung abzuschließen, eine Karriere anzustreben und eine Partnerin zu finden. Jims Bewußtsein war an diese wichtigen Sehnsüchte gebunden, und er mußte diese Probleme lösen, bevor er spirituell wachsen konnte.

Als Jim eine Psychotherapie begann, bildete der laufende Saturn gerade ein Quadrat zu seiner Radix-Mond/Mars-Konjunktion in Skorpion im 5. Haus. Der Mond symbolisiert Gefühle und Erinnerungen. Während seiner Sitzungen setzte bei Jim spontan eine machtvolle emotionale Katharsis ein, während der er unkontrolliert schluchzte. In diesen Sitzungen konzentrierten wir uns auf seine unglückliche Kindheit und auf seine Ursprungsfamilie. Mit einer Saturn/Neptun-Konjunktion im

198

Radix in der Waage in seinem 4. Haus (Familie und Emotionen), war die Familie ein einsamer Platz für ihn, voller emotionaler Distanz, Kälte und Ablehnung. Über Gefühle sprach man nicht, und über diesem Haushalt lag ein Hauch von tiefer Traurigkeit aufgrund einer Familientragödie, die sich in Jims Jugend ereignet hatte. Jim war nun entwicklungsmäßig gesehen bereit, sein Innerstes nach außen zu kehren, sich zu erinnern, zu trauern und mit einer tiefen Wut auf seinen Vater in Kontakt zu kommen. Mit Mond-Mars im 5. Haus in Skorpion war er sexuell ziemlich freizügig. Aber unter seiner sexuell befreiten Oberfläche war er ein einsamer Mann, der wie unter einem inneren Zwang onanierte. Obwohl er Jahre mit der Ausübung spiritueller Praktiken zugebracht hatte, war er im Grunde verwirrt, bekümmert und zornig, außerdem hatte er mit seiner Sexualität viele Probleme, die gelöst werden mußten. Mit Neptun in Konjunktion zu Saturn im 4. Haus mußte er den Garten der Familie und der persönlichen Erinnerung erforschen, um diese emotionalen Probleme zu lösen, ehe er seine Spiritualität voll entfalten konnte.

In Jims Fall betraf der spirituelle Wachstumsprozeß die emotionale Integration, die Wiedererlangung versunkener Erinnerungen und die Freisetzung stark belastender Gefühle. Das ermöglichte ihm, seine angeborenen Potentiale zu entfalten, besonders seine intellektuellen Fähigkeiten (Sonne im 9., Jupiter im 10. Haus), die er sich niemals ganz erschlossen hatte. Jim erreichte eine sehr wichtige Schwelle in seinem persönlichen Wachstum, als er sich dazu entschied, nachdem er sich für ein Intensivwochenende über spirituelle Praktiken angemeldet hatte, bei denen erweiterte Bewußtseinszustände hervorgerufen werden sollten, nicht an diesem Workshop teilzunehmen, weil er erkannte, daß er »momentan keine weitere erstaunliche Erfahrung brauche«. Statt dessen sagte er, er müsse sich mehr erden und sein Leben in praktischerer Weise verbessern. Wie ich bereits erwähnte, schloß Jim das College ab und arbeitete dann auf seinen Abschluß als Lehrer hin, als der laufende Saturn über seine Sonne/Merkur-Konjunktion im 9. Haus lief. So war dieser mystisch ausgerichtete und tief nachdenkliche Mann fähig geworden, sich ein Vehikel, einen Beruf, eine persönliche Lebensstruktur aufzubauen, durch die er leben und seine Spiritualität in der Welt verkörpern konnte.

In anderen Fällen zeigen Transite an, daß eine spontane mystische Erfahrung im Mittelpunkt steht. Bei einer Frau namens Kate stand die Radix-Sonne auf 20° Steinbock im 5. Haus. 1993, während Neptun und Uranus im Transit eine Konjunktion zu ihrer Sonne bildeten, fing sie an, Visionen über die Zukunft und aus früheren Leben zu haben. Sie erhielt innere Führung von großen Heiligen und spirituellen Meistern der Vergangenheit, und begann auch, Informationen zu channeln. Kate wurde in einen erweiterten Bewußtseinszustand erhoben. Kurzzeitig glaubte sie, daß sie von Gott für eine einzigartige spirituelle Mission auserwählt worden sei. An einem bestimmten Punkt konsultierte sie einen Psychiater, der meinte, sie hätte Halluzinationen und litte an Größenwahn. Aber Kates Arbeit mit der Astrologie half ihr, die Situation in einem anderen Licht zu sehen. Als sie über den mächtigen Transit von Uranus und Neptun über ihre Radix-Sonne nachdachte, verstand sie, daß es für sie an der Zeit war, von spirituellen Energien erfüllt zu werden. Sie erkannte, daß sie die Gefahren des Größenwahns vermeiden mußte; aber sie wollte die Tore zu diesen psychischen Wahrnehmungen und neuen spirituellen Einsichten auch nicht schließen. Sie widmete sich täglicher Meditationspraxis und sprach Dankgebete für die Gaben, die sie empfing. Später begann sie andere zu lehren, was sie durch dieses spontane innere Erwachen gelernt hatte – mit großer Demut und mit Sinn für Humor dafür, was sie unternahm. Ihre spirituelle Krise stand in direktem Zusammenhang mit einem Planetentransit, der einen deutlichen symbolischen Hinweis auf einen solchen Prozeß lieferte.

Die Reise von spirituellem Wachstum und Psychotherapie verläuft für jeden Menschen anders. Meditation, Hypnose, Visualisation, Traumanalyse, Yoga – jede dieser Methoden kann für bestimmte Menschen zu bestimmten Zeiten geeignet sein und keine von diesen Methoden ist für jeden richtig. Rebirthing, holotrope Atemarbeit oder die Rückführung in frühere Leben können für manche Menschen mächtige Therapien und für andere völlig ungeeignet sein. Ein Mensch mag nach Indien gehen müssen, um dort zu meditieren, während ein anderer vielleicht ein Unternehmen gründen, einen Garten anlegen oder ein Kind haben muß. Nicht jeder wird eine dramatische spirituelle Krise oder das Erwachen der Kundalini erleben oder eine mediale Öffnung erfahren. Wenn unsere Freunde blumige Visionen früherer Leben haben oder aufgestiegene Meister channeln, wundern wir uns vielleicht, warum uns nicht auch so etwas Dramatisches widerfährt, aber das bedeutet nicht, daß wir etwas verpassen oder auf dem falschen Weg sind. Es gibt Zeiten, in denen Meditation uns wahrscheinlich nicht besonders viel bringt und es gibt Zeiten, zu denen konzentrierte Meditation unbedingt erforderlich ist. Für Kate, mit dem Neptuntransit über ihre Sonne, ist die Zeit für tiefe innere Arbeit gekommen. Die Gezeiten ihres Wesens fließen zurück zur Quelle. Jemand anderes könnte sich einfach nur einen besseren Arbeitsplatz suchen müssen.

Die Koordination multipler Wachstumsebenen

Wie bereits beschrieben, leben wir innerhalb von multiplen Erzählungen, von vielfältigen Handlungssträngen, die das multidimensionale Wesen der menschlichen Transformation widerspiegeln. Nur selten findet man einen reinen Fall einer spirituellen Krise, die ganz unbeeinflußt ist von den Belangen der »niederen Ebenen«. Die Evolution ist keine lineare Anhebung des Bewußtseinsspektrums. Sie ist ein chaotischer und scheinbar zielloser Prozeß, es sei denn, wir wissen etwas von der Astrologie, die uns hilft, einen Blick auf die geheimnisvolle Intelligenz unserer Entwicklung zu erhaschen. Die Astrologie enthüllt uns das polyphone Wesen der Transformation und hilft uns wahrzunehmen, wie sich mystische oder transpersonale Erfahrungen in den größeren Prozeß der biographischen, persönlichen Entwicklung einfügen. Die Kunst des transpersonalen Wachstums besteht darin zu wissen, wie man die Erforschung spiritueller Krisen mit anderen Facetten unseres Lebens abstimmt – Fragen des Geldverdienens, der beruflichen Laufbahn, der Beziehungen und Kreativität.

In spirituellen Krisensituationen erlebt man vielleicht Bewußtseinszustände, die das eigene Bewußtsein außerhalb der Zeit stellen, jenseits der konventionellen Grenzen und der Strukturen von Raum und Zeit (Saturn) hinein in formlose, zeitlose Bereiche (Neptun). Aber Menschen in solchen Situationen kehren immer wieder auf die Erde zurück und müssen sich dann in der Welt der Zeit zurechtfinden. *Die Astrologie bleibt immer ein Werkzeug für das in der Zeit verkörperte menschliche Wesen.* Ihr Horizont ist das »Äon«, der individuelle Lebenszyklus. Sie bindet jedes Ereignis, spirituelle Krisen eingeschlossen, in diese biographische Perspektive ein. Aus astrologischem Blickwinkel betrachtet, ist eine spirituelle Krise kein Ziel an sich, sondern sie erscheint als ein einziger Moment innerhalb des größeren Lebenszyklus. Was zählt, ist die *Bedeutung, die man aus der Erfahrung ableitet,* und was der Betreffende daraus resultierend tut. Wenn ich mit einem Menschen arbeite, der gerade eine psychospirituelle Krise durchmacht, frage ich mich, wie diese Erfahrung nicht nur unsichtbare Welten sichtbar machen, sondern auch, wie sie die Identität, das Handeln, den gesellschaftlichen Umgang oder den schöpferischen Ausdruck dieses Menschen transformieren kann.

Die Reflexion über das Geburtshoroskop eines Menschen stellt zwischen psychospirituellen Krisenzeiten einen Zusammenhang her und sie erhellt deren Richtung und Ziel. Sie zeigt auf, wie die Person als ein einzigartiger Ausdruck des universalen Seins zu handeln aufgefordert ist. Auf dem transpersonalen Weg mag unser Bewußtsein über unsere Grenzen hinaus expandieren; aber das Ziel ist immer vollkommene Verkörperung und die Entwicklung all unserer Fähigkeiten und Talente. Die Persönlichkeit ist das notwendige Vehikel, durch das ein höheres Bewußtsein in die Welt einfließen kann; mit einer ausgeglichenen Herangehensweise an die transpersonale Beratung arbeiten wir also daran, es zu verfeinern. Die Astrologie ist ein wichtiges Werkzeug, das wir dazu verwenden können, Klienten bei der Integration von spirituellen Erfahrungen in ihr Alltagsleben, der Grundlage für ein außergewöhnliches Erwachen in ganz bestimmten, individuellen Projekten, zu unterstützen.[63]

Die Erweiterung unser Sichtweise für spirituelle Krisen

Astrologie zeigt nicht nur an, wann psychospirituelle Krisen zeitlich ausgelöst werden, sondern sie kann unser gesamtes Verständnis dessen, was eine spirituelle Krise überhaupt ist, neu ausrichten und erweitern. So viele Menschen, mit denen ich als Berater arbeite, ringen mit Problemen spirituellen Wachstums, doch nur sehr wenige von ihnen entsprechen der traditionellen Vorstellung von einem Suchenden nach der heiligen Wahrheit, die in Meditation aufgenommen wird, wobei man höhere Bewußtseinsstadien erlebt.

Bei Juan zum Beispiel, einem Mann aus Portugal, steht die Sonne im 11. Haus auf 20° Widder in Konjunktion zur Venus. Im Alter von 25 Jahren, als Uranus und Neptun im Transit ein Quadrat zu seiner Radix-Sonne bildeten, wurde ihm klar, daß er homosexuell war. Diese Transformation seiner Identität wurde zum zentralen Brennpunkt seines Lebens. Die Herausforderung, der er nun gegenüberstand, bestand darin, wie er seine wahre Identität in einer ziemlich konservativen, traditionellen, katholischen Gemeinde zum Ausdruck bringen sollte, die sich den kulturellen Veränderungen und der Liberalisierung sexueller Verhaltensweisen, die in Ländern wie den USA bereits sichtbar sind, überhaupt noch nicht unterzogen hat. Für Juan war, ganz frei und er selbst zu sein, nicht nur ein Akt der Rebellion (Uranus) gegen kulturelle Normen und religiöse Verbote; es erforderte auch einen Akt der Hingabe (Neptun). Denn er wußte, daß er einen schrecklichen Preis für seine Entscheidung würde zahlen müssen und daß er in gewissem Sinn sich selbst als Opfer darbot. Er identifizierte sich stark mit der Gestalt des Christus und dessen bewußter Annahme des Leidens.

Während dieses Transits zu seiner Sonne wuchs für Juan der Druck, sich seinen Freunden und seiner Familie gegenüber als Homosexueller zu bekennen. Dies war eine transpersonale Handlung für ihn insofern, als er wußte, daß er dabei war, einen Schritt zu tun, der sich nicht nur auf seine Familie, sondern in gewissem Maße auch auf seine gesamte Kultur auswirken wür-de. Beachten Sie, daß das 11. Haus (wo seine Sonne steht) dem Bereich des gesellschaftlichen Bewußtseins entspricht, unserer Wahrnehmung der umfassenderen historischen Bedeutung und unserem Platz darin. Juans persönlicher Standpunkt bestand in einem Akt der Selbsthingabe an eine größere kulturelle Befrei-ungsbewegung, die jeden ermutigen würde, sich die Freiheit zu nehmen zu sein, wer immer man sein mochte. Zu dieser Zeit befand sich Juan auch in einem ungewöhnlichen Zustand, einer Kombination aus panischer Angst und Aufregung, Weinen, Sich-Wiegen und unerklärlicher Ekstase. Nachdem er sein Ge-heimnis gelüftet hatte, berichtete er, daß sich unter Zittern, Hochgefühl und dem Gefühl göttlichen Schutzes und innerer Heilung eine mächtige Spannung gelöst hatte.

Bei Bill stand die Sonne im 12. Haus auf 25° Skorpion. Als Pluto im Transit in Konjunktion zu seiner Sonne lief und Saturn im Transit von Wassermann aus ein Quadrat zu seiner Sonne bildete, diagnostizierte man bei ihm Krebs. Er hatte viele Jahre lang hingebungsvoll tantrischen Buddhismus praktiziert. Das 12. Haus ist für Menschen, die bewußt an spirituellen Wachs-tumsprozessen arbeiten, häufig ein Feld der Verinnerlichung, ein Bereich der Anstrengung zur Erlangung von Erleuchtung,

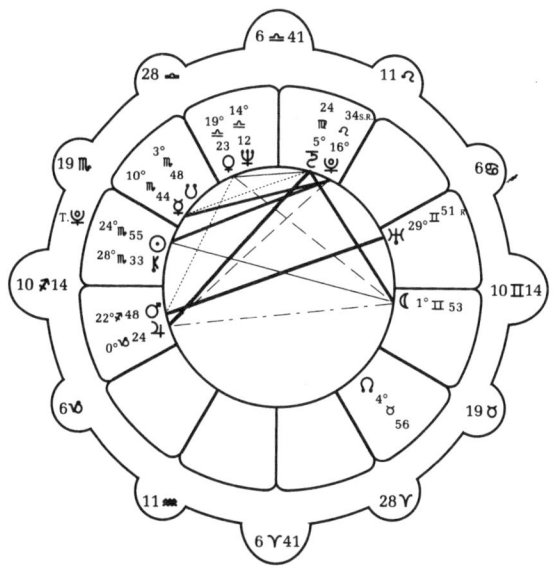

Abb. 7: Bill (17. 11. 1948, 8:30, Paris)

des reinen Buddhageistes, des transzendenten Bereichs des Bewußtseins. Bill erkannte, daß er die Wahl hatte: Er konnte sich als Opfer fühlen, sich selbst bemitleiden und die Hoffnung verlieren (ein paar übliche Themen des 12. Hauses), oder er konnte diese Konfrontation mit dem Tod (Pluto in Konjunktion zur Skorpion-Sonne) in eine Gelegenheit zur Selbst-Transzendenz verwandeln – eine höhere Ausdrucksform des 12. Hauses. Er durchlebte den Tod seines Egos und fühlte, daß er sich völlig dem Gang des Universums ergab, dem Plan seines Karmas. Er nahm seine Zwangslage an, widmete sich noch hingebungsvoller dem Dienen (12. Haus) und war bereit, seine persönliche Identität aufzugeben – falls nötig sogar seinen Körper. Bill verpflichtete sich noch mehr, ein Heiler in der Welt zu sein, indem er mit schwierigen Jugendlichen in einem Erziehungsheim (12. Haus: Institutionen, selbstloses Dienen) arbeitete. Während

Bill meditierte, begann eine enorme Kraft in ihm aufzusteigen und durch ihn hindurch auch in seine Arbeit einzufließen.

Ein Astrologe, der Prognosen erstellt, hätte sich vielleicht Bills Transite angesehen und gesagt: »Es wird wirklich eine schwere Zeit werden, ein schlechtes Jahr. Dies sind sehr ungünstige Transite. Sie könnten sogar sterben.« Aber eine solche Interpretation hätte das Transformationspotential dieser Transite und dieser Lebenskrise außer acht gelassen. Bill interpretierte seine Situation so, daß er durch seinen Krebs mit dem Karma seiner Vorfahren konfrontiert wurde. Wie wir im letzten Kapitel gesehen haben, ist Pluto eine transpersonale Kraft, aber er repräsentiert nicht das transzendente spirituelle Licht von Neptun, sondern die Destruktivität und Grausamkeit der Menschheit. Bill hatte das Gefühl, daß er durch seinen Krebs die Chance bekam, sich zu wandeln und all seinen Haß und seine Aggression loszulassen. »Etwas Grauenhaftes wächst in den Köpfen und Herzen aller Menschen,« sagte er, »und es hat nun in meinem Körper als Krebs Form angenommen. Ich könnte wütend und ärgerlich über mein Schicksal sein,« erzählte er mir, »aber ich ziehe es vor, diese Situation als Gelegenheit zu nutzen, ein universales Herz zu entwickeln, ganz gleich, was mit meinem Körper geschieht.« Er wandelte die Krankheit um und wurde zu einem modernen Bodhisattva, einem Menschen mit Herz und echtem Mitgefühl.

Hier wurde die Konfrontation mit dem Tod zu einer Gelegenheit für einen spirituellen Krisenprozeß, in dessen Verlauf Bill daran arbeitete, sein persönliches Leiden dadurch zu transzendieren, daß er einen tieferen Sinn in einer Krisensituation sah. Sein Beispiel veranschaulicht, daß es möglich ist, jede Planetenstellung oder jeden Transit, wie schwer er auch scheinen mag, als Vehikel für bewußtes spirituelles Wachstum zu nutzen. Beachten Sie auch hier wieder, wie das Erwachen höherer menschlicher Qualitäten wie Liebe, Hingabe und universelle Freundlichkeit häufig mit der plutonischen Konfrontation des Todes und der unausweichlichen Vergänglichkeit des Lebens verbunden ist.

Bills Geschichte zeigt, daß das Ziel des spirituellen Krisenprozesses transpersonales Handeln ist[64], bei dem die Transformation des Bewußtseins, die durch kontemplative Disziplinen und innere Arbeit gefördert wird, ihren weltlichen Ausdruck in einem aktiven Leben des Dienstes an der Menschheit findet. Transpersonales Handeln bedeutet nicht, daß man sich an eine Straßenecke stellt und predigt, daß das Ende der Welt kommen wird, oder daß man auf einem Thron sitzt und sich die Leute sklavisch vor einem verbeugen läßt. Es bedeutet, dort zu bleiben, wo das Leben uns hinstellt und für unseren kleinen Bereich des Universums Heiler zu sein. Jeder von uns ist aufgefordert, eine bestimmte Aufgabe zu erfüllen und die persönliche Verkörperung eines universellen Archetyps zu werden, beispielsweise als Lehrer, Schriftsteller, Mutter, Vater, Arzt, Heiler, Tänzer, Künstler oder Staatsbeamter. Bill zum Beispiel meinte, daß es seine Berufung sei, die Verkörperung des Medizin-Buddha zu werden und durch seine Arbeit mit Jugendlichen danach zu streben, Leiden zu lindern[65]. Unsere Arbeit besteht darin, diesen spirituellen Archetyp mit der größtmöglichen Einstimmung auf das höchste Potential dieses Ideals und auch mit Humor und Demut zu verkörpern. Wir sind nicht der Archetyp; wir sind nur das Mittel für dessen Ausdruck.

Dane Rudhyar schrieb eine Reihe von Kommentaren über eine bemerkenswerte Symbolsammlung, die als *Sabische Symbole* bekannt sind. Sie wurden ursprünglich von dem Philosophen und Astrologen Marc Edmund Jones veröffentlicht und bekannt gemacht, nachdem sie 1925 von dem Medium Elsie Wheeler in Trance gechannelt worden waren. Es gibt 360 Sabische Symbole, eines für jeden Tierkreisgrad. Das Symbol für 6° Wassermann ist für unsere laufende Diskussion von besonderer Bedeutung. Es lautet: »Eine maskierte Figur führt rituelle Handlungen in einem Mysterienspiel durch.« Rudhyars Kommentar zufolge bezieht sich dieses Symbol auf *das Eingebundensein des Einzelnen in lange bestehende Handlungsmuster, die die Freisetzung kollektiver Macht zum Ziele haben ...*

Rituale sind verbindlich, und die Handelnden tragen häufig Masken, denn sie agieren nicht als Personen, sondern als Brennpunkte für die freiwerdenden transpersonalen Kräfte ... Der Einzelne hat hierbei eine transpersonale Verantwortlichkeit angenommen.[66]

Diese höchst bedeutsame Passage gibt uns ein leuchtendes Bild des transpersonalen Lebens als *Vorstellung*, bei der wir eine Maske aufsetzen und unsere Rolle spielen und dadurch zum Instrument einer transpersonalen Intelligenz oder Kraft werden, um deren Absicht zum Ausdruck zu bringen. Ein sorgfältiges Studium der Astrologie kann das Wesen dieser Rolle entschlüsseln und uns lehren, welche Prüfungen wir unterwegs zu bestehen haben mögen.[67]

Plutotransite wie der, den Bill durchmachte, sind extrem wichtig, um uns darauf vorzubereiten, zu Agenten des transpersonalen Handelns zu werden. Pluto konfrontiert uns häufig mit unserem Wunsch, andere zu kontrollieren oder Macht über sie zu haben. Wir haben vielleicht immense Kraft, großes Verständnis oder Talent, aber wenn unser Bedürfnis nach Bewunderung zu stark ist oder wenn unsere Verführbarkeit oder Sexualität unpassend ist, dann können wir nicht zu vollkommenen Werkzeugen der Seele werden. Pluto entlarvt diese Neigungen, er demütigt und reinigt uns, so daß wir Macht oder Einsicht auf angemessene Weise ausdrücken können, ganz gleich, mit welcher Aufgabe, Aktivität oder mit welchem Lebensbereich wir es zu tun haben. Ein weiteres Beispiel: Während der laufende Pluto über den Aszendenten eines bekannten spirituellen Lehrers lief, kam es zu einem Skandal, bei dem seine zahlreichen sexuellen Eskapaden mit Schülerinnen an die Öffentlichkeit kamen. Ein ähnliches Szenario entwickelte sich bei einem anderen spirituellen Lehrer, als Pluto im Transit eine Opposition zu seiner Radix-Sonne bildete. Wie wir bereits sahen, besteht Plutos Absicht letztlich darin, den Ausdruck unserer Wünsche und den Einsatz unserer Macht zu transformieren, so daß die unserem Wesen eigene Reinheit,

Güte und Kreativität ungehindert und unverdeckt strahlen kann.

Spirituelle Krisen bereiten einen Menschen häufig darauf vor, eine notwendige Rolle innerhalb der Evolution unserer Gesellschaft, der Menschheit und des Planeten Erde zu übernehmen. Obwohl spirituelles Erwachen allgemein in einem vollkommen indivualistischen Kontext gesehen wird, als dramatische Reise eines Menschen in erweiterte Bewußtseinszustände, ist das spirituelle Wachstum des Individuums doch in Wirklichkeit tief mit der kollektiven Evolution verbunden. In einer Zeit, in der unser weiteres Überleben davon abhängt, ob wir fähig sind, harmonische Beziehungen miteinander und zur Natur zu entwickeln, ist es vielleicht angemessener, das Erwachen des selbsttranszendierenden Bewußtseins jedes einzelnen Menschen als Beitrag zum spirituellen Erwachen der Menschheit anzusehen.

Die Astrologie ermöglicht es uns, jenen zu helfen, die die konventionelle Weltsicht unserer Kultur hinter sich lassen, Menschen beispielsweise, die nach Alternativen zu traditionellen Arbeitsmodellen suchen oder stereotype Geschlechterrollen in Frage stellen. Aber das Geburtshoroskop ist auch ein vertrauenswürdiger Kompaß für jene, die sich in Regionen wagen, in denen traditionell orientierte Therapeuten sich häufig unwohl fühlen, dies sind Bereiche jenseits des Ego, jenseits der Erforschung der Persönlichkeit und deren Neurosen, jenseits der gewohnten Grenzen von Raum und Zeit. Die Übereinstimmungen, die wir zwischen der Planetensymbolik (besonders was Uranus, Neptun oder Pluto angeht) und spontanen Episoden außergewöhnlicher Bewußtseinszustände beobachten, helfen uns, Wege zu finden, mit diesen Prozessen zu arbeiten und sie zu unterstützen, anstatt sie für psychopathologische Symptome zu halten. Genauso, wie wir bei Saturntransiten erwarten, uns auf praktische Entscheidungen und Verpflichtungen zu konzentrieren, so sind wir bei Aktivitäten der äußeren Planeten auch für die Möglichkeit empfänglich, daß Material auftaucht, das traditionellen psychologischen Vorstellungen widerspricht

– wie zum Beispiel die perinatalen und transpersonalen Phänomene, die Grof und andere Forscher beschreiben[68]. Wir beginnen darauf zu vertrauen, daß solche spirituellen Umbrüche von innen heraus durch eine innere Intelligenz, das Selbst, unseren angeborenen Drang zu wachsen und uns auf größere Ganzheit zuzubewegen, initiiert und gelenkt werden. Uns der symbolischen Bedeutung der Planeten bewußt zu sein, hilft uns, einen solchen Prozeß zu bejahen, darauf zu vertrauen, daß dies jetzt geschehen muß. Die zeitlose Weisheit der Astrologie kann insofern eine lebenswichtige Rolle spielen, als sie uns hilft, uns und andere durch die zahlreichen Übergangsriten spiritueller Krisen zu führen.

Schluß

Im 21. Jahrhundert wird der Einsatz der Astrologie durch Psychotherapeuten alltäglich sein. Die Astrologie wird ihren Platz neben Meditation, Yoga, Traumarbeit und Atemarbeit als eines der wichtigsten Werkzeuge eines transpersonalen Beratungsansatzes einnehmen. Therapeuten werden das Geburtshoroskop verwenden, um andere durch die verblüffenden Labyrinthe und freudvollen Entdeckungen auf dem Pfad der Transformation zu führen, und die Krisen emanzipierter Männer und Frauen zu erleichtern, die ihr gesamtes Potential entfalten.

In diesem Buch habe ich versucht, die praktische, therapeutische Anwendung des Geburtshoroskopes aufzuzeigen. Wir haben gesehen, daß die Astrologie all unsere Entwicklungsebenen umfaßt. Sie hilft uns, mit jedem Menschen zu arbeiten, ganz gleich, wo er oder sie sich auf der Lebensreise gerade befinden mag. Ob dieses Individuum sich mehr Erfüllung in Beziehungen wünscht oder einen schärferen Verstand entwickeln muß, wir können ihm eine intensive Beratung und Orientierung anbieten. Manche brauchen vielleicht meditatives Schweigen, während wir anderen eine gesunde Dosis tatkräftigen Handelns verschreiben. Kein Entwicklungsstadium ist höher oder besser als ein anderes. Wir brauchen jede einzelne Erfahrung, um zu wachsen.

Neben der Reflexion über das Geburtshoroskop verwendet ein therapeutischer Astrologe folgende Grundwerkzeuge der Psychotherapie: einfühlsames Zuhören, das Bemühen, das

Denken und Verhalten des Klienten zu verändern, die Erforschung von Material, das aus tiefen, unbewußten Bereichen aufsteigt. Wir sprechen alle wichtigen Probleme an: Sex, Liebe und Geld, Arbeit und Familie. Wir kehren zu Kindheitserinnerungen und großem Leid sowie zu unseren schmerzhaftesten Gefühlen zurück. Wir bringen die Dämonen zum Vorschein, vor denen wir uns fürchteten und besiegen sie. Wir lassen die Vergangenheit ruhen und entwerfen die Zukunft. Indem wir synchron mit der geordneten Bewegung der Planeten leben, beginnen wir zu verstehen, wie kunstvoll wir von der Hand der Zeit geschnitzt werden.

In der therapeutischen Astrologie arbeiten wir daran, die Persönlichkeit von Blockierungen zu befreien und ihren Ausdruck zu verbessern. Das Geburtshoroskop mit den Transiten und Progressionen zeigt an, welche Grundlagen wir uns erschließen müssen, ehe wir innere Freiheit erlangen, die Blüte all dessen, was wir werden können. Die praktischen Einsichten, die wir durch das Studium des Geburtshoroskops gewinnen, helfen uns, unsere persönlichen Wünsche zu erfüllen und unsere Ziele zu erreichen. Und wenn wir das tun, werden wir offener und empfänglicher für eine spirituelle Präsenz, eine bewußte Intelligenz in uns, die aktiv versucht, unsere Transformation herbeizuführen. Ganzheit, Gelassenheit, Einstimmung auf das innere Licht des Bewußtseins, Harmonie in unseren Beziehungen zur Welt – dies sind die Ziele der therapeutischen Astrologie. Wie schweigende und mitfühlende Götter weisen uns die Planeten den Weg durch jedes Stadium unserer Reise, indem sie uns stetig wachsende Entwicklungsmöglichkeiten zu Bewußtsein bringen.

Danksagung

Ich möchte den folgenden Freunden und Kollegen für ihre Unterstützung und und ihren geduldigen Beistand danken: Rick Amaro, Mary Bartholomay, Ken Bowser, Linda Cogozzo, Sangyne Drolma, Nur Gale, Dani Hart, Arthur Hastings, David Kesten, Colleen Mauro, Arlene Mazak, Barbara McEnerney, Charles Mintz, Barbara Morgan, Gayle Peterson, Meji Singh, Barbara Somerfield, Richard Tarnas, Tem Tarriktar, Jim Tucker, Chakrpani Ullal und Bryan Wittine.

Mein Dank geht an Zipporah Dobyns für ihr geistreiches Feedback und die vielfältigen Anregungen. Ebenso danke ich Demetra George für die Durchsicht des Manuskripts und für ihre Anmerkungen. Danke auch an Kate Sholly für einige wichtige verlegerische Hinweise. Zu besonderem Dank bin ich Nancy Grimley Carleton, Andrea Du Flon und Diana Syverud verpflichtet. Ohne ihre freundliche Hilfe wäre dieses Buch nicht zustande gekommen.

Ich stehe in der Schuld all jener Personen, deren Geschichte ich in diesem Buch erzählt habe. Ihre Namen wurden geändert und ich habe manche Details leicht verändert, um ihre Anonymität zu erhalten.

Mein ganz besonderer Dank geht an Noel Tyl für seine Ermutigung und für seine prägnanten Kommentare während des Endstadiums dieses Projekts. Noel war so freundlich, trotz eines übervollen Terminplanes, seine Assistenz anzubieten, was für mich von unschätzbarem Wert war.

Über den Autor

Greg Bogart ist als Ehe-, Familien- und Kinderberater (MFCC) zugelassen und hat eine Privatpraxis in Berkeley, Kalifornien. Er hat vor dem National Council für Geocosmic Research (NCGR) eine Prüfung als astrologischer Berater abgelegt und unterrichtet und praktiziert Astrologie seit 1981. Greg studierte Vergleichende Religionswissenschaften an der Wesleyan Universität und Beratungspsychologie am California Institute of Integral Studies. Darüber hinaus erhielt er seinen Doktortitel in Psychologie vom Saybrook Institute. Er lehrt am Institute of Transpersonal Psychology und am Rosebridge Graduate Institute of Integrative Psychology. Seine Aufsätze wurden in *The American Journal of Psychotherapy, The Journal of Humanistic Psychology, The Journal of Transpersonal Psychology, The California Therapist, The Journal of the Society for the Study of Dreams* und im *Yoga Journal* veröffentlicht.

Greg wohnt momentan in den Bergen des Wildcat Canyon in Richmond, Kalifornien. Sie können ihm an folgende Adresse schreiben: c/o Dawn Mountain Press, P. O. Box 9563, Berkeley, CA 94709, USA.

Anmerkungen

1 siehe zum Beispiel G. Lewi, *Astrology for the Millions* (New York: Bantam, 1940); R. Hand, *Horoscope Symbols* (West Chester, PA: Whitford Press, 1981); D. George & D. Bloch, *Astrology for Yourself* (Berkeley, CA: Wingbow Press, 1987); S. Forrest, *Der innere Himmel* (Hugendubel, München, 1997) und *The Changing Sky* (San Diego, CA: ACS, 1989); S. Arroyo, *Handbuch der Horoskopdeutung* (Verlag Hier & Jetzt, Hamburg, 1991); und *Astrologie, Karma und Transformation* (Hugendubel, München, 10. Aufl. 1991).

2 D. Rudhyar, *Person Centered Astrology* (Santa Fe, NM: Aurora Press, 1976).

3 C. G. Jung, *Gesammelte Werke Band 8.* (Walter-Verlag, Olten, 1995[7]).

4 Hierzu vergleiche ich regelmäßig mein Radix mit dem meiner Klienten und notiere die Transite zu beiden Horoskopen, welche Hinweise auf die verändernde Dynamik der Beziehung aufzeigen.

5 Eine gründliche Erläuterung der Aspekte findet sich bei B. Tierney, *Dynamik der Aspektanalyse* (Hugendubel, München, 1990). Siehe auch S. Arroyo, *Astrologie, Karma und Transformation*, s.o., Kapitel 6.

6 siehe N. Tyl, *The Expanded Present* (St. Paul, MN: Llewellyn Publications, 1976); und *Prediction in Astrology* (St. Paul, MN: Llewellyn Publications, 1991).

7 Man beachte, daß all diese Beobachtungen durch die Untersuchung von Transiten und Progressionen nur eines einzigen Radix-Planeten, Neptun, zustande kamen.

8 Die Untersuchungen von Michel Gauquelin und Cyril Fagan haben gezeigt, daß Planeten innerhalb von 10 oder 15 Grad (auf jeder Seite) des AC, DC, MC oder IC besonders betont sind und eine tonangebende Rolle bei der Lebensgestaltung und der Charakterformung eines Menschen spielen.

9 Z. Dobyns, *Expanding Astrology's Universe* (San Diego, CA: ACS Publications, 1982).

10 Dobyns ebda.

11 H. Kohut & E. Wolf, Disorders of the Self and Their Treatment. *International Journal of Psychoanalysis* (Band 59, 1978).

12 N.Tyl (Ed.), *How to Use Vocational Astrology for Success in the Workplace* (St. Paul, MN: Llewellyn, 1992).

13 D. Rudhyar, *An Astrological Mandala* (New York: Vintage, 1973), S. 379 ff. (Dt: *Astrologischer Tierkreis und Bewußtsein*. Hugendubel, München, 1984).

14 G. Bogart, The Use of Meditation in Psychotherapy: A Review of the Literature. *American Journal of Psychotherapy* (Band 45, Nr. 3, 1991).

15 G. Bogart, *Astrology and Spiritual Awakening*, (Berkeley, CA: Dawn Mountain Press, 1994).

16 G. Bogart, *Finding Your Life's Calling: Spiritual Dimensions of Vocational Choice* (Berkeley, CA: Dawn Mountain Press, 1995), S. 51-53.

17 D. Rudhyar, *The Astrology of Transformation* (Wheaton, IL: Quest Books, 1980).

18 G. Bogart, *Astrology and Spiritual Awakening* (Berkeley, CA: Dawn Mountain Press, 1994), Kapitel 3 und 4.

19 Bogart, *Astrology and Spiritual Awakening*, S. 89.

20 Dieses Thema wird in Kapitel 11 dieses Bandes näher behandelt.

21 Bogart, *Astrology and Spiritual Awakening* Kap. 3

22 Bogart, *Finding Your Life's Calling*, S. 51-53. Siehe auch R. Moore, Ritual Process, Initiation and Contemporary Religion, in: M. Stein & R. L. Moore (Ed.), *Jung's Challenge to Contemporary Religion* (Wilmette, IL: Chiron Publications, 1987).

23 A. Bharati, *The Tantric Tradition* (New York: Anchor Books, 1965).

24 D. Rudhyar, *An Astrological Mandala* (New York: Vintage, 1973), S. 385. (Dt: *Astrologischer Tierkreis und Bewußtsein*, Hugendubel, München, 1984).

25 Persönliche Mitteilung.

26 Z. Dobyns, persönliche Mitteilung.

27 R. D. Stolorow & F. M. Lachmann, Transference: The Future of an Illusion. *The Annual of Psychoanalysis*, Bände 12 und 13 (New York: International Universities Press, 1985).

28 R. Kegan, *Die Entwicklungsstufen des Selbst*. Hrsg. D. Garz, (Kindt, 3. Aufl. 1994).

29 H. Kohut & E. Wolf, op. cit.

30 Eine klare Beschreibung der verschiedenen Sonne/Mond-Kombinationen in den Zeichen findet sich in den Büchern von Grant Lewi und Noel Tyl.

31 Der Begriff »holding environment« (dt. schützende Umgebung) wurde von dem britischen Psychologen Donald Winnicott geprägt.

32 Persönliches Gespräch.

33 Saturn- und Vaterthemen werden in Kapitel 9 beschrieben.

34 Der Erziehungsstil hat einen wichtigen Einfluß auf die Entwicklung, besonders, mit welchem Erziehungsstil Eltern ihren Kindern Disziplin beibringen. Die Machtbehauptung (Drohungen und Bestrafung) beispielsweise und Liebesentzug sind Formen äußerer Kontrolle, die bei Kindern Willfährigkeit erzeugen können. Disziplin durch Erklärung jedoch – indem man erklärt, warum eine Handlung falsch ist oder ein Prinzip verletzt oder was es in einem anderen Menschen auslöst – ermöglicht es einem Kind, die Werte der Eltern aufzunehmen und sie zu einem Teil seiner eigenen Normen zu machen, und es erzeugt Selbstkontrolle. Studien haben ergeben, daß autoritäre Eltern dazu neigen, Kinder hervorzubringen, die zurückgezogen und antriebsschwach sind und nur über mittelmäßige soziale und kognitive Fähigkeiten verfügen. Andererseits bringen nachgiebige Eltern Kinder hervor, die zwar vital und sonnig sind, jedoch nur schwache kognitive und soziale Fähigkeiten aufweisen. Eltern jedoch, die respekteinflößend und fest, aber demokratisch erziehen, neigen dazu, Kinder hervorzubringen, die durchsetzungsfähig, unabhängig und freundlich sind und sehr ausgeprägte soziale und kognitive Fähigkeiten besitzen. M. Hunt, *The Story of Psychology* (New York: Doubleday, 1993), S. 372.

35 C. G. Jung, *Symbols of Transformation. Collected Works, Volume 5* (Princeton, NJ: Bollingen, 1956). (Dt: *Symbole der Wandlung*. Gesammelte Werke, Band 5, Walter-Verlag, Olten).

36 Dieser Abschnitt spricht einige Aspekte der Beziehungsanalyse an, die von anderen Autoren nicht behandelt wurden; somit wiederhole ich kein Material, das bereits in Büchern wie S. Arroyos *Astrologie und Partnerschaft* (Hugendubel, München, 1983) und Ronald Davisons *Synastry* (Santa Fe, NM: Aurora Press, 1983) vorgestellt wurde. Beide Bücher empfehle ich wärmstens. Ich konzentriere mich hier mehr auf das individuelle subjektive Erleben von Beziehungen anstatt auf Techniken des Horoskopvergleichs wie Synastrie, Composit und Combine oder Horoskope, die auf die erste Begegnung erstellt werden.

37 Zur näheren Erläuterung des sexuellen Profils anhand des Horo-

skops s. N. Tyl, *Holistic Astrology* (McLean, VA: TAI Books, 1980), S. 205 ff.

38 J. Piaget & B. Inhelder, *Die Psychologie des Kindes.* (Dtv, München, Neuauflage 1993).

39 L. Kohlberg, *Die Psychologie der Moralentwicklung.* Hrsg. v. W. Althoff (Suhrkamp, Frankfurt. 1995).

40 Dies wird manchmal als »Guter-Junge«-Moral bezeichnet. Erinnern Sie sich daran, wie Mitglieder der Reagan-Regierung, wie z.B. Oliver North, ihre Lügen dem Kongreß und der amerikanischen Öffentlichkeit gegenüber bezüglich ihrer illegalen Aktivitäten im Iran-Contra-Debakel (Waffenhandel im Austausch gegen Geiseln, die Versorgung der Nicaraguanischen Contras mit Waffen) heftig verteidigten – und sich dabei auf das Argument stützten, daß sie nur ihre Pflicht taten, um den Präsidenten und dessen Politik zu schützen.

41 J. Green, *Uranus: Freedom From the Known* (St. Paul, MN: Llewellyn Publications, 1988).

42 E. Erikson, *Identity: Youth and Crisis* (New York: Norton, 1968). (Dt.: *Jugend und Krise: die Psychodynamik im Wandel.* Klett-Cotta/ dtv).

43 D. Levinson, *The Seasons of a Man's Life* (New York: Ballantine, 1978).

44 S. Arroyo, *Astrologie, Karma und Transformation*, (München, Hugendubel 1991) und A. Ruperti, *Kosmische Zyklen.* Verlag Hier & Jetzt, Hamburg, 1991, Kapitel 6.

45 D. Levinson, *The Seasons of a Man's Life* (New York: Ballantine, 1978).

46 R. Tarnas, *Uranus und Prometheus* (Astrodienst, Zürich, 1996).

47 A. Ruperti, *Cycles of Becoming* (Sebastopol, CA: CRSCS Publications, 1978), S. 141-142. (Dt: *Kosmische Zyklen, s.o.*).

48 K. Wilber, *The Atman Project* (Wheaton, IL: Quest Books, 1980). (Dt.: *Das Atman-Projekt: Der Mensch in transpersonaler Sicht*, Junfermann, 1990); F. Vaughan, *The Inward Arc* (Boston: Shambhala, 1986); M. Murphy, *The Future of the Body* (Los Angeles: Tarcher, 1992).

49 S. Grof, *The Holotropic Mind* (San Francisco: Harper Collins, 1993).

50 C. G. Jung, *Memories, Dreams, Reflections.* (New York: Vintage Books, 1961), S. 170 ff. (Dt: *Erinnerungen, Träume, Gedanken.* Walter-Verlag, Olten, 1971).

51 S. Hoeller, *Der gnostische Jung und die sieben Reden an die Toten.* Ullrich, München, 1987.

52 D. Rudhyar, *Beyond Individualism* (Wheaton, IL: Quest Books, 1979).

53 Die Lehre von den drei Giften gehört zu den grundlegenden Lehren des Buddhismus.

54 I. Hickey, *Astrology: A Cosmic Science* (2. Aufl.) (Sebastopol, CA: CRCS Publications, 1992), S. 285, 287; (Dt: *Astrologie – eine kosmische Wissenschaft.* Verlag Hier & Jetzt, Hamburg, 1995*)*.

55 Ibid., S. 292.

56 Das Geburtsdatum und die Geburtszeit des Dalai Lama sind umstritten. Lois Rodden (führende Autorität im Bereich der Genauigkeit von Geburtsdaten innerhalb der Astrologie) verwendet Daten, die in einem Brief des Büros seiner Heiligkeit, des Dalai Lama, zitiert wurden und auch in seiner Autobiographie *Freedom From Exile* zitiert wurden. Andere Geburtsdaten für den Dalai Lama sind zum Beispiel: 6. Juli 1933 und 18. Dezember 1933. Das hier verwendete Geburtsdatum, 6. Juli 1935 um 6 Uhr morgens, stammt aus Lois Rodden, *Astrodata II* (Tempe, AZ: American Federation of Astrologers, 1993).

57 S. Grof, *The Holotropic Mind und Beyond the Brain,* s.o.

58 In einem Vortrag auf der *Cycles and Symbols*-Konferenz in San Francisco am 28. Juli 1990 berichteten Dr. Grof und sein Kollege Richard Tarnas über Entsprechungen zwischen Radix- und Transitplaneten und dem perinatalen Inhalt, der in Sitzungen tiefer, auf Erfahrung beruhender Psychotherapie hervorgerufen wurde. Sie brachten den ursprünglichen perinatalen Zustand mit Neptun in Zusammenhang, das zweite perinatale Stadium mit Saturn, das dritte mit Pluto und das vierte mit Uranus. Tarnas wird diese Ergebnisse in seinem nächsten Buch *Cosmos and Psyche* näher erläutern.

59 F. Vaughan, *The Inward Arc* (Boston: Shambhala, 1985); und S. Grof, *The Holotropic Mind,* s.o.

60 A. Ellis, Dangers of Transpersonal Psychology. *Journal of Counseling and Development* (Nummer 67, 1989), S. 336-337.

61 C. Grof & S. Grof, *Die stürmische Suche nach dem Selbst.* Kösel, München, 1991.

62 K. Wilber, *Das Spektrum des Bewußtseins.* Scherz, München, 1989.

63 siehe *Finding Your Life's Calling.*

64 Ausführliche Beschreibung in *Finding Your Life's Calling.*

65 Bills Geschichte wird ausführlicher in *Finding Your Life's Calling,* S.118-120, wiedergegeben.

66 D. Rudhyar, *An Astrological Mandala,* S. 252-253. (Dt: *Astrologischer Tierkreis und Bewußtsein,* s.o., S. 70).

67 *Astrology and Spiritual Awakening,* Kapitel 4.

68 siehe z.B. M. Murphy, *The Future of the Body*, op. cit., und R. Woolger, *Other Livers, Other Selves* (New York: Bantam Books, 1988).

Standardwerke der Astrologie

LIZ GREENE

Abwehr und Abgrenzung

als positive Seite des Lebens und
die Entsprechungen im Horoskop
Broschur, 314 Seiten, 5 Abbildungen

ISBN 3-925100-33-4

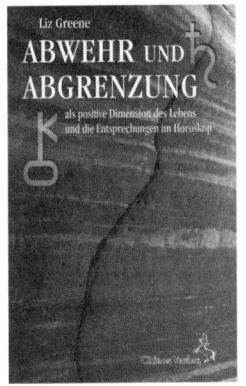

Wir verwenden den Begriff »Abwehr« oft
recht sorglos. Schreiben wir jemand eine
Abwehrhaltung zu, so bedeutet dies in Wirklichkeit meist, daß er
unsere Sichtweise nicht teilt. Aber Abgrenzung ist nicht von vorne
herein negativ, denn ohne diese könnten wir nicht existieren. Die
Autorin geht aus von der klassischen Beschreibung der Abwehrme-
chanismen und stellt diese in Beziehung zu den Elementen. Ebenso
werden die typischen Abwehrhaltungen, die in den Tierkreiszeichen
und den Planeten zum Ausdruck kommen untersucht. Im zweiten
Teil geht Liz Greene besonders auf die Erfahrungen mit Saturn und
Chiron ein. Die Abgrenzungen durch Saturn werden eingehend diskutiert. Dabei wird vor allem die konstruktive Aufgabe Saturns in
den Vordergrund gestellt. Chiron und seine Bedeutung für menschliche Verhaltensmuster werden untersucht, wobei hier vor allem die
schwierige Frage der kollektiven Wunde zur Sprache kommt.
Liz Greene zeigt dem Leser die positive Seite der Abwehrhaltungen
auf und wie er diese positiv in sein Leben integrieren kann. Sie zeigt
Wege, wie wir dem Teil in uns kreativ begegnen können, der ursprünglich unser größter Mangel war.

Chiron Verlag

Standardwerke der Astrologie

LIANELLA LIVALDI-LAUN

Liebe und Eifersucht

Astrologie in Beziehungsfragen
Broschur, 150 Seiten, 30 Abbildungen

ISBN 3-925100-29-6

So schön das Gefühl der Liebe sein kann, so quälend ist ihr Gegenpart – die Eifersucht. Denn wo sich die Pfade von Liebe und Eifersucht kreuzen, entsteht oftmals ein Mangel an Selbstwert mit zerstörerischen Qualitäten. Betrachten wir die Eifersucht auf astrologischer Ebene, so finden wir Konstellationen, die uns aufzeigen, dass das Urvertrauen meist schon in der Kindheit zerstört wurde, z.B. durch Rivalität zwischen Geschwistern oder wenn ein Kind zwischen den Eltern steht. In diesem Buch werden Fälle von provozierter Eifersucht sowie symbiotische Beziehungen vorgestellt. Ebenso kommt die Rolle der Eifersucht in komplizierten Dreiecksbeziehungen und ihre Auswirkungen bei starker Hassliebe zur Sprache. Neben der Betrachtung der jeweils astrologischen Hintergründe für diese Beziehungsfragen, zeigt die Autorin aber immer einen Weg, wie man die Eifersucht kreativ ausleben kann, um wieder zu echter Liebe zurückzufinden.

Standardwerke der Astrologie

S. ALBAUGH UND N. EHRESMAN
Die Wiederkehr des Saturn
Lebenszyklus und Krisenjahre
Broschur, 115 Seiten, 12 Abbildungen

ISBN 3-925100-19-9

Man spricht davon, daß der Körper sich alle sieben Jahre erneuert. Dies korrespondiert mit dem Saturnzyklus, denn Saturn bewegt sich in Zeitabschnitten von sieben Jahren: nach 7 bzw. 21 Jahren steht er im Quadrat, nach 14 Jahren in Opposition und nach 28 Jahren wieder auf der Radixposition. Der Zeitpunkt, zu dem der Planet wieder in Konjunktion zu seiner Geburtsstellung tritt, wird als Wiederkehr oder auch als Saturnrevolution bezeichnet. Gerade während der Phase der Wiederkehr des Saturn treten wichtige Entwicklungsschritte in unser Leben. Alle Dinge, die nicht auf festen Grund gebaut sind, stürzen in sich zusammen. Die Saturnrevolution muß jedoch nicht nur negativ aufgefaßt werden, denn sie verhilft dem Betroffenen zu einer „inneren Wiedergeburt". Ein Großteil der Verwirrungen und Selbstzweifel kann jedoch durch eine gezielte Vorbereitung auf die kritischen Phasen des Saturnzyklus geklärt werden. Das vorliegende Buch gibt hierzu eine konkrete Hilfestellung und beleuchtet anhand von praktischen Beispielen die wichtigsten Lebensbereiche, die Saturn bei seiner Wiederkehr umwälzt.

Die beiden Autoren schaffen nicht nur ein tiefes Verständnis der Saturnzyklen, sie geben auch Anregungen zur Auseinandersetzung mit den oftmals unbequemen Lernaufforderungen des Saturn.

Buchhändler Heute

CHIRON VERLAG

Standardwerke der Astrologie

ERIN SULLIVAN

Venus

Planet der Liebe und Sinnlichkeit
Broschur, 176 Seiten, 7 Abbildungen

ISBN 3-925100-35-0

Untersuchen wir Venus im Horoskop, so achten wir zuerst auf die Tierkreiszeichen Stier und Waage. Erin Sullivan zeigt, daß sich diese Dualität bereits in der antiken Mythologie nachweisen läßt, denn es gibt zwei Ursprungsmythen für die Göttin der Liebe. Alle Ebenen unseres Erlebens sind noch heute durchdrungen von der Vorstellung des Niederen und des Höheren, des Profanen und des Sakralen, von Körper und Denken, Lust und Liebe.

Das Buch verdeutlicht die Auswirkungen dieses Doppelaspekts, denn wir alle tragen das wilde Antlitz der Stier-Venus, die animalische Seite in uns. Aber auf der Instinktebene allein zu handeln ist nicht attraktiv. Deswegen haben wir die gleichermaßen wertvolle und verfeinerte Waage-Seite ebenfalls in uns, die unsere Fähigkeiten lenkt, mit anderen Menschen in Beziehung zu stehen, Kompromisse mit unseren Instinkten zu schließen und zur zivilisierten Welt zu gehören. Unsere Verhaltensweisen im Liebesleben werden zum größten Teil dadurch bestimmt, wie gut diese beiden Faktoren übereinstimmen.

Astrologisch läßt sich dies sehr gut an den Winkelverbindungen dieses Planeten ablesen. Die Autorin gibt fundierte Interpretationen der Venus-Aspekte zu den anderen Planeten. Dabei gelangt sie auf dem Hintergrund des doppelten Mythos zu ganz unerwarteten Deutungen und zeigt dem Leser nicht nur, wie er Ideale zur Wirklichkeit werden lassen kann, sondern auch Wege für ein tieferes Erfassen der Venus-Energie.